suhrkamp taschenbuch
wissenschaft 1335

Dr. phil. Mario H. Kraus
Konfliktsoziologe & Mediator
Leopoldstraße 23
10317 Berlin (Lichtenberg)
(030) 5 10 88 17

W0049419

Zeitprobleme gewinnen in spätmodernen Gesellschaften zunehmend an Bedeutung. Ständig machen wir die Erfahrung einer chronischen Zeitknappheit und verstricken uns in oft schwer entwirrbaren Zeitknoten. Die gesellschaftlich auftretenden Tempo-, Terminierungs- und Abstimmungsprobleme lassen die Umgestaltung der eingeschliffenen Zeitarrangements immer dringlicher werden. Bei der Suche nach der Neuorganisation der Zeit wird sehr bald deutlich, daß es gerade die neuesten Kommunikationstechniken sind, die die Zeitfrage am heftigsten aufwirbeln. Deren Angebote und Ansprüche bringen neue Fragen, Probleme und Irrtümer, aber auch neue Perspektiven hervor, die den Blick auf veränderte Formen der Bearbeitung von Zeitproblemen richten. Diese Zeitpraktiken sind der Gegenstand des vorliegenden Buches.

Das Buch schildert die allmähliche Befreiung der Zeit von den obsessiven Zumutungen der modernen Technik. Es zeigt mehrere Versuche auf, sich von den massiven Einschreibungen der Technik zu lösen und das verwickelte Verhältnis von Technik und Zeit umzuformen. Zeit tritt dabei in ihrer Eigenwirksamkeit hervor; eine Vielfalt von Zeitpraktiken wird möglich. Dies ist das Ergebnis der dem Buch zugrundeliegenden empirischen Studie. Detailliert werden drei Muster komplexer Zeitbearbeitung beschrieben, die sich als typische Lebensstilfiguren identifizieren lassen: Der »technikfaszinierte Wellenreiter«, der »kommunikationsbesorgte Skeptiker« und der »zeitjonglierende Spieler«.

Karl H. Hörning, Professor für Soziologie an der Technischen Hochschule Aachen, hat zuletzt mit Anette Gerhard und Matthias Michailow veröffentlicht: *Zeitpioniere. Flexible Arbeitszeiten – neuer Lebensstil*, 1990 (stw 909, engl. Übersetzung 1995); mit Karin Dollhausen: *Metamorphosen der Technik*, 1997.

Daniela Ahrens und Anette Gerhard sind Wissenschaftliche Mitarbeiterinnen am Institut für Soziologie der Technischen Hochschule Aachen.

Zeitpraktiken

Experimentierfelder der Spätmoderne

Karl H. Hörning
Daniela Ahrens
Anette Gerhard

Suhrkamp

Die Deutsche Bibliothek – CIP-Einheitsaufnahme
Hörning, Karl H.:
Zeitpraktiken : Experimentierfelder der Spätmoderne /
Karl H. Hörning ; Daniela Ahrens ; Anette Gerhard. –
1. Aufl. – Frankfurt am Main : Suhrkamp, 1997
(Suhrkamp-Taschenbuch Wissenschaft ; 1335)
ISBN 3-518-28935-7

suhrkamp taschenbuch wissenschaft 1335
Erste Auflage 1997
© Suhrkamp Verlag Frankfurt am Main 1997
Suhrkamp Taschenbuch Verlag
Alle Rechte vorbehalten, insbesondere das
des öffentlichen Vortrags, der Übertragung
durch Rundfunk und Fernsehen
sowie der Übersetzung, auch einzelner Teile.
Satz und Druck: Wagner GmbH, Nördlingen
Printed in Germany
Umschlag nach Entwürfen von
Willy Fleckhaus und Rolf Staudt

1 2 3 4 5 6 – 02 01 00 99 98 97

Inhalt

Vorwort

Die Zeit ist die Widersacherin des Menschen. Sie läßt ihm keine Ruhe. Deshalb bindet der Mensch die Zeit in ein weites gesellschaftliches Experimentierfeld ein. Die vorliegende Studie zeigt Zeitpraktiken der »Unruhe« auf, die durch die neuen Kommunikationstechniken provoziert und dadurch erst in ihrer Prägnanz sichtbar werden. Damit zeichnen sich Umbrüche in den Zeitstrukturen ab, die die Zeit selber in ihrer Form- und Gestaltbarkeit in den Vordergrund rücken.

Die Auseinandersetzung mit einer neuen Wirklichkeit der Zeit war Anlaß zu vielfältigen Reflexionen und Revisionen. Dabei haben uns viele in Aachen und anderswo geholfen. Ihnen sei Dank gesagt. Mit ihnen wünschen wir uns, daß das Denken und Forschen über Zeit zu einer soziologischen Faszination führen möge.

K. H. H., D. A., A. G.

Strategie — langfristige Ziele
            — Verhaltungen
            — Klare Tagesabläufe
            — Ausrichtung von
               Verrichtungen nach
               Dringlichkeit / Möglichkeit
            — Abwägung Chancen /
               Risiken

Was kann bestenfalls geschehen,
   was kann schlimmstenfalls geschehen?
Unter welchen Bedingungen?
  → verfügbares Wissen?
  → Folgenabschätzung
  → Ressourcen (Erfahrungen, Mittel,
                Ziele, Vorteile)
  → Drohmittel / Zufälle?

1. Einleitung: Eigensinn der Zeit in der hochtechnisierten Gesellschaft

Zeitprobleme gewinnen in spätmodernen Gesellschaften zunehmend an Bedeutung. Nicht nur machen wir persönlich ständig die Erfahrung einer chronischen Zeitknappheit und verstricken uns in oft schwer entwirrbaren Zeitknoten. Vor allem die gesellschaftlich auftretenden Tempo-, Terminierungs- und Abstimmungsprobleme lassen die Umgestaltung der eingeschliffenen Zeitarrangements immer dringlicher werden. Bei der Suche nach der Neuorganisation der Zeit fällt immer wieder der Blick auf die moderne Technik. Gegen deren Macht richtet sich zunehmender Widerstand.

Dieses Buch schildert die allmähliche Befreiung der Zeit von den obsessiven Zumutungen der modernen Technik. Wir zeigen mehrere Versuche auf, sich von den massiven Einschreibungen der Technik zu lösen und das verwickelte Verhältnis von Technik und Zeit umzuformen. Dabei wird sehr bald deutlich, daß es gerade die neuesten Kommunikationstechniken sind, die die Zeitfrage am heftigsten aufwirbeln. Selbstverständlich treten und traten Zeitprobleme auch ohne diese neuen Techniken auf, doch treiben deren Angebote und Ansprüche neue Fragen, Probleme und Irrtümer, aber auch neue Perspektiven hervor, die den Blick auf veränderte Formen der Bearbeitung von Zeitproblemen richten. Dies ist der Gegenstand der vorliegenden Studie. Sie beschreibt detailliert Muster komplexer Zeitbearbeitung, wie wir sie in der empirischen Realität aufgesucht und aufgezeichnet haben.

Die Frage der Zeit stellt sich im Kommunikationszeitalter neu. Die »klassische« Moderne hatte stets gehofft, ihre Zeitprobleme durch den immer aufwendigeren Einsatz von immer raffinierterer Technik zu lösen. Doch wenn wir sehen, daß wir heute in unserer High-Tech-Gesellschaft von einem Park von Beschleunigungs- und Zeiteinsparmaschinen umgeben sind und uns dennoch in Zeitnöten verfangen, aus denen uns eigentlich die technischen Geräte retten sollten, stellt sich die Frage, ob Zeitprobleme nicht auftreten, gerade weil wir soviel Technik anwenden. Was eingesetzt wird, um Probleme zu lösen, wird selbst zum Problem. Dies macht deutlich, daß die Probleme lange nicht angemessen formuliert worden und die angesonnenen Lösungen den aufgelaufenen Problemen der Spätmoderne nicht angemessen sind.

»Zeit« ist ein widerspenstiges Themenfeld, nicht erst seit heute, wie die Forschungen zur Semantik geschichtlicher Zeiten lehren. Schon 1843 klagte Lorenz v. Stein, daß sich das Leben seit 50 Jahren derartig beschleunigt habe, daß dem Beobachter die Geschichte regelrecht davonlaufe. Erst recht im 20. Jahrhundert spielte die Beschleunigung der Zeit im Rahmen der entfesselten industriellen Dynamik eine hochgradig ambivalente Rolle. Das »eilige Jahrhundert« wurde begrüßt und zugleich verdammt. Für die einen brachte es die immense Steigerung der Lebensbedingungen, für die anderen das Verschwinden der besonderen Räume und Zeiten.

»Zeit« sperrt sich gegen Vereinfachungen. Die Freude an der Beschleunigung der Verhältnisse, der Kult der Geschwindigkeit paart sich mit dem Schrecken vor den entfesselten Strömen der Bewegung. So wurde in diesem Jahrhundert immer wieder die Technik mobilisiert, um mit ihrer Hilfe die »losgetretenen« Ströme zu bändigen und mit aller Anstrengung das kulturelle Artefakt »Normalität« zu erhalten. Technik gewann so ihre gesellschaftliche Funktion des Beschleunigens und zugleich des Bändigens, Dämpfens und Kontrollierens. Historisch wurde damit in der »klassischen« Moderne die enge Kopplung von Technik und Zeit vorangetrieben. Dies führte zu der Vorstellung, Technik habe per se eindeutige Zeitfunktionen, gewissermaßen in sie »eingebaute« Zeitlogiken, die genau vorschreiben, wie man mit ihr umzugehen hat. Diese Vorstellung verliert heute ihre Basis: Die modernen Kommunikationstechniken sind viel anwendungsoffener und temporal viel uneindeutiger, als uns noch immer das Szenario eines »transhumanen Zeitregimes« der reinen Geschwindigkeit (Virilio) ausmalt. So können wir zunehmend nicht mehr davon ausgehen, Zeit mittels Technik »stillzustellen«.

Ebensowenig wie »eingebaute« Zeitansprüche der Technik als eindeutige Disziplinierungs- und Kontrollinstrumente des sozialen Lebens herangezogen werden können, unterliegt die Gesellschaft einem technisch induzierten Zeitdiktat, das den einzelnen den Taktgeschwindigkeiten der Technik völlig ausliefert. Ganz im Gegenteil: Gerade moderne Kommunikationstechniken lassen in ihren Zeitbezügen »Spiel«. Technik per se garantiert weder Zeitgewinne noch Zeitverluste, weder Beschleunigung noch Zeitdehnung, weder Synchronisation noch Zeiten der Entkopplung, weder Zukunftssicherung noch Zukunftsverunsicherung. Wir müssen deshalb mit neuen Varianten rechnen, die das Verhältnis von Technikeinsatz und Zeitgestaltung neu gewichten und konfigurieren. Hier setzt die Untersuchung an: Sie löst das immer schon in spezifischer Weise gedachte Technik-Zeit-Verhältnis analytisch auf und spürt den Verknüpfungsweisen empirisch nach. Ihr Interesse richtet sich auf die Beharrlichkeit und Widerständigkeit, mit denen sich die Zeitstrukturen zu Wort melden und sich nicht länger von einer noch so mächtigen Technik und deren Semantik vereinnahmen lassen.

Die immer wieder unterstellte eindeutige Verbindung von Technikeinsatz und Zeitumgangsweisen überschätzt die Bedeutungsmacht der Technik. Unsere These ist: Die Techniken gewinnen ihre Eigenschaften erst in der Anwendung, d. h. durch Aktualisierung und Nutzung ihrer oft vielfältigen Verwendungspotentiale und »Geschehensmöglichkeiten«. Erst die Praktiken bringen (keineswegs beliebig) die Eigenschaften hervor, die wir so gerne als »feststehend« und »vorliegend« begreifen. Gerade die neuen Kommunikationstechniken machen das deutlich, ist ihre Nutzung doch keineswegs eindeutig, eher zeitlich entgrenzt und vielfältigen Einschreibungen (wie auch Umschreibungen) offen. Weit über die bloße Instrumentalität hinaus, weit über das reine Pathos der Geschwindigkeit kann Technik ganz andere Spuren legen; Technik ist nicht nur Beschleuniger, nicht nur eine Maschine zur Temposteigerung, um das Neue um jeden Preis zu erreichen. Nach den kulturellen Umbrüchen der letzten Jahrhundertwende, die die technischen »Revolutionen« mit dem Ziel begleiteten, Gesellschaften durch Beschleunigung zu verändern und damit die Dinge »zum Tanzen zu bringen«, steht nun ein neuer kultureller Umbruch bevor, der den vielfältigen Umgang mit Zeit in den Vordergrund rückt. Während die damaligen Umbrüche die Dinge in einen nie zuvor erlebten Dynamismus, in eine lineare Fortschrittslogik einlagerten, gilt es nun, angesichts der auftretenden Sprünge und Diskontinuitäten, die möglichen Spielräume, den flexiblen und kontingenten Umgang mit den Dingen zu erproben, im Gebrauch der neuen Techniken, im Benutzen, Arbeiten, Spielen, Denken die Mehrdeutigkeiten herauszufinden. Technische Objekte domestizieren nicht nur, sondern stimulieren, irritieren, laden zum Experimentieren ein.

Um diese Unbestimmtheiten zu erfassen, begreifen wir die neuen Kommunikationstechniken als auszugestaltende Medien, deren zeitliche und soziale Potentiale erst im Gebrauch hervorgebracht und in Form gegossen werden. Erst in der alltäglichen Nutzung zeigt sich, in welcher Weise technische Geräte Zeit in spezifischen eigenkontrollierten Zeitmustern verfügbar machen, ob die eingesetzte Technik als Zeitersparnis oder als Zeitverbringung Relevanz gewinnt, ob sie der Beschleunigung oder Dehnung von Zeit dient, ob sie zur Inszenierung von biographischen Erlebniszeiten oder zu Experimenten mit technisch ermöglichter Verzeitlichung eingesetzt wird. Auf diese verwickelte – und nicht eindimensionale – Weise ist Technik an der Konstitution von Wirklichkeit beteiligt und belegt in wechselnder Gestalt einen Platz im Alltag.

Unser Interesse richtet sich somit auf die immer neue Hervorbringung und Erschließung, nicht auf die Abbildung von Wirklichkeit durch die Akteure. Diese Umstellung der Perspektive vollziehen wir mit der Hervorhebung von Praktiken, die Eigenschaften erst hervorbringen und in der alltäglichen Auseinandersetzung profilieren. Der Begriff »Praktik« verbindet die Tatsache, *daß* wir etwas tun (»Praxis«), mit der Art und Weise, *wie* wir etwas tun. So auch der Begriff der »Zeitpraktiken«. Mit ihm fragen wir, wie und auf welche Weise, mittels welcher Handlungsmuster und Prozeduren, von Zeit und Gelegenheit Gebrauch gemacht wird. *Zeitpraktiken* sind ein wesentlicher Bestandteil der alltäglichen Lebensführung und prägen deren Handlungsmöglichkeiten. Zugleich gehen Zeitpraktiken in ein Netz verflochtener Bindungen mit anderen Praktiken ein, sie bauen mit an einem Verbund verschränkter Beziehungen, in denen sich Wirklichkeit konstituiert. Dieses »In-Form-Bringen« macht die Dynamik von Praktiken aus. Deren zentrale Wirkung ist nun nicht nur auf Ausdifferenzierung und Besonderung, sondern vor allem auf Verbindung und Verflechtung ausgerichtet. Mit dem Blick auf »Praktiken« lassen sich eher die neuen netzartigen gesellschaftlichen Strukturen und Überschneidungen herausarbeiten, die dafür verantwortlich zeichnen, daß das Erzeugen von Anderssein zur allgemeinen integrativen Formel wird. Unser soziologisches Interesse richtet sich demnach auf den Aufbau neuer Einheiten mittels Hervorhebung und Verflechtung, nicht auf den Sachverhalt der bloßen Vervielfältigung und Pluralisierung. Hier scheidet sich der Begriff der »Postmoderne« von dem der »Spätmoderne« – betont der erstere eher die Zersplitterung ins bloß Vielfältige bis hin zur Atomisierung, so hat der letztere mehr das komplexe Geflecht (oft selbst) verschränkter Bindungen im Visier.

»Zeitpraktiken« betonen die Vielfalt von Zeiten. Denn ebenso wenig wie sich ein »Zeitregime der Technik« fixieren läßt, können wir noch länger von bestimmten feststehenden Zeitstrukturen und Zeitbudgets ausgehen, die einen bestimmten Zugriff auf Technik zwingend erforderlich machen. Im Zuge gesellschaftlicher Ausdifferenzierung und fortschreitender Individualisierungsprozesse werden neben Problemen akuter Zeitnot ein erhöhter Druck zur Synchronisation und unzureichende Dispositionsmöglichkeiten über Zeit registriert. So tritt zunehmend das Problem der Starrheit von Zeitordnungen in den Vordergrund. Immer notwendiger erscheinen flexible Zeitordnungen, um eine bessere Abstimmung unterschiedlicher Zeitformen und Zeitstile zu erreichen. Zeitprobleme werden also nicht mehr so sehr als Zeitnot und Zeitknappheit thematisiert, sondern als Frage der Zeitgestaltung. In den Vordergrund rückt damit der Wunsch, nicht unbedingt Zeit zu beschleunigen, zu verkürzen, einzusparen, zu verdichten, sondern Prozesse je nach Situation variabel zu gestalten. Um diese Umbrüche in den Zeitstrukturen angemessen erfassen zu können, muß Zeit in ihrer Eigenwirksamkeit ernst genommen werden. Das gängige Reden, das Zeitfragen immer schon in einen Knappheits- und Verwendungsdiskurs einbindet, erweitern wir in unserer Studie um eine reflexive Beschreibungsversion, die Zeit als eigenständiger Größe Rechnung zu tragen sucht. Erst dadurch läßt sich eine Antwort auf die Frage finden, inwiefern in der Zeit selbst Puffer, Reservate, Refugien und Freiräume angelegt sind, die die Lösung von Zeitproblemen mit eigenen Mitteln erlauben.

Wenn veränderte Zeitstrukturen und eine qualitativ neue Technik gemeinsam auftreten, stellt sich uns die empirische Frage, auf welche Weise sie jeweils ausformuliert und miteinander verknüpft werden. Mit Blick auf die in unserer Untersuchung thematisierten neuen Kommunikationstechniken (Video, Anrufbeantworter, Computer) müssen wir darüber hinaus aber auch die kommunikativen Folgen dieser neuen Techniken berücksichtigen. Denn sehr vieles spricht dafür, daß die Verbreitung dieser Kommunikationstechniken auch deutliche Veränderungen in den gesellschaftlichen Kommunikationsverhältnissen mit sich bringt. Mit dem

zunehmenden Einsatz neuer Kommunikationstechniken im Alltag weitet sich die Komplexität des Kommunizierbaren in unge-
ahntem und nahezu unkontrollierbarem Maße aus. Gerade mit
Blick auf die vielfältigen Speicher-, Modulations-, Variations- und
Vernetzungsmöglichkeiten von Kommunikationsinhalten wandelt sich die *Kommunikationslandschaft*. Die Kommunikation gewinnt an Dichte, Komplexität und Tiefe. Dadurch entstehen neue
Chancen wie neue Probleme, denn eine durch neue Kommunikationstechniken gestützte Kommunikation ist nicht mehr an zeit-
und arbeitsaufwendige Reproduktionsprozesse gebunden. Der
Blick muß somit für eine Koexistenz möglicher, jetzt in ihren
Bedeutungen spezifizierter Kommunikationsformen geschärft
werden, aus denen je nach Kontext ausgewählt werden kann und
sich so neue eigenwillige Verknüpfungen herausbilden.
Angesichts dieses Sachverhalts kann das komplexe Verhältnis zwischen Zeitpraktiken, Technikumgang und veränderten Kommunikationsverhältnissen nicht mehr eindeutig von einer Seite aus bestimmt werden. Wir gehen deshalb davon aus, daß wir es mit
einem facettenreichen Wechselspiel zwischen ihnen zu tun haben.
Unsere empirische Untersuchung widmet sich genau diesen unterschiedlichen Ausprägungen und Konfigurationen. Auf diese
Weise gewinnen wir sowohl Aussagen über das interne Beziehungsgefüge als auch über das sich daraus ergebende jeweilige
Bedeutungsnetz, das wir als *lebensstilspezifisches Webmuster* identifizieren. Die Studie arbeitet den Zusammenhang von veränderten Zeitpraktiken, Technikumgangsweisen und sozialen Kommunikationsverhältnissen im Rahmen unterschiedlicher Lebensstilfiguren heraus. Anhand dreier solcher Lebensstilfiguren zeigt unsere Studie detailliert auf, wie sich Zeitpraktiken mit bestimmten
technischen und kommunikativen Umgangsweisen zu unterschiedlichen Bedeutungsgeweben verdichten und wie über die so
hergestellte Ordnung ein spezifischer Wirklichkeitsentwurf erzeugt und ausgeformt wird:

Der »technikfaszinierte Wellenreiter«

In dieser Figur wird Technik als Problemlöser par excellence, als eine unhinterfragt geschätzte Leistungsressource stilisiert. Mit ihrer Hilfe sollen Zeitgewinne erwirtschaftet werden, um Informationen so aktuell und umfassend wie möglich einzuholen, um Kommunikation immer verdichteter abzuwickeln. Der Anspruch ist, immer auf dem neuesten Stand und auf der Höhe der Zeit zu sein, um der Wirklichkeit »Herr zu werden«. Herausgefordert durch die Möglichkeiten der neuen Kommunikationstechniken strebt diese Figur nach immer neuerer und verbesserter Technik und wird so zu einem Wegbereiter technischer Innovationen. In ihrer Ausrichtung auf Aktualität (»Neophilie«) bezeichnen wir diese Figur als »Wellenreiter«, der auf den immer neuen Wogen mitschwimmt. Seine Zeitprobleme sucht er stets erneut durch ein Mehr an ausgefeilterer Kommunikationstechnik zu lösen. Doch immer wieder tun sich neue Kontrollücken auf, die nach noch »intelligenterer« Technik rufen. Die Effektivität der Technik konfrontiert ihn mit Datendschungel und Informationsmüll, die kaum mehr zu sortieren und zu überblicken sind. So durchbricht der »Wellenreiter« trotz aller Rekonfigurationen den Bannkreis der Moderne und ihrer Dilemmata nur in Ansätzen.

Der »kommunikationsbesorgte Skeptiker«

In dieser Figur erscheinen die technischen Geräte als »Störer« sinnvoller Zeitverbringung und intakter Sozialverhältnisse. Die neuen Kommunikationstechniken symbolisieren eher Alltagshetze, Geschwindigkeitswahn und Aktualitätsfanatismus und stehen vor allem unter dem Verdacht, zwischenmenschliche Kommunikation zu verzerren, wenn nicht zu verhindern. Aufgrund des besonderen Kommunikationsprimats (das »Eigentliche« ermöglichend) vollzieht der »Skeptiker« eine ständige Abgleichung von technischem Bedarf und zeitlichen und sozialen Belangen, so daß er die neuen Kommunikationstechniken nur sehr dosiert und unter Vorbehalt einsetzt. Die Zeit gerät ihm dabei allzuleicht aus dem Blick: Seine bevorzugte »offene« und technisch »unverstellte« Kommunikation von Angesicht zu Angesicht erfordert einen hohen Zeitaufwand. Zeit wird intensiv verbraucht und wird ihm in ihrer Eigenqualität nicht so recht präsent. So gerät er in immer wieder neue alte Kommunikationszwänge, die sein Zeitbudget überaus strapazieren. Seine Zeitpraktiken sind erheblich vereinnahmt von seiner Sorge um die soziale Verankerung von Ich und Welt, die er in der möglichst unverstellten und technisch unvermittelten Interaktion von Angesicht zu Angesicht verbürgt sieht.

Der »zeitjonglierende Spieler«

Neben diesen beiden Figuren erschlossen wir einen dritten Typus: den des »zeitjonglierenden Spielers«, der sich von den anderen beiden durch seine eigenwillige Art und Weise, auf Zeit zuzugreifen, unterscheidet. Er sucht sich von engen Zeitbindungen zu lösen und seine Zeiten eigenständig und situationsspezifisch zu gestalten. Indem er die modernen Kommunikationstechniken als »Möglichkeitsgeneratoren« einbindet, nutzt er deren Anwendungsoffenheit und gewinnt neue Spielräume. Diese nutzt er, Gegebenes ständig unter Variationsgesichtspunkte zu setzen und somit den »Wechselfällen« des spätmodernen Alltags gerecht zu werden. Indem er »Spiel« zum Beginnen, Unterbrechen, Dehnen, Beenden »hat«, entwickelt er die besondere Qualität einer *ereignisorientierten Zeitpraxis*, die seine eigenen Parts im »Spiel der Spiele« möglichst flexibel zu halten sucht. Mit den neuen Kommunikationstechniken geht er ziemlich »unpathetisch« um, setzt sie eher ein zum schnellen Umschalten, zum situationsoffenen Reagieren, zum Handhaben von Diskontinuitäten. In seiner Orientierung auf einen »zeit-gerechten« Umgang mit Zeit gewinnt er Freiräume, mit denen er aber nur dann erfolgreich »jonglieren« kann, wenn er in seinen Zeitpraktiken Zeit selbst zum reflexiven Thema macht.

Jede dieser Figuren setzt Wirklichkeiten unterschiedlich in Bewegung, aber keine der Figuren ist als »Trendsetter« zu verallgemeinern. In unserer Studie wird sichtbar, wie sich die Figuren in ihrem Spiel gegenseitiger Hervorhebung aneinander abarbeiten und wie sie in der wechselseitigen Auseinandersetzung Kontur gewinnen. In dieser Konstellation ist eine neue, bisher nicht beachtete Figur, wie die des »Spielers«, als eine Art »variety-pool« zu verstehen. Indem sie nicht nur die Begrenztheiten der bislang dominierenden Praktiken aufzeigt, sondern deren Risiken und

Probleme in neue Chancen und Möglichkeiten zu transformieren sucht, markiert sie quasi einen dritten Weg; dieser darf aber nicht darüber hinwegtäuschen, daß der »Spieler« die Beiträge des »Wellenreiters« und des »Skeptikers« nicht zu ersetzen vermag. Und doch kündigen sich mit ihm die Relevanzen einer informationsorientierten und vernetzten Gesellschaft an, in der die Teilnahme an Gesellschaft weder an die neueste Technologie noch an ausgreifende Ansprüche auf interpersonale Kommunikation und Gemeinschaft gebunden ist, sondern auf der Fähigkeit beruht, sich in schnell wechselnden Kontexten zurechtzufinden, Ereignisse auszumachen, aufzugreifen und zu verknüpfen. Möglicherweise ist dieses Muster des Zeitumgangs für die Bearbeitung der Probleme besonders gut geeignet, die in der Moderne aufgelaufen sind und nun allmählich zum Gegenstand einer reflexiven Vergewisserung werden.

Welt wie Toilette

— mehr oder min der regelmäßig benutzten, notwendige Einrichtung

— sauberhalten, sonst wird es unerträglich

— nicht länger aufhalten als nötig

Diejenigen, die dieses Buch am dringendsten nötig hätten, werden es vermutlich niemals lesen!

2. Neue Kommunikationstechniken
im Widerstreit mit der Zeit

*Was betrifft die Beschleunigung in der
Leistungsgesellschaft?*

Kommunikationstechniken sind aus dem Alltag der modernen
Gesellschaft nicht mehr wegzudenken. So ist es auch keine Frage
mehr, daß die wachsende Verbreitung der neuen Techniken deutliche Veränderungen im alltäglichen Lebenszusammenhang mit
sich bringt. Doch in welcher Art und Weise dies geschieht, darüber herrscht keine Einigkeit. Rasch werden Veränderungen zu
Szenarien hochstilisiert, die – empirisch wenig abgesichert – entweder die negativen oder die positiven Effekte technischer Innovationen einseitig hochrechnen. Doch bei genauerer Betrachtung
wird deutlich, daß sich weder die Erwartungen der Technikoptimisten noch die Prophezeiungen von Technikkritikern erfüllten.
Weder läßt sich durch die zunehmende Technisierung des Alltags
ein umfassender Komfort- und Souveränitätsgewinn verzeichnen
noch ein Verlust und eine Überformung und Pervertierung dessen, was man voraussetzungsvoll unter verständigungsorientierter
Kommunikation versteht. Vorangetrieben durch die etablierte
»Technik im Alltag«-Forschung wuchs vielmehr die Erkenntnis,
daß die aus dem Erwerbsbereich gewonnenen Resultate eben
nicht vorschnell auf andere Gesellschaftssphären übertragen werden können, und man nur so der Gefahr entgehen kann, die Um-
wälzung des gesamten Lebenszusammenhangs in ein verengtes
Blickmuster zu pressen.
Das Ausmaß der Änderungen läßt sich immer schwerer bestimmen, da sich die neuen Kommunikationstechniken als ein Bündel
von vernetzten, in sich selbst hochkomplexen Systemen etablieren
und sämtliche gesellschaftliche Bereiche tangieren, bis tief in die
Nischen unserer Alltagspraxis. So sieht die Forschung die Notwendigkeit, sich im Zuge der Abwendung von technikdetermini-
stischen Thesen von einer allzu engen Fixierung auf einzelne Geräte zu lösen und sich empirisch auf ein breites Spektrum von
Technisierungsprozessen zu beziehen. Dabei können wir jedoch
keinesfalls davon ausgehen, daß die Einführung der neuen Techniken automatisch einen Verdrängungsprozeß bisheriger Um-
gangspraktiken einleitet (vgl. hierzu Haefner 1985; Böttger/Mett-

ler-Meibom 1990). Gerade die außerbetriebliche Verwendung neuer Techniken ist nicht als ein Substitutionsprozeß zu verstehen. Das Hinzutreten neuer Techniken führt vielmehr zu einer erhöhten Variabilität von Techniknutzungen (vgl. u. a. Winter/Ekkert 1990: 13-15). Mit der Etablierung der neuen Techniken werden neue Möglichkeiten in Gang gesetzt, die Bisheriges eben nicht ablösen[1], sondern stattdessen neue Bedeutungszuschreibungen und Praxisformen provozieren: »Eher handelt es sich um einen Prozeß des Hinzufügens von voraussetzungsvolleren Formen, die dann die Bedingungen des Möglichen neu definieren und von daher umfunktionieren, was an älterem Strukturgut schon vorhanden ist« (Luhmann 1981b: 312).

Im Folgenden soll daher ein differenzierteres Bild davon gezeichnet werden, wie sich moderne Kommunikationstechniken in den Alltag einschreiben. Anknüpfend an bisherige techniksoziologische Überlegungen[2] geht es uns darum, einen erweiterten Technikbegriff zu entfalten, der offen genug dafür ist, die Veränderungen in den zeitlichen Strukturen wie auch in den Kommunikationsverhältnissen zu berücksichtigen[3]. Wir gehen davon aus, daß die Verflechtungen von Technik und Zeit komplizierter sind, als es Entweder-Oder-Kategorien zu erfassen erlauben. Anstelle der

1 In Anlehnung an die Habermassche »Kolonisierungsthese« wurde die Technik beispielsweise bei Biervert/Monse (1988) als Medium der Durchsetzung dominanter ökonomischer und politischer Interessen verstanden, das in immer stärkerem Maße den Alltag fragmentiert.

2 Es geht uns im Folgenden weniger um die detaillierte Wiedergabe einzelner Ansätze der kontrovers geführten Diskussion (vgl. hierzu Rammert 1993: 9-65; Krohn 1989), als vielmehr um die Zuspitzung techniksoziologischer Überlegungen auf das uns interessierende Verhältnis von neuen Techniken und modernen Zeitverhältnissen.

3 Daß die Techniksoziologie erst im letzten Jahrzehnt zu einer eigenen soziologischen Teildisziplin herangewachsen ist, ist noch lange kein Garant dafür, daß ihre Thematik zusammengeführt und überschaubarer wird. Im Gegenteil, das wachsende gesellschaftliche Interesse hat eher zu einer weiteren Zerfaserung und Ausdifferenzierung des Gebietes geführt. Übersichten werden damit immer komplexer und aufwendiger (vgl. u. a. Ostner 1991; Rammert 1994). Im Zuge dieser Auseinandersetzungen entstehen auch zahlreiche Untersuchungen zu bisher eher vernachlässigten »alten«, schon eingelebten Techniken. Man denke nur an die Analysen zur Telefonkommunikation (vgl. Forschungsgruppe Telefonkommunikation, Bd. 1 und 2, 1989/1990).

Unterstellung einseitiger Abhängigkeitsverhältnisse geht es uns um eine Aufschlüsselung des vielschichtigen Wechselspiels. Die Verbreitung der modernen Informations- und Kommunikationstechniken ist einerseits unter der Perspektive zu analysieren, inwieweit sich mit ihr bisherige Vorstellungen von Kommunikation und Zeit wandeln. Andererseits ist aber auch zu fragen, inwieweit die gewandelten Zeitverhältnisse die Rolle der Technik neu festschreiben.

2.1 Einschreibungen der Technik in den Alltag

Während die Einführung moderner Informations- und Kommunikationstechniken in der Arbeitswelt mit einer dritten »industriellen Revolution« (Bell 1976) verglichen wurde, können für die rasche Verbreitung moderner Techniken im Alltag oftmals keine derart vehementen Umbrüche konstatiert werden[4]. Die alltäglichen Verwendungsmöglichkeiten von Technik antworten nicht in dem Maß auf vorab formulierte Notwendigkeiten, wie es für den Erwerbsbereich typisch ist. Die Technisierung des Alltags scheint sich eher konfliktarm, unauffällig, unspektakulär und leise zu vollziehen[5]. Der Alltag in seiner Vagheit und Unbestimmtheit, in seiner weitgehenden Unstrukturiertheit im Vergleich zur betrieblichen Organisation, kann als ein Ort betrachtet werden, der variable Nutzungsformen zuläßt und ermöglicht. Gerade im Alltag können sich Prozesse der Entregelung und Neudefinition ihren Weg bahnen[6], erweisen sich Sachzwänge bei genauerer Be-

4 Spätestens mit der »tour d'horizon« von Ilona Ostner (1991) wurde deutlich, daß die Industriesoziologie längst nicht mehr der zentrale Ort der Auseinandersetzung mit den Problemen und Konflikten der neuen Techniken (vgl. u.a. Altmann/Deiß/Döhl/Bauer 1986) ist, und sich stattdessen eine »Technik im Alltag«-Forschung gefestigt hat.
5 Auch Gerhard Wagner (1994) kritisiert die Privilegierung von Risiken und Unsicherheiten in dem Technikdiskurs und plädiert ebenfalls für eine Perspektive, die stärker an der »Normalform« von Technik, an Technik in ihrem alltäglichen Funktionieren ansetzt, wobei er jedoch dafür das Wirken von »Hintergrundinstitutionen« verantwortlich macht.
6 Vgl. zur Kritik einer vorschnellen Abwertung des Alltags Waldenfels (1991).

trachtung weniger als Zwänge, die von den Geräten ausgehen, als Gewohnheiten, mit den Sachen in einer unhinterfragten Weise umzugehen (vgl. Hörning 1988; Rammert 1991). Beim alltäglichen Umgang mit Technik erfolgen Prozesse der Eingewöhnung und Trivialisierung höchst eigenständig und eigenwillig. Es gilt daher, sich seine Betrachtungsweise nicht durch einen industriesoziologisch vorbelasteten »Problem«blick[7] zu verstellen. Eine derartige Sichtweise hat ihre liebe Not mit einer Alltagstechnik, die sich auch in aller Stille einnisten kann, ohne Krisen, Spannungen und Friktionen zu erzeugen. Nicht die Probleme und Folgen einer zunehmenden Technisierung des Alltags sind erklärungsbedürftig, sondern vielmehr die Selbstverständlichkeit, mit der wir uns in zunehmendem Maße immer raffinierterer Technik bedienen (vgl. hierzu auch Braun 1993: 10). Die Absage an spannungsreiche, problembeladene Dichotomisierungen begründet sich jedoch keineswegs aus der Vorstellung einer möglicherweise unbegrenzten Aufnahmebereitschaft des Alltags von Technik[8] als vielmehr darin, daß die tagein, tagaus benutzte, fest in Routinehandlungen eingebundene Alltagstechnik außer bei Neuanschaffungen und in den Fällen, in denen sie nicht funktioniert, thematisch nicht relevant ist. Funktionierende Technik ist trivialisiert und macht sich damit für die Kommunikation unsichtbar (vgl. Bardmann/Dollhausen/Kleinwellfonder 1992). Sie wirkt und wirkt und wirkt, ohne Aufmerksamkeit zu binden. Ihre Bedeutung im alltäglichen Gebrauch beruht geradezu auf ihrem »Verschwinden« in einer Zone des Nicht-Bedeutsamseins. Dieses selbstverständliche Operieren läßt die Veränderungspotentiale, mit denen die neuen Techniken sämtliche Bereiche des Alltags durchdringen, schnell aus dem Blick geraten. Erst wenn man ernst nimmt, daß Technik in ihrem lautlosen

7 So sieht beispielsweise Manske (1991: 11) in den modernen Informationstechniken »den technischen Kern einer neuen Form der Kontrolle und Rationalisierung von Arbeit«. Zu einer notwendigen Umorientierung der bisherigen industriesoziologischen Sichtweise vgl. Bardmann (1990).
8 So geraten beispielsweise bei Braun die spezifischen Veralltäglichungs- und Trivialisierungsprozesse von Technik aus dem Blick, wenn er in der Aus- und Verlagerung technischer Folgeprobleme aus dem Haushalt an die Infrastruktursysteme die »schier unbegrenzte Aufnahmefähigkeit der Alltagswelt für die Technik« (Braun 1993: 10) vermutet.

Funktionieren »verschwindet«, kann die Forschung der selbstge-
bauten Problematisierungsfalle entkommen und der Gefahr entgehen, nur noch den Lärm zu registrieren, den sie selber macht. In
besonderem Maße gilt dies gerade auch für das Verhältnis von
Technikanwendung und Zeitstrukturierung, das im Alltag immer
schon als ein spezifisches zu denken ist (vgl. Ahrens/Ger-
hard/Hörning 1994 a, b).

So voraussetzungsvoll die Rolle ist, die die alltägliche Techniknutzung für die Zeitgestaltung übernimmt, so ist sie doch eingespielt,
gilt als unumstritten, als problemlos und eindeutig: Technische
Geräte sparen Zeit ein, indem sie Handlungszeiten verkürzen,
bestimmte Abläufe schneller erledigen helfen und uns von Zeitvorgaben unabhängig machen. Die dominante Denkfigur, durch
Technik letztendlich den Kampf mit der Zeit zu gewinnen, hat
auch bzw. gerade angesichts der Verbreitung der neuen Techniken
kaum an Plausibilität eingebüßt. Daß wir von einer großen Zahl
von Beschleunigungs- und Zeiteinsparmaschinen umgeben sind
und uns dennoch in den Zeitrastern und Zeitgefügen verfangen,
aus denen uns die technischen Geräte eigentlich herausführen sollen, wird in seiner Problematik nur in besonderen Fällen sichtbar.
Die Widersprüchlichkeit dieser Konstellation tritt aufgrund des
angezogenen Lebenstempos sowie des Zeitdrucks selbst kaum zu-
tage. So ist es heute auch kaum noch entscheidbar, ob Zeitprobleme auftreten, obgleich oder gerade weil wir in einem hohen
Maß Technik anwenden.

2.2 Im Dickicht vieldeutiger Technikaneignungen

Um den vielfältigen Verwendungsweisen technischer Artefakte
auf die Spur zu kommen, gilt es, sich von der Vorstellung einer
generellen Bedeutungsmacht der Technik zu verabschieden und
den Blick stattdessen auf die soziokulturellen Faktoren und Kon-
stellationen der Technikaneignung zu richten (vgl. u. a. Ham-
pel/Mollenkopf/Weber/Zapf 1991; Noller/Paul 1991)[9]. Danach

9 Hier haben gerade die Arbeiten im Rahmen des Verbunds sozialwissenschaftlicher Technikforschung dazu beigetragen, die scharfe Konfrontation von Thesen über »verheerende« oder »segensreiche« Technikentwicklung zurückzunehmen und zu differenzieren (vgl. u. a. Kubi-
  cek/Seeger 1993).

erfährt die Technik erst in ihrer Verwendung ihre jeweilige Bedeutungszuschreibung. Vertretern des kulturtheoretischen Technikansatzes geht es dabei um die Hervorhebung der *kulturellen Verfaßtheit* von Technik (vgl. Hörning 1985; 1988; 1989). In dieser Sichtweise stellt die Technik weit mehr als lediglich eine verdinglichte Funktionalität dar. Der These der technikimmanenten Zwangsläufigkeiten wird ein Technikverständnis entgegengehalten, das technische Geräte als »Kulturobjekte«, als Träger wie auch Mittler von Kultur begreift, über das »der Mensch die Welt versteht und sich über sie verständigt« (Hörning 1989: 100). Erst durch die jeweiligen sozialen Interpretations- und Deutungsprozesse wird Technik zu dem »gemacht«, als was sie schließlich – sozial generiert und legitimiert – in Erscheinung tritt (vgl. Hörning 1995).

Dieser Technikbegriff richtet sich gegen reduktionistische Verkürzungen, nach denen technologische Imperative soziale Verhaltensweisen einfordern. Die auf Ausdifferenzierung und Spezifizierung alltagsweltlicher Handlungsstrukturen gerichtete Sichtweise insistiert vielmehr darauf, daß Technik nie bloßes Instrument ist, sondern immer in ein Geflecht von Bedeutungen eingebunden ist. Technik wird hier in ihren symbolischen Qualitäten begriffen, wobei die technischen Apparaturen erst in der interpretativen Aneignung, in der kulturellen Modellierung ihre je spezifische Bedeutungs- und Funktionszuschreibung erfahren. Die Technik wird damit aus ihren ausschließlich technisch-funktionalen Sinnsetzungen herausgelöst, es wird auf die *symbolische Sinnunterfütterung* von Technik verwiesen[10], denn erst über die je spezifischen Bedeutungszuschreibungen wird der Verwendungsrahmen von Technik konstituiert (vgl. Hörning 1988: 68 f.).

Die kulturtheoretische Perspektive hebt hervor, daß die bislang

10 Diese Unterscheidung ist im Zusammenhang mit dem Umgang von Technik im Alltag eine entscheidende Größe, denn gerade hier greifen immer mehr leistungsstarke Techniken Platz, deren rein praktischer Nutzungswert weit unter den technischen Möglichkeiten liegt. Daß ein Gerät dennoch als *sinnvoll* und notwendig erachtet wird, ist auf seine symbolische Sinnunterfütterung zurückzuführen, der gerade im Privaten, dem nicht a priori zweckgebundenen Raum, zunehmende Bedeutung zukommt. Der privat genutzte Computer ist hierfür ein hervorstechendes Beispiel, da dessen Potentialitäten weit über die konkrete Anwendung hinausgehen.

als vorab gegeben unterstellte eindimensionale Zweck-Mittel-Beziehung nur *eine* mögliche Variante des Umgangs mit Technik darstellt. Sie macht deutlich, daß Technik keineswegs a priori eine strukturierende und formierende Wirkung zugeschrieben werden kann. Zentrales Interesse gilt dem kulturellen Bedeutungsgeflecht, in das die Interpretationen der Techniknutzer eingebunden sind[11]. Um nun aber nicht in die »kulturalistische Falle« zu laufen[12], gilt es, die Materialität technischer Geräte nicht zu vergessen. Die Arten und Weisen der Bedeutungszuschreibungen sollen in der Forschung durch die Anbindung an die technisch-funktionale Verfaßtheit von Technik in ihre Schranken verwiesen werden. In enger Ankopplung an die je spezifischen technischen Geräte werden so die sich ausdifferenzierenden Veralltäglichungs- und eigensinnigen Aneignungsmuster erschlossen, wird die soziokulturelle Bedeutungsformung der jeweiligen Techniken und ihre Einbettung in bestimmte Sozialwelten ausgemacht. Solche Sozialwelten verbleiben aber als »Sonder«welten oft dem einschränkenden Korsett von Spezialkulturen verhaftet, die sich um ein spezifisches technisches Artefakt herum gruppieren, sich vorwiegend über die intensive, überdurchschnittlich häufige Nutzung dieses einen Geräts ausbilden: Videonutzer von Horror- und Pornofilmen, Vielseher, Hacker, Programmierer, Computerspieler usw. (vgl. Rammert/Böhm/Olscha/Wehner 1991; Vogelgesang 1994; Wetzstein/ Dahm/Steinmetz/Eckert 1995; Winter/Eckert 1990). Anstatt nun die Verabschiedung einer a priori gegebenen Bedeutungmacht der Technik anhand der Analyse von Spezialkulturen zu vollziehen[13], greifen wir die kulturtheoretischen Überlegungen

11 Mit der Abstellung auf die Unterschiedlichkeit und Eigensinnigkeit der Nutzungsmuster richtet sich der Blick auf die technischen Geräte, die »mitten im Alltag handelnder und denkender Gesellschaftsmitglieder« stehen (Hörning 1985: 188).

12 Die Attraktivität kulturtheoretisch angeleiteter Untersuchungen liegt nicht zuletzt in ihrer Kritik an überzogenen Erwartungen technisch bedingter Veränderungen, dennoch besteht die Gefahr der »kulturalistischen Falle«, insofern den symbolischen Strukturen nun allzu leicht gleichermaßen determinierende Wirkung zugeschrieben wird.

13 Dabei bleibt es zumindest fraglich, ob es derartigen Kulturanalysen wirklich gelingt, sich von der Technik zu lösen, oder ob nicht – quasi durch die »Hintertür« – den technischen Artefakten eine erneute hohe Bedeutungsmacht zugeschrieben wird, indem sie als Dreh- und Angel-

auf, um das Verhältnis von Techniknutzung und Zeitgestaltung neu zu justieren. Wenn technische Artefakte erst in den eigensinnigen Aneignungsformen ihre jeweilige Bedeutung erhalten, dann können der Technik auch nicht länger a priori spezifische Zeitqualitäten zugeschrieben werden. Wir gehen daher davon aus, daß die Technik in ihren Zeitbezügen unspezifisch und unterdeterminiert ist: Technik per se garantiert weder Zeitgewinne noch Zeitverluste, weder Beschleunigung (vgl. Virilio 1989; 1992) noch Zeitdehnung oder Verlangsamung, weder Synchronisation (vgl. Nowotny 1989) noch Entkopplung[14]. Es ist daher mit neuen Varianten zu rechnen, die das Verhältnis von Techniknutzung und Zeitgestaltung neu gewichten und konfigurieren. Mit anderen Worten: Technik ist als *temporal uneindeutig* zu verstehen. Folgt man dieser Überlegung, kann man das immer schon auf spezifische Art und Weise miteinander verbunden gedachte Technik-Zeit-Verhältnis (vgl. hierzu u. a. Großklaus 1995) analytisch auflösen, um die je besonderen Verknüpfungen aufzuspüren[15].

punkt ausgewiesen werden, um die herum sich neue Spezialwelten auskristallisieren (vgl. Eckert/Vogelgesang/Wetzstein/Winter 1991; Vogelgesang 1994).

14 Allzuleicht werden diese Umbrüche in den Zeitstrukturen mit dem Verweis auf die neuen Techniken wieder eingeebnet. Die herrschende Diskussion geht davon aus, daß mit der Verbreitung der neuen Informations- und Kommunikationstechniken das Kommunizieren und Handeln in einer »angenäherten Gleichzeitigkeit« (vgl. Nowotny 1989) möglich wird, so daß zeitliche Differenzen aufgehoben werden. Eine solche Erwartungshaltung verkennt jedoch, daß es hier lediglich um eine Form der technischen Synchronisation geht, die noch lange keine sinnhafte Integration der je spezifischen Eigenzeiten garantiert. Die permanente Zugänglichkeit, die rein technische Vergleichzeitigung in der modernen Gesellschaft, ist nicht zu verwechseln mit einer feinsinnigen Abstimmung der je beteiligten Zeithorizonte.

15 Die Verknüpfung von Technik- und Zeitdiskurs wurde bisher sowohl in der Techniksoziologie als auch in zeittheoretischen Studien bis auf wenige Ausnahmen weitgehend vernachlässigt (vgl. Hörning 1991; Nowotny 1989) bzw. innerhalb von Zeitbudgetstudien thematisch enggeführt. Letztere reduzieren Zeit zu Fragen der Freizeitgestaltung unter Verwendung technischer Geräte. Auch Braun (1993) beschränkt sich in seiner Untersuchung auf die technischen Geräten eingeschriebenen Zeitbezüge. Mit der Betrachtung von »Funktions-, Entwicklungs- und Lebenszyklus« einzelner Geräte wird eine von der Funktionalität der Technik ausgehende einseitige Perspektive eingenom-

2.3 Von Technikzeiten zu Zeitpraktiken

Indem man sich von einem einlinear gerichteten Bestimmungsver-
hältnis von Techniknutzung und Zeitgestaltung verabschiedet, gelingt es, bisherige Selbstverständlichkeiten bzw. das, was bis heute
unangefochtene und unhinterfragte Gültigkeit beansprucht, als
spezifische Einredungen und Konstruktionen zu enttarnen. Dann
erscheint das, was unser Denken über Technik und Zeit bis heute
so nachhaltig bestimmt, nur als eine spezifische Form der Verknüpfung. Denn gerade weil technische Artefakte in der modernen »Fortschritts«semantik zu Taktgebern des gesamten gesellschaftlichen Lebens hochstilisiert wurden (Rinderspacher 1988:
35), ließ sich eine obsessive Verknüpfung von Techniknutzung
und Zeitgestaltung installieren, die als »so-und-nicht-anders« begriffen wurde[16].
Spätestens wenn man den Blick auf die vielfältigen Verwendungsmöglichkeiten richtet, die gerade die modernen Kommunikationstechniken in zeitlicher Hinsicht bieten, wird deutlich, daß
diese Verknüpfung eine aus spezifischen Entwicklungen heraus
resultierende, »gemachte« und keineswegs zwingend notwendige
Zuschreibung darstellt. In welcher Weise mit den neuen Techniken zeitlich umgegangen wird, läßt sich aber heute nicht mehr
ausreichend in den Begriffen »schnell« und »langsam« fassen. Die
zeitlichen Implikationen sind vielfältiger als es Beschleunigungs-
termini auszudrücken vermögen:

men. Eine differenzierte Analyse liefert Neverla in ihrer Untersuchung
von Fernsehnutzung und Zeitumgang (vgl. Neverla 1992, 1993). Sie
zeigt auf, daß gerade die Medien Fernsehen und Video unterschiedliche Umgangsformen mit Zeit provozieren. Ausgeblendet bleibt bei
ihr aber die Frage nach dem Wechselspiel von Technikumgang und
Zeitpraxis.
16 Nowotny spricht in diesem Zusammenhang auch von einem »Zeit-
bzw. Geschwindigkeitsrausch« (Nowotny 1989: 27), der, vorangetrieben und vermittelt durch die Technik, den gesamten Lebenszusammenhang durchdringt, so daß die Laufgeschwindigkeiten und Betriebszeiten der technischen Geräte über die Arbeitskontexte hinaus
die Handlungsgeschwindigkeiten des Alltagslebens bestimmen und
prägen. Dieser »Rausch« hat seinen historisch-kulturellen Hintergrund in künstlerisch-literarischen Bewegungen der letzten Jahrhundertwende (vgl. Kern 1983).

So wird mittels der *Videotechnik* nicht nur die Emanzipation von starren Sendezeiten möglich, sondern darüber hinaus kann das vorliegende Filmmaterial jetzt selbst Gegenstand zeitlicher Gestaltung werden. Die vorgegebene Linearität kann per Knopfdruck nicht nur abgebrochen oder unterbrochen werden, vielmehr kann der Film selbst in seinen narrativen Sequenzen verändert werden. Er kann nach spezifischen Interessen zeitlich neu »gemischt« werden. Es können neue »Filmcollagen« »gebastelt« werden. Vorgegebene Filmzeiten stellen keine Grenzen mehr dar, sondern werden damit zur Option. Anfang und Ende eines Films können selbstbestimmt variiert werden. Mit dieser »Produktion in der Reproduktion« (Hörning 1991) wird eine Dekontextualisierung betrieben, die sich gegen die »Tyrannei des Einmaligen« richtet. Der Film ist in seinem Verlauf nicht mehr festgelegt, sondern wird *reversibel*. Die reversible Fixierung von Filmen ermöglicht die flexiblere Handhabung des Filmsehens ebenso wie das Setzen neuer zeitlicher Interpunktionen. Mit dieser konstruktiven Einmischung in das Filmmaterial tritt der Film jetzt verstärkt in seinem Charakter des »Hergestellt-Seins« hervor.

Auf der anderen Seite steht mit dem *Computer* ein technisches Potential zur Verfügung, mit dessen Hilfe etwa die vorgegebene Textlinearität aufgebrochen werden kann[17]. Der Zugang zu einem Text wird nicht mehr durch dessen sequentielle Ordnung vorbestimmt, vielmehr können neue weniger disziplinierte Formen gestaltet werden. Texte können auf unterschiedliche Weise umstrukturiert und neu kombiniert werden[18]. Der Leser kann am Bildschirm zwischen den Informationsknoten »navigieren«, denn »erst der Leser bestimmt, wo Anfang und Ende seines Lesens

---

17 Es ist uns bewußt, daß die hier beschriebene Verwendungsform des Computers als »Schreib- und Lesegerät« eine spezifische ist und keineswegs die Anwendungsoffenheit des Computers umfassend beschreibt. Dennoch tritt gerade bei dieser Nutzungsvariante die temporale Entgrenztheit der Computertechnik besonders deutlich hervor.

18 Unter dem Stichwort »Hypertext« werden derzeit Möglichkeiten des Schreibens diskutiert, die mit der linearen Organisation des Schreibens brechen. Dabei existiert solch ein Hypertext streng genommen nur on-line. »Anwender« von Hypertexten entwerfen diese im Horizont von Zeit auf bestimmte Möglichkeiten hin. Hypertexte verbleiben so provisorisch und sind radikal zeitlich (vgl. Bolz 1993: 198 f.; Esposito 1993).

sind, und der Autor kann nicht mehr eindeutig festlegen, wie der Text zu lesen ist« (Coy 1989: 55). Das Auseinanderfallen von Textcorpus und Textdarstellung betrifft nicht nur das Lesen, sondern auch das Schreiben eines Textes am Bildschirm. Während das Schreiben an der Schreibmaschine durch das Blatt Papier begrenzt und übersichtlich, die Beschriftung in gewisser Weise endgültig ist, fügt der Computerbildschirm endlos eine Zeile an die andere. Ein auf Diskette abgespeicherter Text bleibt quasi unabgeschlossen, vergleichbar einer endlosen Schleife. Erst mit seinem Ausdruck wird dem Text sein (vorläufiges) Ende gesetzt (vgl. Rötzer 1991).

Mit dem *Anrufbeantworter* steht eine Technik zur Verfügung, die Anwesenheits- und Kommunikationszeiten voneinander entkoppelt. Kommunikation wird unabhängig von Zeiten der Anwesenheit, man bleibt als potentieller Ansprechpartner rund um die Uhr an das Kommunikationsnetz angeschlossen. Zeitpunkt wie Zeitdauer der Kommunikation können selbstbestimmt variiert werden. Anwesenheitszeiten können jetzt in Ansprechzeiten und Nichtansprechzeiten unterschieden werden. Mittels des Anrufbeantworters wird die Wahl möglich, wann man sich auf welche Kommunikation einläßt oder nicht. Mit der Möglichkeit der Fernsynchronisation sowie der Entkopplung von Jetzt-Zeit und (Re-)Aktionszeit eröffnet der Anrufbeantworter neue Dispositionsmöglichkeiten sowohl in sozialer als auch zeitlicher Hinsicht. Dadurch können Dringlichkeitsstufen gelockert und die zeitlichen Dispositionsspielräume vergrößert werden. Ob nun der Anrufbeantworter als sogenanntes »kommunikatives Schutzschild« von aufwendigen Kommunikationszeiten entlastet, oder aber als eine Art erste Anlaufstelle für nachfolgende zeitintensive Gespräche eingesetzt wird, kann nicht allein über das technische Gerät bestimmt werden.

Diese neuen Zeitimplikationen der Kommunikationstechniken vor Augen, wird erkennbar, daß ein Einsparen bzw. Beschleunigen von Zeit mittels Technik nur noch *eine* mögliche Variante innerhalb des mannigfaltigen und vielschichtigen Beziehungsgeflechts von Techniknutzung und Zeitgestaltung darstellt. Technikeinsatz steht nicht mehr ausschließlich für »Schnelligkeit um jeden Preis«. Ebensowenig können wir davon ausgehen, daß mit den modernen Kommunikationstechniken eine neue Allgegenwärtigkeit, ein »rund-um-die-Uhr«-Zugriff zur Vernichtung von Zeit führt (vgl. Virilio 1986). Daß die Potentiale der neuen Techniken die Aufhebung von Zeitdifferenzen ermöglichen, sagt noch nichts darüber aus, inwieweit eine technische Synchronisation auch soziale Synchronisation gewährleistet. Angesichts der wachsenden Synchronisations- und Koordinierungsschwierigkeiten erweist sich ein bloßer Rückgriff auf Technik als immer konfliktträchtiger, wenn es darum geht, Zeitprobleme zu befrieden.

Neben diesen bislang vorherrschenden Technik-Zeit-Verknüpfungen werden jetzt vielmehr andere Varianten wahrscheinlich, die die Verbindung von Technik und Zeit neu gewichten und konfigurieren. Dabei zeigen die enormen zeitlichen Variationsmöglichkeiten die Unzulänglichkeit eines ausschließlich an Tempozuwächsen ausgerichteten Technik-Zeitverständnisses an. Weder lassen sich die Techniken in sachlicher und sozialer Hinsicht eindeutig fixieren noch lassen sie sich in zeitlicher Hinsicht auf eine bestimmte Zeitlogik begrenzen. Sie legen vielmehr den Einbezug komplexerer Zeitstrukturierungsmuster nahe[19]. Anstelle der dominanten Vorstellung, die Zeitfunktionen der Technik seien eindeutig vorgegeben, muß vielmehr davon ausgegangen werden, daß die technischen Geräte ein hohes Maß an *zeitlicher Variabilität* in sich tragen. Die Informations- und Kommunikationstechniken institutionalisieren sozusagen zeitliche Variabilität. Mit anderen Worten: Welche zeitlichen Bezüge sich in der Techniknutzung ausbilden, ist nicht aus den technischen Geräten einsehbar. Um dieser Perspektive gerecht zu werden, begreifen wir die neuen Techniken als *temporal entgrenzt*[20], d.h. erst in der konkreten Anwendung werden die zeitlichen Bezüge in ihrer Vielfältigkeit eindeutig gemacht und der Technik eine eindeutige Zeitlichkeit zugeschrieben. Welche Bedeutungszuschreibung die modernen Kommunikationstechniken in zeitlicher Hinsicht erfahren, entscheidet sich erst in der hochselektiven Aneignung. Hier entschei-

19 Vor diesem Hintergrund lenkt auch die Studie von Garhammer (1993) den Blick nur auf eine »gängige« Technik-Zeit-Verknüpfung, wenn sie nach dem Zuwachs an Zeitsouveränität durch neue Techniken fragt.
20 Wir konzentrieren uns hier auf den Zeitaspekt der neuen Techniken. Das heißt nicht, daß die Techniken nicht auch in räumlicher Hinsicht als »entgrenzt« zu betrachten sind. Auch in bezug auf den Raum irritieren die Techniken bislang gültige Vorstellungen von Nähe und Ferne, von Innen und Außen, von öffentlich und privat (vgl. Ferguson 1990; Giddens 1995; Henckel 1994).

det sich, ob die Technik bisherige Zeitumgangsstile stört, irritiert oder neue Muster der Zeitstrukturierung in Gang setzt.

Die Rede von der temporalen Entgrenztheit moderner Techniken verweist auf die vielgestaltigen Ausprägungen möglicher Technik-Zeit-Arrangements. Will man diesen auf die Spur kommen, gilt es, von einer *rekursiven* Verknüpfung von Technikzeiten und Zeitpraktiken auszugehen. So werden einerseits die temporal entgrenzten Techniken erst durch je spezifische Zeitpraktiken in ihren Zeitbezügen festgelegt, andererseits initiiert erst die temporale Entgrenztheit die Ausbildung und Ausformung spezifischer Zeitpraktiken. Welche Rolle moderne Techniken in bezug auf die Zeitverhältnisse spielen, wird damit zu einer empirischen Frage, denn erst durch das alltägliche »in Form bringen« technischer Geräte werden bestimmte Zeitmuster aktualisiert und andere ausgeschlossen: Technische Artefakte werden erst in der Anwendung »gezeitet«, ebenso wie die Zeitgestaltung erst durch die jeweilige Techniknutzung Kontur erhält.

Entsprechend dieser Funktionsoffenheit stellen die neuen Kommunikationstechniken bisherige Technikkonzeptionen in Frage. Als Maschinen zur Informationsbearbeitung lassen sie keinen automatischen Rückschluß mehr von der Form auf die Funktion zu. Der materielle Artefaktcharakter tritt mehr und mehr in den Hintergrund und spielt nur eine untergeordnete Rolle, wenn es darum geht, dem je spezifischen Stellenwert und der Bedeutung technischer Geräte im alltäglichen Umgang nachzugehen. Anstelle der Erfassung über die materielle Form wird es zunehmend notwendig, die neuen Techniken als »abstrakte Maschinen« zu denken, die sich erst über ihr konkretes Tun spezifizieren lassen. Erst in der konkreten Verwendung wird die Technik in ihrer Vieldeutigkeit eindeutig festgeschrieben. Mit anderen Worten: Nicht die technischen Potentialitäten bestimmen die Wirklichkeit, sondern die Inanspruchnahme schafft technische Potentialitäten, die bestimmte Wirklichkeiten hervorbringen (vgl. Dollhausen/Hörning 1996; Hörning/Dollhausen 1997).

Von maschinellen Eigenschaften zu medialen Formen

Die modernen Kommunikationstechniken stellen eine Herausforderung an unser bisheriges Denken über Technik dar. Gerade mit Blick auf die Computertechnologie wird deutlich, daß die Beschreibung der Materialität von Technik nicht mehr ausreicht, um hinreichende Aussagen über ihre jeweilige Verwendungsmöglichkeit zu machen. Nicht die Maschine steht noch länger im Vordergrund, sondern die Symbol- und Zeichenhaftigkeit der neuen Techniken. Im Gegensatz zu klassischen Werkzeugen und Maschinen sind sie nicht auf eine zweckgerichtete Umwandlung von Energien und Stoffen ausgerichtet. Der wesentliche Umformungsprozeß findet jetzt vielmehr auf der logischen und syntaktischen Ebene der Symbolmanipulation statt (vgl. dazu Rammert 1990b: 17-20; Krämer 1990).

Die damit verbundenen Möglichkeiten der digitalen Reproduktion von Objekten sowie die damit hervorgerufenen Veränderungen werden mitunter als so weitreichend und tiefgreifend angesehen, nicht nur eine neue Phase in der Technikentwicklung einzuläuten, sondern darüber hinaus auch einen neuen Gesellschaftstypus zu begründen (vgl. Raulet 1988a)[21]. So wird gerade in der postmodernen Nobilitierung der neuen Techniken auf die neuen Darstellungsweisen und die damit einhergehenden neuen Formen der Anschaulichkeit abgestellt[22]. In der Thematisierung der neuen Techniken unter postmodernen Vorzeichen werden das Vorrücken der Immaterialität, die wachsende Bedeutungsmächtigkeit der Zeichen[23] und die damit verbundenen Möglichkeiten der Simula-

---

21 Die Computertechnologie wird dabei sowohl als Vater als auch als Kind dieser Entwicklung begriffen.

22 Sowohl Vertreter der »Postmoderne« als auch Vertreter der »Informationsgesellschaft« stellen auf die Besonderheiten der modernen Techniken ab. Während man sich unter dem Etikett »Informationsgesellschaft« vornehmlich auf das »information overload«, auf die durch die Informations- und Kommunikationstechniken hervorgerufenen Veränderungen von Kommunikation und Information konzentriert (vgl. u. a. Weingarten 1990), geht es dem postmodernen Diskurs um die Transformationen in der Wirklichkeitserfahrung.

23 In »Die Entdinglichung des Sozialen« beschreibt Giesen (1991) aus evolutionstheoretischer Sicht auf die Postmoderne die Zeichen als neue Bedeutungsträger.

tion, des Entwerfens fiktiver Wirklichkeiten, der Aufhebung räumlicher und zeitlicher Differenzen, als wegweisend für einen neuen Modus von Wirklichkeitserfahrung interpretiert. Es wird eine »mediale« Wirklichkeitserfahrung diagnostiziert (u. a. Rötzer 1991, Spangenberg 1991), die sich von der traditionellen, auf Analogie ausgerichteten Erkenntnisform, grundlegend unterscheidet.

Indem die Computertechnik keine Gegenstände mehr erzeugt, sondern Immaterialien, hat sich nicht nur der Bereich des Möglichen erheblich gesteigert, vielmehr kommt es zu einer neuen Art und Weise der Produktion und Reproduktion von Gegenständen. Durch die Variabilität der Programme können mittels des Computers spezielle Maschinen simuliert werden. »Indem der Computer ein Programm abarbeitet, erzeugt er ein Verhalten, welches der im Programm codierten Maschine formal äquivalent ist« (Krämer 1990: 25). Durch die Möglichkeit der Simulation anderer Maschinen erlaubt es die Computertechnik, dem Form zu geben, was a priori keine besitzt. Zwar erzeugt der Computer durchaus »realistische« Abbildungen, doch beruhen diese nicht mehr auf Analogie oder Mimesis. Es entsteht danach eine völlig neue Form der Präsentation von Realität, die mit vorangegangenen Reproduktionsmöglichkeiten in Form von Nachahmung und Imitation nichts mehr gemein hat. Diese Fusionierung von Realität und Fiktionalität wird insbesondere in der Bilderzeugung evident. Hatte die herkömmliche Photographie noch Abbildfunktion, beziehen sich jetzt die elektronisch erzeugten Bilder nicht mehr auf »nachprüfbare« Gegenstände oder auf Originale. Vielmehr sind die Bilder »bewegliche Bildschirme«, die von Augenblick zu Augenblick verändert oder überlagert werden können oder wieder verschwinden können. Ihre virtuelle Erzeugung läßt ihre Erscheinungsweise kontingent werden. Als »inszenierte Authentizitäten« werden sie raum- und zeitunabhängig.

Kultur- und Medienkritiker (vgl. u. a. Baudrillard 1978; Postman 1985) bewerten diese Möglichkeiten des »Techno-Imaginären« als kurzfristig faszinierenden, aber letztendlich zu beklagenden Angriff auf die Wirklichkeit bzw. als Derealisierungsschub[24]. Für sie

24 Dieser vermeintliche Derealisierungsschub wurde Anstoß für zahlreiche Diskurse des Verschwindens. So ist vom »Schwinden der Sinne« (Kamper/Wulf 1984), dem »Verschwinden der Kindheit« (Postman

heißt es »Abschiednehmen von der Realität« zugunsten einer »Hyperrealität«[25], in der der Widerspruch vom Realen und Imaginären aufgehoben ist und sich die Zeichen verselbständigt haben. In diesem »Aufstand der Zeichen« (Baudrillard 1978) – Zeichen verweisen auf Zeichen auf Zeichen – eskamotieren diese zur Wirklichkeit sui generis[26]. Baudrillards These, daß mit der Auflösung eines Zusammenhangs von Zeichen, Interaktion und Wirklichkeit jede Art von Identifizierungsmöglichkeit zwischen Zeichen und Wirklichkeit aufgehört habe zu bestehen, kann als gesteigerte Weiterführung des Gedankens der Entfremdung durch Technik gelesen werden. Zeichen verweisen danach nicht mehr auf eine ihnen vorausliegende Wirklichkeit, vielmehr verweisen sie jetzt nur noch auf sich selbst. Sie verschwinden quasi hinter der »elektronischen Wolke« und entziehen sich jeglichem Zugriff, so daß die Grenze zwischen Kontrollieren und Kontrolliert-Werden kollabiert.

In ihrer eindimensionalen Betrachtungsweise führt diese nahezu elegisch anmutende Medienkritik in eine theoretische Sackgasse, an deren Ende nur noch Verluste in Form von De-Realisierung, De-Territorialisierung und Ent-Subjektivierung konstatiert wer-

1983), dem »Verschwinden der Wirklichkeit« (von Hentig 1984), der »Furie des Verschwindens« (Enzensberger 1980) und der »Ästhetik des Verschwindens« (Virilio 1986) seit einiger Zeit unvermindert heftig die Rede.
25 »Heute kippt das ganze System in die Unbestimmtheit, jegliche Realität wird von der Hyperrealität des Codes und der Simulation aufgesogen. Anstelle des alten Realitätsprinzips beherrscht uns von nun an ein Simulationsprinzip. Die Zwecksetzungen sind verschwunden, es sind Modelle, die uns generieren. Es gibt keine Ideologie mehr, es gibt nur noch Simulakren« (Baudrillard 1982: 8).
Baudrillard steht hier stellvertretend für eine kulturpessimistische Bewertung der modernen Techniken, wobei Baudrillard selbst wohl hierzu die provokantesten Überlegungen anstellt und die Veränderungen auf drastische Weise formuliert. Dennoch gilt es, ihn nicht »wie Science-fiction« zu lesen, sondern das von ihm aufgeworfene pauschale Szenario mit differenzierten Unterscheidungen zu konterkarieren.
26 Baudrillard steht hier ganz in der Tradition McLuhans (1966), wonach die neuen Technologien keine Inhalte mehr repräsentieren und auch nicht mehr als Wissenserweiterung fungieren, sondern gänzlich zu ihrer eigenen Botschaft werden, kurz:»The medium is the message!«

den können. Die neuen Potentiale der modernen Techniken dürfen aber nicht dazu verführen, sich von ihnen derart blenden zu lassen, daß den neuen Techniken eine Eigenmacht zugesprochen wird, die letztendlich einen neuen Gesellschaftstypus einleitet und begründet. Weder wird mit der Etablierung neuer Techniken bisher Bestehendes einfach abgelöst, noch sind die Änderungen derart einheitlich, wie es uns einige Kritiker glauben machen wollen. Die Referenz zwischen Zeichen und Bezeichnetem löst sich keineswegs auf. Statt die zu Tage tretende semiotische Komplexität in die Bedeutungsleere laufen zu lassen, führt die Inanspruchnahme neuer Techniken zu einem Bedeutungswandel bzw. zu neuen Bedeutungszuschreibungen[27]. Es kommt mit der Verwendung neuer Techniken zur Ausbildung neuer Möglichkeiten sowie zur Aktualisierung neuer Inszenierungsformen.

Um diese Kontingenzen der Technikkonstruktionen zu erfassen, können Techniken nicht mehr nur als Objekte oder Instrumente begriffen werden. Weiterhelfen kann ein Technikverständnis, das technische Artefakte auch als *Medien* begreift. Mit dieser Kennzeichnung von Technik verabschieden wir sowohl die Vorstellung, technische Geräte seien »fertige« Produkte als auch die These der Verflüssigung und referenzlosen Zeichenhaftigkeit und betonen, daß »technische Artefakte als Medien vielfältiger – nicht ausschließlich technisch-funktionaler Sinnsetzungen begriffen werden müssen« (Hörning 1989: 99). Das »Technische« tritt in dieser Betrachtungsweise in den Hintergrund[28], in den Vordergrund

27 Auch in der Kunst wandeln sich mit der Einführung der Mikroelektronik die Bedeutungszuschreibungen: »Nach der Erfindung der Fotografie, des Films und schließlich der Computeranimation ist das gemalte oder gezeichnete Bild als solches zwar nicht überholt, aber es wird anders wahrgenommen. Nicht mehr sein Moment der Darstellung oder die Konstruktion von Farben und Formen sind primär, sondern seine Materialität, auf der sich eine persönliche, durch körperliche Gesten geprägte ›Handschrift‹ bezeugt« (Rötzer 1991: 18).

28 Zwar betont die Kulturperspektive die soziokulturelle Einbettung und Formbarkeit von Technik, rekurriert aber letztlich auf den »Dingcharakter der Technik«, um deutlich zu machen, daß die Prozesse der Bedeutungszuweisung keineswegs auf eine Beliebigkeit und Willkür hinauslaufen (vgl. Hörning 1989). Das Medienkonzept greift diese Überlegung dahingehend auf, daß die Materialität zwar Voraussetzung für Formungsprozesse ist, aber auf welche Art und Weise sich die Apparatur ins Spiel bringt, kennzeichnet sich erst im Prozeß der Her-

rückt hingegen die Multifunktionalität und strukturelle Plastizität (Winograd/Flores 1989: 159) von Technik. Der mediale Charakter von Technik verweist einerseits auf die althergebrachte Vermittlungsfunktion (Technik als Übertragungsmittel), andererseits auf die wiederentdeckte Bedeutung des Medialen[29] im Sinne der Plastizität, die Spielräume für Gestaltfixierung, für Formbildung, für die Stabilisierung von Beziehungen offenhält[30]. Der Blick richtet sich damit nicht länger auf das »Ding« und seine je spezifischen Eigenschaften, sondern auf die Offenheit möglicher Verbindungen. Das Charakteristische eines Mediums ist demnach seine Offenheit für je spezifische Einschreibungen, denn das Medium Technik hält die Möglichkeit einer immer auch anders möglichen Formung bereit, die durch spezifische Selektionsprozesse eingeschränkt und handhabbar gemacht wird. Mit der jeweiligen Spezifizierung wird einerseits die Kontingenz möglicher Verwendungskontexte eingeschränkt und die Anwendungsoffenheit und Vielschichtigkeit technischer Artefakte auf eine Form reduziert, auf der anderen Seite werden gerade durch diese spezifische Re-

vorbringung von Technik. Erst das »In Form bringen« von Technik gibt Aufschluß darüber, wie die Materialität in Erscheinung tritt und welche Zuschreibungen »das Ding« erfährt. Ein medientheoretisches Technikverständnis ignoriert damit keineswegs die materielle Verfaßtheit technischer Artefakte, sondern stellt vielmehr die Frage nach deren unterschiedlichen Zuschreibungen. »Natürlich limitieren Medien das, was man mit ihnen anfangen kann. Sie schließen, da sie ja ihrerseits aus Elementen bestehen, Beliebigkeit aus« (Luhmann 1995: 170).

29 Die Unterscheidung von Medium und Form geht auf wahrnehmungspsychologische Analysen von Fritz Heider (1926) zurück. Im Zusammenhang mit Wahrnehmung spricht Heider nicht vom »Form«, sondern vom »Ding« (Zum höheren Auflösungsvermögen der Unterscheidung von Medium und Form vgl. Luhmann 1993: 64). Der Medienbegriff findet in jüngster Zeit verstärkte Aufmerksamkeit in der Techniksoziologie, um der Multifunktionalität moderner Technik gerecht zu werden (vgl. hierzu u. a. Andersen/Holmqvist/Jensen 1993; Esposito 1993; Rammert 1994).

30 Anstelle eines objektivistischen Technikverständnisses gewinnt somit ein relationaler Technikbegriff an Bedeutung, der an der »Organisationsweise eines Zusammenhangs« (Rammert 1989: 133) ansetzt. Es geht darum, wie die »lose gekoppelten Elemente des Mediums Technik« in je besonderen Praktiken zu bestimmten Formen verdichtet werden.

duktionsleistung neue Sinngehalte entfaltet. Mit anderen Worten: Durch die Gestaltfixierung werden bisher unwahrscheinliche Neukombinationen wahrscheinlich gemacht (vgl. Rammert 1989). Erst in der hoch selektiven Techniknutzung entfaltet die Technik ihr Wirkungspotential und wird zum Adressaten für bestimmte Zuschreibungen: »Auf der Grundlage dieser rigiden Engführung eröffnet sich Technik eine eigene Welt (...) Technik gewinnt ihre enorme ›Effektivität‹ nur auf der Basis dieser extremen Engführung, also nur auf der Grundlage einer immens hochgetriebenen Abstraktion« (Markowitz 1992: 72). Unser Blick richtet sich somit auf die je spezifischen Einschreibungen, die die unterschiedlichen »Geschehensmöglichkeiten« (Heidenescher 1992: 447) von Technik ausformen und spezifizieren. Je nachdem welche Techniknutzung aktualisiert wird, werden je spezifische Anschlüsse für die Zeitpraktiken gelegt.

Mit einem derartigen Technikverständnis verabschieden wir uns von der Vorstellung, »die« Technik bestimme unsere Zeitverhältnisse. Welche Anschlüsse sich für die Zeitpraktiken ergeben, ist nicht länger allein von der Technik aus abzuleiten. Erst im Wechselspiel von Techniknutzung und Zeitpraktiken wird ein Technikbild erzeugt, das die Technik als »so und nicht anders« hervorbringt. Um diesen je spezifischen Wechselverhältnissen Rechnung zu tragen, gilt es im folgenden, analog zum Technikverständnis, auch ein Kommunikations- und Zeitverständnis zu entfalten, das in der Lage ist, die jeweiligen Praktiken angemessen in den Blick zu bekommen.

Die Frage ist nun, was Kommunikation heute angesichts der Verbreitung moderner Informations- und Kommunikationstechniken noch bedeutet. Wenn sich Kommunikation mit Hilfe neuer Kommunikationstechniken immer mehr von Raum- und Zeitdifferenzen abkoppelt, wenn die Kommunikationsmöglichkeiten immer vielfältiger werden, ist damit zu rechnen, daß sich die Kommunikationslandschaft der modernen Gesellschaft wandeln wird. Immer mehr Themen wollen in immer kürzerer Zeit über immer größere Räume hinweg bearbeitet werden. Im folgenden Kapitel fragen wir nach einem Kommunikationsverständnis, das in der Lage ist, die »entfesselte« Kommunikation in ihrer neuen Gestalt und Dynamik zu erfassen.

3. »Entfesselte« Kommunikation –
Ein Spielfeld der Spätmoderne

Die moderne Gesellschaft präsentiert sich als eine historisch gewachsene, von unterschiedlichen Kommunikationstechniken und -medien durchzogene Kommunikationslandschaft. Mit jeder Entwicklung und Etablierung einer neuen Technik bzw. eines neuen Mediums werden auch neue Formen des Kommunizierens hervorgebracht. In die Kommunikationslandschaft der modernen Gesellschaft haben sich in Ablösung der rein gestischen Artikulation sukzessive die Kommunikationstechniken Sprache, Schrift, Buchdruck bis hin zu den neuen Informations- und Kommunikationstechniken eingeschrieben. Mit jedem Auftauchen eines neuen Kommunikationsmediums wird eine neue, voraussetzungsvollere Stufe der gesellschaftlich zugänglichen, kommunikativ erreichbaren Erlebnisse und Handlungen erlangt. Durch die neuen Kommunikationstechniken werden die Ebenen erweitert, die für das Zustandekommen von Kommunikation bereitstehen. Die Etablierung dieser neuen Kommunikationsebenen ist nicht – wie vielfach behauptet – als ein Substitutionsprozeß zu verstehen, sondern als ein Hinzutreten weiterer, anderer Formen der Kommunikation. Mündliche Gespräche und schriftliche Mitteilungen verschwinden nicht, sondern erhalten angesichts der Etablierung der neuen Techniken neue Bedeutungszuschreibungen und Praxiseinbindungen.

Daß sich die Kommunikationsverhältnisse mit dem Einzug der neuen Kommunikationstechniken verändert haben, ist unstrittig. Jedoch variieren die Einschätzungen und Beurteilungen dieses Prozesses: Technikoptimisten betonen die positiven Errungenschaften und erweiterten Möglichkeiten durch kommunikative Vernetzungen. Sie heben die Leistungssteigerungen im kommunikativen Austausch hervor (Haefner/Eichmann/Hinze 1987). Die erhöhte Verfügbarkeit, der schnellere Zugriff auf Information, die bessere Informationsverarbeitung, die größere Transparenz, die Demokratisierungschancen durch Wissensumverteilung, nicht zuletzt die Zeitgewinne und gestiegenen Darstellungsmöglichkeiten des Individuums werden als Fortschritt und Modernisierungserfolge gewertet. Kritiker beklagen demgegenüber den Verlust, die Überformung und die Pervertierung dessen, was man gemeinhin unter spezifisch »menschlicher« Kommunikationsleistung versteht (Janshen 1980; Mettler-Meibom 1991; Rammert 1990a). Von den Kritikern wird die technisch gestützte Kommunikation der sozialen Kommunikation entgegengesetzt und betont, daß mit der Informatisierung die technische Kommunikation die soziale verfremde, verdränge und schließlich ersetze. Diese Monopolisierung und Kolonisierung der sozialen Kommunikationsverhältnisse durch die Technik bedeute letztendlich eine Entwicklung hin zur »Information ohne Kommunikation«, eine »Loslösung der Sprache vom Sprecher« (Weingarten 1990), eine »Fiktionalisierung und Virtualisierung der Kommunikation« (Raulet 1988a, Rötzer 1991).

Es wird eine »kommunikative Opulenz« (Moles 1991: 161) beklagt, in der es nur noch zu unvorhersehbaren, augenblicklichen Begegnungen, zu vereinzelten und vervielfältigten Sprachspielen komme (Raulet 1988b: 180). Angesichts der kommunikationstechnischen Aufdringlichkeit und Vereinnahmung wird eine Pervertierung der Kommunikation (Böhm/Wehner 1990) befürchtet, in der das Individuum zur bloßen Schnittstelle wird. Das Schwinden der diskursiven Kultur der Aufklärung wird prophezeit, und die Kommunikationstechniken werden als Vorboten einer »Unkultur« verdammt.

Vor dem Hintergrund eines emphatisch und normativ aufgeladenen Kommunikationsverständnisses, das unmittelbare, verständigungsorientierte Kommunikation in face-to-face-Situationen als die Basis jedweder Kommunikation schlechthin faßt, muß jede Technisierung der Kommunikation als Bedrohung, als Rationalisierung, Methodisierung und Anonymisierung erscheinen.

Diskussionen entbrennen ebenfalls an der Frage, ob die neuen Medien Kommunikation zu einer Massenveranstaltung[1] werden lassen, oder ob sie Kommunikationsverhältnisse zunehmend individualisieren und pluralisieren[2]. Die Unterscheidung von *Massen-*

---

[1] Vgl. u. a. Adorno (1966) und Benjamin (1963), die in ihren Thesen über die »Kultur-« und »Bewußtseinsindustrie« die Massenmedien als Motoren einer Massenkultur begreifen.
[2] Lyotard (1986) betont die durch die neuen Medien entstehenden Pluralisierungseffekte: Die durch die neuen Techniken angeleiteten »Mikro-

und Individualkommunikation scheint aber mit dem Einzug der neuen Techniken undeutlich bis unbrauchbar zu werden: Einerseits werden Kommunikationsprozesse mit den neuen Verbreitungstechniken immer stärker ausgeweitet, globalisiert und verallgemeinert. Immer mehr Informationen, ein immer größeres Spektrum von Themen werden durch diese Techniken bearbeitbar und einem breiteren Publikum zugänglich. Es wird die These verfochten, daß mit dem Auftreten einer neuen Kommunikationstechnik bisherige Kommunikationsweisen veralten und eine neue Phase gesellschaftlicher Integration eingeläutet wird. Wie der Übergang zur archaischen Gesellschaft durch die Entwicklung von Sprache und die Epoche der Hochkultur durch die Schrift eingeleitet wurden, sei der Beginn der Weltgesellschaft durch die Etablierung der Massenmedien gekennzeichnet (Luhmann 1981b). So befinden wir uns danach heute in einer Situation fortgeschrittener »globalisierter« und »entfesselter« Kommunikation (Münch 1991). Mit den modernen Medien wird die »Informationsgesellschaft« als Weltgesellschaft begreifbar. Verkehrsverbindungen und Kommunikationsmöglichkeiten haben einen Prozeß des weltweiten Zusammenwachsens beschleunigt. Zudem hat die Kommunikation an Komplexität, Dichte und Tiefe gewonnen. Dadurch entstehen neue Chancen wie neue Probleme, denn eine durch neue Informations- und Kommunikationstechniken gestützte Kommunikation ist nicht mehr an zeit- und arbeitsaufwendige handlungsgestützte Reproduktionsprozesse gebunden. Kommunikation kann im »handlungslosen« Vollzug beliebig viele Empfänger erreichen. Die Verbreitungsmedien haben die Grenzen des Thematisierbaren extrem ausgeweitet. Kaum etwas ist ihnen zu privat, zu intim. Nichts ist sicher davor, öffentlich gemacht zu werden. Alles wird prinzipiell kommunizierbar. Mit ihrer enormen Vermehrung, Beschleunigung und Globalisierung ist Kommunikation derart »entfesselt«, daß damit zugleich Gefahren von Kommunikationszusammenbrüchen verbunden sind. Die steigende Bedeutung der Kommunikation führt zu einem doppelten Risiko: Es entsteht einerseits die Gefahr, daß Themen »überhitzt« werden, d. h. daß sie zuviel Aufmerksamkeit auf sich ziehen, andererseits können aufgrund begrenzter Aufmerksamkeits-

erzählungen« werden dazu beitragen, die großen sinnstiftenden »Metaerzählungen« der Moderne abzulösen.

potentiale[3] und heftiger Verdrängungskonkurrenz Themen inaktuell und ad acta gelegt werden. Einem Zuviel an Aufmerksamkeit steht Aufmerksamkeitsentzug auf der anderen Seite gegenüber. Aber während sich die Kommunikation mit Hilfe der neuen Techniken universalisiert und verallgemeinert, findet gleichzeitig eine Individualisierung der Aneignung statt. Diese ist wiederum mit einer Aufwertung des Lokalen verbunden. Durch die gleichmäßigere Verteilung von Informationsbeständen sowie die Egalisierung der Chancen, an Kommunikation teilzunehmen, treten nicht nur – wie vielfach erwartet – massenmediale Gleichschaltungseffekte auf. Gleichzeitig ist eine Verfeinerung in der Aneignung medialer Inhalte zu beobachten[4]. Gerade weil Prozesse der informationellen Homogenisierung stattfinden, kann sich eine Produktionsspirale von erweiterten Kommunikationsmöglichkeiten in Gang setzen. Es entstehen neue Anschlüsse, neue Kommunikationsbahnen, es eröffnen sich Zugänge zu neuen Sinnuniversen, die in lokal begrenzten »Sonder«welten ausgeformt, in spezifischen Diskursarenen verhandelt und in Lebensstilforen kultiviert und stilisiert werden. Neue Sinnvernetzungen werden »gebastelt« (Beck/Beck-Gernsheim 1993; Hitzler 1988, 1994) und in hochspezifischer Weise kommunikativ bearbeitet. Wir beobachten m.a.W. die Parallelität von Globalisierungs- bzw. Lokalisierungs- und Individualisierungs- bzw. Pluralisierungsprozessen, die Parallelität von Globalisierung und lokaler Spezifizierung von Kommunikation. Der medial erzeugte Reichtum führt zu höchst eigenwilligen Verknüpfungen, zu bisher unwahrscheinlichen Kombinationen und zu individualisierten Verarbeitungsmustern von Kommunikationsangeboten. Die sich ausbildenden, hochgradig spezialisierten kommunikativen Kulturen erzeugen mit ihrem Anspruch, sich von anderen abzusetzen und abzugrenzen, wie-

3 Wenn alles zum Thema von Kommunikation gemacht werden und somit soziale Relevanz erlangen kann, sieht Franck (1989) das Problem des knapper werdenden Rohstoffs »aufmerksame Energie« auf uns zukommen. Wie kann angesichts der Vielfalt an Informationen und produziertem Wissen noch Aufmerksamkeit erreicht werden, die dann wegen ihrer hohen Selektivität nicht gleich zur Zumutung wird?
4 Die Homogenisierung von Information bedeutet eben nicht gleichzeitig eine Entsubjektivierung der Kommunikation, eine These, die zum Beispiel von Raulet (1988a) vertreten wird.

derum einen neuen Bedarf an Verständigungsprozessen zwischen den unterschiedlichen Kulturen.

In welcher Weise die bis tief in den Alltag und seine Nischen hinein vorgedrungenen Kommunikationstechniken soziale Kommunikationsverhältnisse verändern werden, ist in seiner Komplexität derzeit kaum absehbar. Was immer die neuen Medien auszeichnen mag, was immer ihre Besonderheiten und neuen Qualitäten sein mögen, es gilt, sich von ihnen *nicht vorweg* den Blick auf die Kommunikation selbst und ihre Veränderungen verstellen zu lassen[5]. Die uns interessierende Frage lautet deshalb: Was geschieht angesichts der Etablierung der neuen Kommunikationstechniken, des Einsatzes neuer Apparate und Geräte, mit der Kommunikation selbst? Noch grundsätzlicher gefragt: Was kann Kommunikation im Zeitalter einer allgemeinen Informatisierung, Telematisierung, Mediatisierung und Digitalisierung noch meinen? Vielleicht geht es nicht nur um neue Formen des Kommunizierens, sondern um eine Revolutionierung des Kommunikations*verständnisses* selbst (vgl. Fiehler 1990)[6]. Die entscheidende, gravierende Veränderung, deren Zeugen wir derzeit werden, besteht darin, daß sich mit den neuen Kommunikationstechniken unser Blick auf die vielschichtige und verschachtelte Kommunikationslandschaft ändert, bis dahin, daß sich das bisher tradierte Verständnis von Kommunikation wandelt und seine dominante Rolle einbüßt[7]. Im Übergang vom Industrie- zum Informations-

5 Hält man beispielsweise an einem engen intersubjektiven Kommunikationsbegriff fest, kann man eine Kommunikation, die über Anrufbeantworter stattfindet, nur noch als Verhinderung bzw. Verarmung begreifen. Der Anrufbeantworter wird als Personenersatz verstanden, der den Verlauf der Kommunikation steuert bis dahin, daß »von Kommunikation keine Rede mehr sein kann« (Pütz 1993: 92).

6 Dieser Revolutionierung entspricht eine derart tiefe Verunsicherung, daß man sich genötigt sieht, auch alte, bisher stark vernachlässigte, schon eingelebte Formen der Kommunikation zu untersuchen. Im Zuge der Auseinandersetzungen um die neue Qualität der Kommunikationstechniken findet eine verstärkte Beachtung der die Moderne prägenden Lese- und Schreibkultur statt (vgl. Ong 1987; Goody/Watt/Gough 1991; Giesecke 1992).

7 Gilgenmann stellt die These auf, daß sich angesichts der neuen Medienkonstellation die Konstruktion eines Alter Ego überhaupt aufzulösen beginnt. »In den digitalen Netzen wird nicht nur interaktive Beteiligung jenseits der Interaktion unter Anwesenden möglich (wie schon mit dem

und Kommunikationszeitalter ist ein »Kampf um den Kommunikationsbegriff« (Fiehler 1990) entbrannt, in dem das alltagsweltlich wie wissenschaftlich dominierende Kommunikationsverständnis durch eine neue Sichtweise ergänzt werden muß.

Um einen Einblick darüber zu bekommen, inwiefern sich die modernen Kommunikationsverhältnisse mit dem Einzug moderner Kommunikationstechniken wandeln, ist es notwendig, Kommunikation nicht länger auf den Austausch von Informationen zu reduzieren. Ein derartiges Kommunikationsverständnis (ver-)führt dazu, die Kommunikation bestimmten an die modernen Techniken geknüpften Perfektionsvorstellungen zu unterwerfen und andere durch die moderne Techniken wahrscheinlich gewordene Kommunikationsformen außer acht zu lassen. Andererseits wird mit der Vorstellung von Kommunikation als »Verschiebebahnhof«, als ein Informationsverteiler zwischen verschiedenen Stationen unterstellt, daß die jeweils kommunizierten Inhalte für Sender und Empfänger identisch sind. Subsumiert man die Kommunikation unter eine solche Übertragungs- oder Röhrenmetaphorik[8], beschränkt sich die Betrachtungsweise allein auf den Transport von Kommunikationsinhalten.

Um aber die Kommunikation selbst und ihre Veränderungen in den Blick zu rücken, gilt es, sich von theoretischen Vorwegannahmen zu lösen. Anstelle gängiger Vorstellungen von Kommunikation als Informationsaustausch-, Aushandlungs- und/oder Verständigungsprozeß taucht die Idee auf, Kommunikation auch als eine eigenwillige, sich selbst reproduzierende Kombinatorik ausgewählter Informationen zu verstehen. In diesem veränderten Kommunikationsverständnis[9] wird Kommunikation als Einheit eines dreistufigen Selektionsprozesses gefaßt: Kommunikation

Telefon). So werden auch Formen der Kommunikation möglich, die ohne ein konkretes Alter Ego auskommen« (Gilgenmann 1994: 24).

8 Daß diese Übertragungsmetapher unbrauchbar ist, wird bereits dadurch deutlich, »daß derjenige, der etwas mitteilt, dasjenige was er mitteilt, ja nicht weggibt, also nicht aufgibt, sondern behält« (Luhmann 1986: 50).

9 Die Grenzen des bisherigen Kommunikationsbegriffs sind bereits bei Luhmann aus systemtheoretischer Perspektive (Luhmann 1986, 1988, 1989b) formuliert worden. Wir lehnen uns im folgenden an die dort gemachten Überlegungen an und treiben sie in Richtung einer zeittheoretischen Erfassung von Kommunikationsprozessen weiter.

funktioniert erst dann, wenn etwas Gemeintes markiert (dies und nicht das), wenn dies zu einer Mitteilung gemacht (Sagen oder Verschweigen) und als solche verstanden und damit anschlußfähig (Annehmen oder Ablehnen) wird (vgl. Luhmann 1981a). Mit dieser Umorientierung findet eine Verlagerung des analytischen Bezugspunktes statt: Kommunikation orientiert sich nicht länger am Ideal der zwischenmenschlichen Verständigung, nicht einmal mehr an den Kommunikationsinteressen und -motiven der Kommunikationsteilnehmer. Ziel dieses selbstreferentiell gefaßten Prozesses von Kommunikation ist vielmehr die Kommunikation selbst, das heißt, die von der Kommunikation selbst ermöglichten und gewählten kommunikativen Anschlußmöglichkeiten.

Dieses Kommunikationskonzept setzt sich von bisherigen Fassungen ab, in denen sich Kommunikation auf eine immer schon vorausgesetzte Wirklichkeit bezieht, auf eine Wirklichkeit, die in der Kommunikation über den Zeichengebrauch mehr oder weniger kohärent beschrieben wird. »Denn nichts garantiert, daß die Wörter, die wir in der Kommunikation gebrauchen, mit den Dingen übereinstimmen, die sie bezeichnen« (Gilgenmann 1994: 14). Mit der Annahme, daß der Realitätsbezug der Kommunikation konstitutiv durch Unsicherheit belastet ist, daß die Kommunikation keine letztgültigen Gewißheiten bietet[10], sondern erst in ihrem Verlauf je spezifische Wirklichkeitsvorstellungen entstehen läßt, wird es möglich, die gestiegene Variabilität und Komplexität von Kommunikation empirisch zu beleuchten. Wir gewinnen ein größeres Auflösungsvermögen für die unterschiedlichen Anschlußmöglichkeiten, die im Kommunikationsverlauf selbst bereitgestellt und provoziert werden. Denn es ist davon auszugehen, daß die Kommunikation – je nachdem ob sie face-to-face, »live« über Telefon bzw. On-Line-Verfahren oder aufgrund vorhandener Speichertechniken wie etwa Anrufbeantworter, Mailbox oder Tele-Fax zeitversetzt stattfindet – unterschiedliche Qualitäten gewinnt und je spezifische Selektionsleistungen virulent werden läßt. Die Aufmerksamkeit ist daher auf die unterschiedlichen

10 Das Festhalten an der Vorstellung, Kommunikation bilde Wirklichkeit ab, führt angesichts der neuen Techniken zu der pauschalen These vom Wirklichkeitsverlust durch neue Medien, ohne zu sehen, daß diese Feststellung ebenfalls in hohem Maße medienabhängig ist, und zwar in erster Linie von Printmedien, von kommunikativen Realitätsgarantien durch Drucktexte (vgl. Gilgenmann 1994: 14).

Kommunikationspraktiken zu richten, die in diesem Prozeß ausformuliert werden und auf diese Weise je unterschiedliche Wirklichkeiten hervorbringen.

Indem wir das Kommunikationsgeschehen selbst thematisieren,
sind wir in der Lage, das Nicht-Zustandekommen von Kommunikation (Schweigen) wie das Nicht-Gelingen von Kommunikation (das gewollte wie das ungewollte Mißverstehen) als normale
Bestandteile sozialer Kommunikationsverhältnisse zu behandeln,
und eben nicht – wie es gerade für ein verständigungsorientiertes
Kommunikationsverständnis typisch ist – als bloße Kommunika-
tionspathologien zu registrieren.

Wir entlasten darüber hinaus die Kommunikation von den an sie
herangetragenen Konsenserwartungen, denn wird bereits vorweg
das Kommunikationsverständnis auf Verständigung und Kon-
sensherstellung ausgerichtet, kann nur noch danach gefragt werden, inwieweit die Kommunikation »richtig« bzw. »falsch« verstanden wird. Eine derartige Fragestellung bleibt auf die menschlichen Interpretationsleistungen beschränkt, ohne das Kommunikationsgeschehen selbst zu thematisieren. So kann mitunter gerade der Dissens Voraussetzung für weitere Kommunikation
sein.

Wird Kommunikation vorrangig als Verständigung begriffen, geraten wichtige Aspekte zur Beurteilung medienbedingter Veränderungen von Kommunikation aus dem Blick. Wenn etwa eine
Mitteilung einen Empfänger erreicht, obwohl er nicht anwesend
ist, ist die Wahrscheinlichkeit, daß sie aufgrund unterschiedlicher
Zeitbezüge mißverstanden und daß sie abgelehnt wird, größer.
Des weiteren stellt sich die Frage, ob mit einem Mehr an Informationen die Wahrscheinlichkeit für Konsens steigt oder ob sich
nicht etwa damit die Gründe vermehren, Information abzulehnen? Es zeigt sich, daß es keinen direkten Weg zur »Verbesserung«
der Kommunikationsbedingungen gibt, weil sich die Unwahr-
scheinlichkeiten der Kommunikation wechselseitig verstärken.

Um die Rolle der Kommunikation bei der Etablierung moderner
Kommunikationstechniken zu erfassen, wird Kommunikation
hier als Tatbestand sui generis verstanden, als eine eigenständige,
emergente Ebene, die ihre Bedingungen des Gelingens oder auch
die des Mißlingens selber hervorbringt. Sie erzeugt ihre eigene
kommunikative Wirklichkeit: »Eine Kommunikation teilt die
Welt nicht mit, sie teilt sie ein« (Luhmann 1989b: 7). Die Verste-

hensproblematik der Kommunikation wird damit nicht länger auf die Verstehensleistungen der beteiligten Personen reduziert, sondern mit Blick auf die Kommunikation beantwortet. Es geht um die Frage, wie Kommunikationsbeiträge verarbeitet und verstanden werden, um einen Fortgang der Kommunikation sicherzustellen.

Diese veränderte Perspektive erlaubt, Kommunikation in einem grundsätzlicheren Sinne zu betrachten. Der hier skizzierte Ansatz greift nicht erst dann, wenn Kommunikation an seine Grenzen stößt, sondern schärft sein Problembewußtsein an der für *selbstverständlich* gehaltenen, alltäglichen, gelungenen Kommunikation. Es wird gefragt, wie Kommunikation in ihrer immer schon gegebenen Selbstverständlichkeit in der Alltagspraxis hervorgebracht wird. Die für problemlos gehaltene (weil funktionierende) Kommunikation und *nicht* die für problematisch gehaltene (weil nicht funktionierende) Kommunikation ist der Ansatzpunkt, an dem wir unsere empirische Untersuchung ausrichten. Mit dieser Strategie wird die alltäglich stattfindende Kommunikation als Leistung begriffen, deren Zustandekommen, deren Funktionieren als eine Normalität zu begreifen ist, die erst normal gemacht werden muß. Sie ist eine Ordnungsleistung, die etwas an sich Unwahrscheinliches erwartbar werden läßt. Die Fragen, auf welche Art und Weise dies geschieht, welche grundsätzlichen Probleme sich dabei stellen, welche Barrieren die Kommunikation zu überwinden hat, können dann auf andere Weise in den Blick genommen werden, als dies bisher möglich war. Nicht das Scheitern kommunikativer Beziehungen, sondern das Gelingen von Kommunikation ist das Erstaunliche.

Dieses von gängigen Metaphern entkleidete Kommunikationsverständnis ermöglicht zum einen eine differenziertere Sicht auf die Komplexität des Kommunikationsgeschehens, zum anderen sensibilisiert es für die unterschiedlichen Formen von Kommunikation. Erst die perspektivische Umorientierung des Kommunikationsbegriffs ermöglicht es, dem Umstand gerecht zu werden, daß in einer pluralisierten und individualisierten Kommunikationslandschaft sinnidentisches Verstehen medialer Information nicht mehr als das alleinige und ausschließliche Kommunikationsproblem zu betrachten ist. In den Vordergrund tritt zunehmend die Frage, was in der jeweiligen Kommunikation, in dem jeweiliger Kommunikationszusammenhang aus den medialen Mitteilung gemacht wird: wie sie gelesen, entziffert, wie sie registriert und verarbeitet werden (vgl. Luhmann 1989a, 1989c; Fuchs 1991, 1993). Dabei ist es wichtig zu betonen, daß die Verarbeitung und Entzifferung als Leistungen behandelt werden, die nicht nur wie bisher den Kommunikationsteilnehmern, sondern auch der Kommunikation selbst zuzurechnen sind. Die Anschlüsse, die folgen, rahmen die vorhergegangene Äußerung, begrenzen und ermöglichen damit die Interpretation des Vorangegangenen (vgl. Fuchs 1993). Diese Sichtweise ermöglicht ein Kommunikationsverständnis, das die Kommunikation in ihrem *zeitlichen* Verlauf ernst nimmt. Ihr Operieren wird thematisiert. Wurde von bisherigen Kommunikationsverständnissen in erster Linie das »Was« und das »von Wem« Geäußerte thematisiert, bezieht dieses Verständnis von Kommunikation in grundlegender Weise das Hervorbringen des Kommunikationsnetzes durch die Kommunikation selbst ein, indem es die Zeitlichkeit der Kommunikation berücksichtigt.

Der kommunikative »Kontext« bedarf als temporalisierter Kontext einer aufwendigeren Rekonstruktion. Durch diese Rekonstruktionsarbeit wird die Kommunikation in zunehmendem Maße als hergestellte und gemachte deutlich. Ihre Kontingenz »scheint immer stärker auf« und damit eben auch, daß sie anders hätte verlaufen können. Ihr Konstruktcharakter wird erlebbar, Erfahrungen von Interpretationsvariabilität werden alltäglich. Im Anschluß daran stellen sich nicht nur Fragen nach Strategie- und Täuschungsmanövern, sondern man ist ebenfalls mit Schwierigkeiten und Problemen konfrontiert, die sich daraus ergeben, daß die Kommunikation immer stärker ein von ihren Sendern und Empfängern losgelöstes *»Eigenleben«* führt.

Stellt man dieses Kommunikationsverständnis in Rechnung, geht es nicht länger primär um die Frage, ob und inwiefern die neuen Techniken Kommunikationsprozesse effektivieren bzw. verhindern, ebenso wenig geht es noch weiter allein um die Frage, inwiefern die neuen Techniken Möglichkeiten zwischenmenschlicher Verständigung fördern bzw. hemmen. Die uns interessierende Frage richtet sich stattdessen auf die unterschiedlichen Hervorbringungsprozesse von Kommunikation, das heißt, wir fragen ᵇ den alltagsspezifischen Ausformungsprozessen von Kommunikation, mittels derer die Komplexität des Kommunikations... in Form« gebracht wird.

... möchten wir kurz die für unsere Studie zentralen

Überlegungen in Erinnerung rufen. Wir haben in den beiden vorangegangenen Kapiteln darauf aufmerksam gemacht, daß sich die Bedeutungsmacht der neuen Kommunikationstechniken bei genauerer Betrachtung erheblich relativiert. Sie nisten sich ohne viel Lärm in den Alltag ein und werden erst dort »in Form« gebracht. Die modernen Kommunikationstechniken determinieren demnach keineswegs unsere Kommunikations- und Zeitpraktiken. Die sich wandelnde Kommunikationslandschaft impliziert vielmehr ein Kommunikationsverständnis, das in der Lage ist, die Komplexität einer »entfesselten« Kommunikation handhabbar zu machen. In gleicher Weise ist nun zu fragen, inwiefern sich die modernen Zeitverhältnisse verändern und wie das Phänomen Zeit heute zu begreifen ist. Die Aufgabe besteht im folgenden darin, einen Zeitbegriff ins Auge zu fassen, der den gängigen Knappheits- und Verwendungsdiskurs mit einem Zeitverständnis konfrontiert, das die Eigenqualität von Zeit betont.

4. Umbruch der Zeitverhältnisse

Zeit oder natürliche Abläufe? Rhythmen?

Zeit ist zutiefst in das soziale Leben eingelassen, durch soziale Ereignisse strukturiert und vom Rhythmus kollektiven Lebens bestimmt. Sie wird als ein soziales Konstrukt des gesellschaftlichen Entwicklungsprozesses ausgewiesen. Ihre Verflochtenheit mit den Grundstrukturen des sozialen Lebens bringt es mit sich, daß mit der Ausdifferenzierung und dem Komplexerwerden der Gesellschaft die Anforderungen an die Zeit als Koordinierungs- und Integrationsmedium steigen und sich die gesellschaftlichen Zeitstrukturen ändern.

Im folgenden werden wir fragen, inwiefern das Konstrukt »Zeit«, dem für die Herausbildung der Moderne eine entscheidende Bedeutung zuzuschreiben ist, für die Gesellschaft auf ihrem Weg in die Spätmoderne unterschiedliche Konturen gewinnt. Dabei werden wir zeigen, daß angesichts der Umbrüche in den Zeitverhältnissen gängige Thematisierungs- und Problemlösungsformeln wie »Temposteigerung«, »Flexibilisierung« und »Individualisierung« zu kurz greifen und durch eine reflexive Konzeption von Zeit zu erweitern sind. Auf der Grundlage eines reflexiven Zeitverständnisses gelingt es, nicht nur die Zeitproblematik in ihrer Eigenständigkeit zu erfassen, sondern auch die lebensstiltypischen Ausformungen von Zeitpraktiken tiefenschärfer abzubilden.

Umbrüche in der Gesellschaftsentwicklung mit ihren Folgen für die modernen Zeitverhältnisse sind vielfach analysiert worden. So zeigte man auf, wie mit der Entwicklung einer kommerzialisierten und durchtechnisierten Gesellschaft die tätigkeitsorientierten, inhaltlichen Zeitorientierungen durch ein lineares, abstraktes und homogenes Zeitverständnis abgelöst wurden (Luhmann 1975; Rammstedt 1975; Thompson 1973). Die Entqualifizierung der Zeit ermöglicht einerseits die Koordination und Synchronisation von unterschiedlichen Aktivitäten, andererseits dient sie als »ideale« Verrechnungseinheit mit Geldgrößen.

Zur Charakterisierung der sich derzeit vollziehenden Umbrüche in den Zeitstrukturen wird auf eine steigende Ökonomisierung der Zeit (Harvey 1989; Lash/Urry 1994), eine Inhalts- und Sinnleere, eine »Entnaturalisierung« der Zeit (Laermann 1975), Probleme des »Dis-« und »Reembedding« von Raum und Zeit (Gid-

Ressourcen (Zuf. | Kapital | Intentionen)

dens 1995), Probleme des chronischen Zeitmangels (Müller-Wich-mann 1984) und der Tempobeschleunigung (Virilio 1989) verwie-sen. Dabei wird in der Regel die moderne Zeitökonomie als derart dominant betrachtet, daß sie in der Form der »infinitesimalen Verwendungslogik« von Zeit den gesamten Lebensalltag bestimmt (Rinderspacher 1985). Ein erhöhter Druck auf die Zeitsynchroni-sation und unzureichende Dispositionsmöglichkeit über Zeit werden registriert, so daß neben Probleme der akuten Zeitknapp-heit das Problem der Starrheit von Zeitordnungen tritt. Ein Feh-len flexibler Zeitregelungen wird diagnostiziert, die immer not-wendiger werden, um eine bessere Abstimmung unterschiedlicher Zeitformen und Zeitstile zu erreichen (Hörning/Gerhard/Michai-low 1990). Weiterhin hat die gesellschaftliche Ausdifferenzierung zur Folge, daß das Wirtschaftssystem mit seiner industriellen Zeitsemantik (»Zeit ist Geld«) in zunehmendem Maße mit ande-ren Zeitreferenzen konkurrieren muß. Stattfindende Pluralisie-rungs- und Individualisierungprozesse lassen standardisierte Zeit-ordnungen und -normen obsolet werden (Raehlmann 1993). Die Forderungen nach selbstkontrollierten Zeitbindungen, nach grö-ßerer Zeitsouveränität stellen darauf ab, nicht nur *mehr* freie Zeit, sondern allgemein eine größere Eigenverfügbarkeit über Zeit (Nowotny 1989) zu verwirklichen.

4.1 Fallen der Tempobeschleunigung

Zeit wurde immer schon – nicht erst in der kapitalistischen Öko-nomie – als kostbar und knapp begriffen. Zeitknappheit und Zeit-not sind allgemeine menschliche Erfahrungen. Durch zeitökono-mische Strategien, wie Zeiteinsparen, -verdichten, -vertiefen so-wie Tempobeschleunigung, soll der »Kampf mit der Zeit« gewon-nen werden. Diese Denkfigur hat im heutigen Alltag besonders hohe Plausibilität. Denn unser Zeitalter »ist besessen von der Ge-schwindigkeit« (Breuer 1988: 309), es ist beherrscht von der Ideo-logie des Tempos (vgl. Luhmann 1971). So glauben wir mit der Beschleunigung von Handlungsoperationen (nicht zuletzt mit Hilfe der technischen Geräte), die Probleme der Zeitnot und Zeit-knappheit in den Griff zu bekommen. Die »Ressource« Zeit wird zur Kalkulationseinheit und zum Investitionsgut, das es zeitöko-nomisch zu nutzen gilt.
Nach allgemeinem Verständnis bedeutet »Zeit-haben« das Verfü-

gen über eine linear bemeßbare Zeitspanne, in der spezifische Handlungsabläufe stattfinden können. Nach diesem Verständnis benötigt und verbraucht jede Handlung Zeitkontingente, so daß Zeit mit zunehmendem Handeln als immer knapper werdende Ressource begriffen werden kann: Die linear vorgestellten Zeitspannen (Stunden, Tage, Wochen, Monate, Jahre, Lebenszeit) sind nicht beliebig verlänger- und ausweitbar, und deshalb führen steigende Handlungsansprüche in typische Zeitnöte, die man durch Zeitgewinne, Zeiteinsparungen etc. zu reduzieren sucht.

Zu unterscheiden sind Zeiteinsparungen, die über Rationalisierungen von Handlungsvollzügen selbst (z. B. Taylorisierung) erfolgen, von solchen, die über den Einsatz von technischen Geräten (z. B. Fordismus) stattfinden. In unserer hochtechnisierten Gesellschaft wird der Technik die Rolle des Tempobeschleunigers schlechthin zugewiesen. Das Verhältnis von Zeitstrukturierung und Technikanwendung, so voraussetzungsvoll es auch ist, wird als ein Spezifisches gedacht: Technische Geräte sparen Zeit, indem sie Handlungszeiten verkürzen, bestimmte Abläufe schneller erledigen helfen und uns von Zeitvorgaben unabhängig machen. Diese spezifische Verknüpfung von Technik und Zeit ist in der Forschung eher implizit mitgedacht. Denn obwohl sie für wirtschaftliche Zusammenhänge immer schon als bedeutsam erachtet worden ist (vgl. Arbeitsintensivierung, Rationalisierungsstrategien, Zeit- und Bewegungsstudien, moderne Just-in-time-Konzepte), wird in der neueren Zeitforschung eine direkte Bezugnahme auf die neuen Techniken nur selten theoretisch ausgearbeitet. Für den alltäglichen Technikgebrauch existieren nur wenige Studien, die Zeit und Technik explizit miteinander in Beziehung setzen und zum zentralen Thema ihrer Analyse machen[1]. Der aufgeregte Diskurs über die neuen Informations- und Kommunikationstechniken und Technikfolgen verläuft eher *parellel* zu dem ebenso lebhaften Diskurs über Zeit[2].

1 Erst neuerdings wird die Bedeutung der Zeit in der Debatte um die neuen Techniken erkannt und Zeit zumindest als ein zentraler Aspekt neben anderen berücksichtigt (vgl. Beck 1994; Braun 1993; Franck 1991; Fuchs 1991; Garhammer 1994; Großklaus 1995; Gumbrecht 1991; Hampel/Mollenkopf/Weber/Zapf 1991; Wagner, I. 1994)
2 Siehe die zeittheoretisch grundlegende Literatur u. a. von Bergmann 1983; Durkheim 1980; Elias 1984; Laermann 1975; Rammstedt 1975; Sorokin/Merton 1937.

– Im gängigen Zeitdiskurs werden Veränderungen in den Zeitstrukturen sehr schnell auf Technikumbrüche projiziert. Die Abhängigkeiten zwischen Zeitumgang und Technikeinsatz werden überbetont und die neuen Techniken einseitig eng mit den veränderten Zeitstrukturen verknüpft. Schnell führt das etwa dazu, daß die Erfahrungen mit neuer Technik in der Arbeitswelt, die unter ganz anderen organisatorischen Voraussetzungen und Rahmenbedingungen stattfinden, in die außerberufliche Lebenswelt einfach übertragen werden. Die Beziehung zwischen Technik und alltäglicher Lebensführung wird analog der Beziehung von Technik und Produktionssystemen konstruiert, obgleich die Zeitverwendung im Alltag keineswegs so eng unter einem zeitökonomischen Verwendungsimperativ steht[3], sondern vielfältigen Zeitmustern und -verwendungsstilen folgen kann (vgl. u. a. Hörning/Gerhard/Michailow 1990). Die unterstellten Eigenzeiten der Technik werden zu Taktgebern des gesamten gesellschaftlichen Lebens hochstilisiert. Jedoch sind weder die betrieblichen noch die außerbetrieblichen Zeitstrukturen durch eine »Eigenlogik« der technischen Zeit beherrschbar. Die unterstellte eindeutige Verbindung zwischen den materiellen Artefakten der Technik und den Zeitumgangsweisen unterschätzt die Veränderungen in den alltäglichen Zeitstrukturen selbst, die in relativer Eigenständigkeit operieren.

– Weiterhin wird kaum reflektiert, daß die Temposteigerung als Lösungsstrategie für Zeitnot selbst zum Problem wird. Nicht in den Blick kommt, daß wir uns in unserer High-Tech-Gesellschaft mit immer größer werdenden Zeitkonflikten auseinandersetzen müssen, uns immer stärker in den Zeitrastern und Zeitgefügen verfangen, aus denen Technik uns retten soll[4].

– Die grundsätzliche Frage ist, ob »Zeit-haben« in der ökonomisierbaren Art und Weise eines kommerzialisierten Gutes zu denken ist. In dieser quantifizierenden Sicht, die indifferent

3 Auch im Wirtschaftssystem werden krisenhafte Veränderungen im ökonomischen Verständnis von Zeit registriert (vgl. u. a. Brose 1994; Michailow 1989).
4 Vergleiche die Charakterisierung unserer Gesellschaft als »Gesellschaft ohne Zeit« bei Rinderspacher (1985) und die Diagnose von Müller-Wichmann (1984), in der die »Freie-Zeit-Gesellschaft« noch keineswegs verwirklicht ist.

gegenüber Handlungsinhalten ist, können Handlungen selbst nicht infrage gestellt werden, sondern nur ihre Dauer bzw. ihr Verlauf. Die Frage ist dann nur, ob man bestimmte Handlungen einspart, »wegrationalisiert«, um damit das Zeitbudget zu entlasten.

– Wenn Operationen mit minimalem Handlungsaufwand »per Knopfdruck« in kaum noch wahrnehmbaren Zeitintervallen ausgeführt werden können, reicht die Maxime, »immer schneller«, in immer kürzerer Zeit Probleme zu bewältigen, nicht mehr aus. Wenn alles mit einer ungemeinen Schnelligkeit abläuft, wird es schwieriger, Geschwindigkeitsdifferenzen auszunützen. Geschwindigkeit und eine dadurch herausgewirtschaftete Zeitersparnis als vorrangiges Kriterium der Zeitverwendung rückt in den Hintergrund. Die starren zeitökonomischen Prinzipien können keine Sicherheit mehr bieten. *Sicherheit bieten nur noch die reversiblen Lösungen*, die statt auf »Schnelligkeit um jeden Preis« auf Anpassung und Elastizität setzen. Sie lassen Vor- und Rückwärtskorrekturen an einer Realität zu, die eben anders ausfällt, als man erwartet hat. So ist ein »Mehr Desselben« nicht mehr ausreichend, wenn Anschlüsse unwahrscheinlicher werden. Das ausschließlich auf Fragen des zeitökonomischen Timings (Maurer 1992) reduzierte »Zeiten« wird riskant, wenn man davon ausgehen muß, daß Erwartungen immer schneller enttäuscht und immer häufiger entwertet werden, weil Annahmen über die Zukunft immer unsicherer werden.

– Weiterhin ist dem gängigen Zeitdiskurs der Vorwurf zu machen, daß er Zeit mithin in der Form eines gerichteten Prozesses deutet. Ziele schneller erreichen zu können, legt Vorstellungen nahe, »immer schneller in die Zukunft zu wollen.« Verkannt wird, daß auch Handlungsoperationen, so beschleunigt sie auch immer sein mögen, unhintergehbar an die Gegenwart gebunden bleiben. *Auch durch Beschleunigung kann die Zukunft nicht begonnen werden, sondern die Wirkung besteht darin, daß die Gegenwart immer »voller gepackt« wird*.

Dieses Denken bleibt einer »Fortschritts«idee verhaftet, die sich nur durch ein Mehr an Tempo ausdrückt. Die Beschleunigung selbst ist das Bessere, Höhere und Perfektere, nach dem es zu streben gilt. Beschleunigung wird zu einem Eigenwert. Suggerierte die Fortschrittsidee der Frühmoderne, als universale Kate-

Schreiber sein, Vorteile erlangen

gorie der Vervollkommnung, die Unterschiedlichkeit der Sach-
und Sozialfragen zumindest in Hinblick auf das gleiche Ziel zu
bewältigen[5], so ist derzeit über die stattfindende temporale Dynamisierung allen Geschehens keine solche Vergewisserung mehr
möglich. Sie läßt die sachlichen wie sozialen Differenzen nur noch
stärker hervortreten. Temporalisierung mittels der Chiffre »Geschwindigkeit« kann Integration nicht herstellen: Inhaltsbezo-
gene Ideale sind ersetzt durch ein reines »Mehr«, ein reines
»Schneller«. In der Spätmoderne werden die Fallen dieser Konzeption deutlich sichtbar. Um aus diesen herauszugelangen, muß
»Zeit« als eigenständige Größe an Bedeutung gewinnen. So drän-
gen sich allmählich Zeitfragen in den Vordergrund.

Komplexität mindert Übersicht R. Fehlerrate

4.2 Flexibilisierung in der Sackgasse? *steigt!*

Neben dem Problem der Zeitknappheit taucht das Problem der
Starrheit auf, das mit einer Lösung verknüpft wird, die sich »Flexibilisierung« nennt. Prominenz gewinnt die Flexibilisierung besonders in den Debatten um die Veränderung starrer Arbeitszeiten
(vgl. u. a. Garhammer 1994; Hinrichs 1988; Landenberger 1985;
Oppolzer 1985, Raehlmann/Meiners/ Glanz/Funder 1993; Teriet
1983). Mit ihren Forderungen nach einer Umgestaltung von Ar-
beits- und Betriebszeiten zum Zwecke einer besseren Abstimmung mit außerbetrieblichen Zeiten (Familien-, Bildungs-, Ur-
laubs-, Ferien-, Hobby- und sonstigen »Auszeiten«) zielt diese
Debatte über den engen arbeitszeitpolitischen Kontext hinaus.
Denn unter allgemeinen zeitsoziologischen Gesichtspunkten
kündet sie ein Aufbrechen eingespielter Zeitumgangsformen an,
verweist sie auf eine Loslösung von vorgegebenen Zeitmustern. In
den Mittelpunkt der Kritik gerät damit die relative Unveränder-
lichkeit und Starrheit bisheriger Zeitstrukturen. Von einer variabel
gehaltenen, sprich: flexibilisierten Zeitgestaltung werden nicht
nur Zeitgewinne, sondern auch eine allgemein größere Disponibi-
lität (Nowotny 1989) erwartet. Gerade weil sich die Rede von der
Freizeitgesellschaft als »Mißverständnis« (Bardmann 1986) bzw.

---

5 Die Fortschrittssemantik war in der Lage, die verschiedenen Anforderungen nicht nur technisch, sondern auch sinnhaft zu vereinheitlichen
  (vgl. Nassehi 1993: 315 ff.).

als »Legende« (Müller-Wichmann 1987) erwiesen hat, wird Flexibilisierung gefordert, um die bisher weitgehend unerfüllt geblie-
benen Hoffnungen auf einen »Zeitwohlstand« umzusetzen.

Die Bedeutung der Flexibilität als neue Zeitorientierung liegt
darin, daß sie – im Gegensatz zum permanenten »Jagen nach Zeit-
vorsprüngen und Zeitgewinnen« – Variabilität institutionalisiert,
d. h. die Möglichkeit vorsieht, je nach Bedarf und Situation zeitliche Änderungen vorzunehmen. Flexibilisierung eröffnet Chancen zur Umdisposition: Termine zu verlegen, Termine ausfallen
zu lassen, Zeiträume zu überbrücken, zu dehnen oder zu kompri-
mieren. Zeitprobleme werden dann nicht mehr ausschließlich als
Zeitnot und Zeitknappheit thematisiert, sondern als Fragen der
Zeitgestaltung. Plausibilität gewinnt die Umorientierung von
quantitative auf qualitative Aspekte in einer Gesellschaft, in der
aufgrund hoher Technisierung der Nutzen von rein quantitativen
Zeitgewinnen immer marginaler wird. In den Vordergrund rückt
damit die Vorstellung, nicht unbedingt Zeit zu beschleunigen, zu
verkürzen, einzusparen, zu verdichten, sondern Prozesse je nach
Situation variabel zu terminieren. Die Forderung nach Zeitdisziplin, in der die strikte Einhaltung vorgefertigter Zeitstandards
Maßstäbe der Handlungsorientierung sind, soll abgelöst werden.
An seine Stelle soll ein Feingefühl für das »richtige Zeiten zur
richtigen Zeit« mit neuen Tugenden wie Spontaneität, Wachheit,
Aufmerksamkeit und der Fähigkeit umzuschalten, treten. Es geht
darum, die erstarrten Zeitformen aufzuweichen, die Macht der
bisher geltenden Zeitnormen und Zeitroutinen aufzubrechen[6].
Die flexible Gestaltung von Zeiten soll Zeit im Sinne von spezifischen Zeitformen und Zeitstilen verfügbar machen. Der Anspruch, auf Termine, auf Zeitpunkt und Dauer des Geschehens ad
hoc Einfluß zu nehmen, um sie je nach Situation entsprechend
handhaben zu können, drängt zu einer »loseren« Kopplung von
Zeitstrukturen und Geschehensabläufen[7].

6 Vor den Gefahren derart weitgetriebener Flexibilisierungsformen war-
  nen wiederum die Kritiker der Arbeitszeitflexibilisierung.
7 Erstaunlich ist, daß auch die Norm »flexibel über Zeit verfügen« ähnlich wie die Temposteigerung nicht dem gesellschaftlichen Komplexi-
  tätszuwachs, sondern wiederum der Technik, d. h. speziell den neuen
  Informationstechniken zugeschrieben und über diese allein schon als
  aktualisierbar gedacht wird. So sieht Nowotny (1989: 94 ff.) in den
  Zeiten, die sich durch hohe Verfügbarkeit auszeichnen, »künstlich« pro-

*Verdichtung der Arbeit wichtiger als
keine Anwesenheit!*

„Menschen gibt es genug?"

Hier stellt sich nun die Frage, ob unter dem Topos »Flexibilisierung« bereits eine Hinwendung zu einer weit komplexeren Gestaltung von Zeit vollzogen wird. *Geht das?*
- Oft bedeutet Flexibilisierung lediglich eine Veränderung, die
schnell wieder in starre Routinisierung mündet. Doch eine andere Qualität der Zeitstrukturierung ist mit einer einmaligen
Variation nicht zu erreichen. Flexibilisierung bedarf der Insti-
tutionalisierung von Variabilität, d. h. eines Auf-Dauer-Stellens
von Veränderung.
- Ebenso reicht es zur Charakterisierung qualitativ neuer Zeitstrukturen kaum aus, Flexibilität als die begrenzte Möglichkeit
des Verschiebens vorab festgelegter Zeitblöcke oder als eine
wiederum nur begrenzte Komprimierung oder Dehnung dieser
Zeitblöcke auf einer vorgegebenen Zeitlinie zu verstehen. Flexibilisierung im weiterreichenden Sinne müßte die (unhinterfragte) Vorstellung einer vorgegebenen Zeitlinie selbst noch
problematisieren. Sie hätte zu fragen, ob nicht die Prämissen,
die den Dehnungs-, Komprimierungs- und Verschiebungsam-
bitionen, kurz: der Orientierung an mehr Beweglichkeit in der
Zeit zugrunde liegen, selbst zu flexibilisieren sind. Damit
steuerte man aber auf eine Radikalisierung des Flexibilisie-
rungsgedankens zu, wie sie in der laufenden Debatte noch nicht
gewagt wird. Es ginge um einen Abschied von einem linearen
Zeitverständnis, das die Zeit als kontinuierlich und irreversibel
fortschreitende Bewegung begreift und mit den Metaphern der
Kette, des Bandes oder des Flusses beschreibt. Erst dann könnten Wandlungsprozesse nicht ausschließlich als linear begriffen
werden und sich Sinn für Diskontinuitäten entwickeln.
- Eine derart radikale Flexibilisierung, eine Flexibilisierung
ohne Grenzen und Stoppregeln, könnte andererseits zu einer
Verflüssigung und letztendlichen Auflösung von Zeitstrukturen führen. Wenn Flexibilisierung so extrem begriffen wird, daß
alles situationsabhängig, alles änderbar und nur noch ad hoc
entscheidbar würde, wären auch keine Zeitmarkierungen mehr

duzierte, unter den abgeschirmten Bedingungen des Labors entstandene
Zeiten. Verkörpert in Informationstechnologien werden sie in die Gesellschaft hineingetragen. Verantwortlich für den gestiegenen Bedarf,
über Zeit zu disponieren, wird die Wissenschaft gemacht, die als zeit-
setzende und zeitschaffende Instanz die gesellschaftliche Zeitauffassung
prägt.

*Wer egal ist, wo er hingeht,
der kann sich nicht verirren...*

auszumachen, keine Zeitbindungen mehr zu erkennen und keine Bestände mehr greifbar[8].

Mit der Flexibilisierungsdebatte wird das Problem der Starre und des Wandels von Zeitstrukturen in den Vordergrund gerückt. In aller Eindeutigkeit optiert man mit Flexibilisierung für die Veränderung bisheriger Zeitverhältnisse. Aus dem Blick gerät dabei häufig, daß Veränderungen Bestände sichern können, oder grundsätzlicher noch, daß Veränderungen nur an Beständen und Bestände nur an Veränderungen abgelesen und erfahren werden können. Mit einer einseitigen Fixierung auf Veränderung, Wandel und Prozeß glaubt man die Zeit selbst schon begriffen zu haben, verkennt dabei aber deren Doppelstruktur bzw. Zweiseitigkeit: daß sie sich erst aus einer wechselseitigen Spiegelung von Ereignissen und Dauer, Variation und Kontinuität, Veränderung und Bestand konstituiert.

Im gängigen Denken ist der Blick auf diese Doppelstruktur verstellt. Die Blindheit für die eigene Einseitigkeit hat ihre Ursache in einem »topographischen« Verständnis der Zeit. Denn im zeitlinearen Denken fungiert der Raum als Interpretationsfolie, auf die vorher/nachher unterschieden, Veränderungen abgelesen werden können. Über das Kurzschließen von Raum- und Zeitterminologie wird unterstellt, Temporalstrukturen seien über Veränderungsprozesse schon hinreichend erfaßt.

Die bisherige Flexibilisierungsdiskussion bleibt einer linearen Sicht der Zeit verhaftet. Flexibel Termine zu setzen, Zeitspannen zu überbrücken und Prozesse in der Dauer zu beeinflussen, wird auf einen als linear vorgestellten Zeitfluß bezogen. Eine mögliche Flexibilität in der Gestaltung und Bestimmung der Zeithorizonte selbst kommt nicht in den Blick, hieße dies doch, Zeit nicht eben länger über eine Raummetaphorik zu erfassen, sondern Zeit über zeitliche Kategorien zu bestimmen.

Die enorme Sprengkraft, die in der Flexibilisierungsdebatte liegt, wird erst deutlich, wenn Flexibilität nicht mehr der Kontingenz-*vorsorge*, sprich: der Ausschaltung von Zufällen dient, sondern Kontingenz*aufbau* bedeutet: den bewußten und gewollten Einbau von Zufall, das Vorsehen des Unvorhergesehenen, die Einplanung des Ungeplanten, die Erwartung des Unerwarteten. Dann betont Flexibilität, daß man »in der jeweiligen Gegenwart ent-

---

8 Diese Gefahr wird vor allem von Bauman (1994) gesehen.

sprechende Mechanismen des Umgangs mit Überraschungen: Lernfähigkeit, geplante Redundanzen und die generalisierte Fähigkeit der Substitution funktionaler Äquivalente« (Luhmann 1990a: 133) einzusetzen lernt. Vor dem Hintergrund, daß sicher nur die Ungewißheit ist, »ob irgendwas von dem, was wir als vergangen erinnern, in der Zukunft so bleiben wird, wie es war« (Luhmann 1992: 136), wird eine Zeitorientierung »zeitgemäß«, die sich über die Veränderung von Terminen hinaus Beweglichkeit für mögliche Umorientierungen erhält, die Ungenauigkeiten und Unschärfen bei der Planung zuläßt. Erst über das Ernstnehmen einer derartigen Zeitorientierung wird sich die Hinwendung zu einer komplexeren Gestaltung von Zeit vollziehen.

Vielfalt individualisierter Zeiten – eine Chance?

Die Forderungen nach flexibleren Zeitformen gehen Hand in Hand mit dem Hinweis, daß eine größere Flexibilität eben auch dazu beitrage, die Vielfalt und Besonderheit von Zeitformen zu berücksichtigen. So ist die Flexibilisierungsdiskussion eng verknüpft mit einer weiteren Problemlösungsvariante, die darauf abstellt, die Zeitprobleme über die verstärkte Berücksichtigung der Pluralität individueller Zeiten in den Griff zu bekommen.
Um dem Bedarf nach »sinnvoller« Zeitverbringung und Zeitstrukturierung gerecht zu werden (Müller-Wichmann 1984; Rinderspacher 1985; Tokarski/Schmitz-Scherzer 1985), wird ein wachsender Anspruch auf selbstbestimmte Eigenzeit, auf Zeitsouveränität formuliert. Auch flexiblere Zeitstrukturen sind nur dann als ein Gewinn anzusehen, wenn sie eigenbestimmt gehandhabt werden können.
Die in der Moderne stattgefundene Ausdifferenzierung hat zur Folge, daß die Probleme des ungleichen Zugriffs auf Zeit (Müller-Wichmann 1984; Wagner, I. 1994) thematisch werden. Pluralisierungs- und Individualisierungsprozesse spiegeln sich ebenfalls in den Zeitverhältnissen wider. Der Blick für Ungleichzeitigkeiten wird geschärft. Man verweist darauf, daß sowohl die abstrakt homogene Weltzeit als auch die kapitalistische Zeitsemantik (»Zeit ist Geld«) in zunehmendem Maße mit anderen Zeitbezügen konkurrieren müssen. Registriert wird dabei eine Verschiebung von sozialen zu zeitlichen Ungleichheiten. Die ungleiche Verfügbar-

keit über Zeit, der verschiedene Umgang mit Zeit, die unterschiedlichen Vorstellungen von Zeit gewinnen an Gewicht, so daß angesichts der multidimensionalen Zeitperspektiven standardisierte zeitliche Normallösungen nicht mehr ausreichen.

Auferlegte Zeitprogramme sollen in Zeitformen mit *selbstkontrollierten* Zeitbindungen transformiert werden. Durch die Gestaltung von Eigenzeiten soll die Emanzipation von fremdbestimmten Zeitvorgaben hin zu einer eigenbestimmten, individualisierten Zeitumgangspraxis erreicht werden. Eine größere Souveränität eigener Zeitpraktiken biete Möglichkeiten, sich von den hochsynchronisierten Mustern der Zeitverbringung zu distanzieren (Hörning/Gerhard/Michailow 1990). So wird eine stärkere Berücksichtigung der individualisierten Nutzungsmuster von Zeit gefordert, um eben dadurch zu einer differenzierteren Betrachtung von Verzeitlichungsmustern zu gelangen.

– Diese Sichtweise legt den Blick frei für die vielfältigen Kultivierungs- und Aneignungsmöglichkeiten von Zeit. Sie läuft damit jedoch zugleich Gefahr, die Gestaltbarkeit überzubewerten und den besonderen Charakter der neuen Zeitstrukturen zu verkennen. Mit der gestiegenen Aufmerksamkeit für vielfältige kulturelle Zeitformen gelingt es nicht, der eigensinnigen Struktur von Zeit theoretisch gerecht zu werden (vgl. Friese 1993).

– Das Verhältnis von individuellen und sozialen Zeiten bleibt weitgehend ungeklärt. Die Ausbildung von Eigenzeiten wird zu eng gefaßt, eben verstanden als individualisierte oder private Zeiten, die den sozialen Zeiten entgegengestellt werden, so daß sie in ihrer zunehmenden Bedeutung mit gesellschaftlichen oder »öffentlichen« Zeiten in Verdrängungskonkurrenz treten. Die Herausbildung von Eigenzeiten ist aber nicht als Verdrängungsprozeß oder als Bedeutungsschwund gesellschaftlicher und sozialer Zeiten zu betrachten, sondern beide Zeiten treten in ein gegenseitiges Steigerungsverhältnis. Erst das Bestehen einer abstrakt linearen Zeit hat die Besonderung der vielfältigen Eigenzeiten hervorgebracht.

Während das Plädoyer der verstärkten Berücksichtigung der *selbstbestimmten* »individuellen Eigenzeiten« gilt, werden den »sozialen« Zeiten einseitig *fremdbestimmende Wirkungen* zugeschrieben, von denen es sich zu emanzipieren gilt. In dieser Diskussion bleiben so die zeitlichen und sozialen Bezüge eng einander verhaftet. Eine Eigenständigkeit sich selbst verzeitlichender zeitlicher Prozesse, der sowohl die individuellen wie auch die sozialen Zeiten unterliegen, bleibt unbeachtet.

4.3 Ausbildung reflexiver Zeitstrukturen

Das gängige Reden über Zeit thematisiert Zeit nur in spezifischer Form und immer nur dann, wenn an ihr gewisse Probleme auszumachen sind. Das Interesse beginnt dort, wo die Zeit Friktionen erzeugt: Wenn sich mit wachsenden Ansprüchen und Anforderungen die Spielräume verengen, so daß Zeit knapp wird; wenn die Zeitökonomie derart dominant wird, daß sie den gesamten Lebensalltag bestimmt; wenn Zeit den Orientierungsprimat übernimmt, so daß dem Einhalten zeitlicher Vorgaben eine größere Bedeutung zukommt als den Handlungsergebnissen selbst.

Eine Thematisierung, die sich auf eine solche Problem- und Krisensemantik einschwört, verliert zum Einen aus dem Blick, daß die Zeitpraktiken – ob problematisch oder nicht – zugleich immer auch einer starken Normalisierung und Routinisierung unterliegen. Gerade das angezogene Lebenstempo sowie der Zeitdruck führen dazu, daß die Zeitpraktiken nicht reflektiert werden, eher mit einer unhinterfragten Selbstverständlichkeit ablaufen. Denn wie Augustinus schon wußte: Solange keiner danach fragt, »weiß« man eben, »was Zeit ist«, sobald jedoch einer danach fragt, findet man keine Antwort darauf. Als »ein banales und augenscheinliches Charakteristikum des menschlichen Alltagslebens« (Giddens 1988: 88) haben die Zeitstrukturen die Tendenz, »sich selbst aufzuheben« (Laermann 1975: 87). Die alltäglichen Zeitpraktiken bleiben, weil sie – wie gut auch immer – funktionieren, unthematisch; sie fallen aus der Kommunikation »heraus«.

Zum zweiten verlassen sich die vorherrschenden »Problem«perspektiven auf eine eingespielte Zeitsemantik und erzeugen damit Eindeutigkeiten, die vereinseitigend die Zeit fixieren. In den bisher vorgestellten Debatten wird die Zeitdimension hochselektiv aufgenommen. Zeitfragen und -probleme sind nur einseitig bearbeitbar, weil Zeit *Sachfragen und Sozialbezügen untergeordnet* wird. So werden Veränderungen in den alltäglichen Zeitstrukturen vorschnell reduziert auf Fragen der Nutzung und Verwendung von Zeit (vgl. Benthaus-Apel 1995). Die Zeit bleibt somit ihren »Objektivationen« verhaftet. In einem solchen Spiel von Problemdiagnose und Lösungsbeschreibung drücken sich in der Zeit nur spezifische, nämlich fremderzeugte Probleme aus. Daß Zeit aber für sich selbst problematisch wird, daß sie als eigenständige Sinndimension *eigene* Probleme hervorbringt, bleibt unthematisch. Die Betrachtung der Zeit in ihrer Rolle als eigenständiger Erzeugerin und Bearbeiterin von Komplexität muß aber ernst genommen werden, um Umbrüche in den Zeitstrukturen angemessen zu erfassen. Dies gelingt erst, wenn man das gängige Reden über Zeit, das dem Alltagsverständnis nachhängt, überwindet und sich nicht »mit einem Zeitbegriff mittlerer Reichweite« begnügt, »der zwar ohne Mühe an alltäglichen Erfahrungen anzusetzen weiß«, aber keine Erklärungskraft entfaltet, sondern nur bestätigt, »was wir ohnehin schon wissen« (Nassehi 1993: 15).

Unsere Forschung geht dagegen davon aus, daß sich Zeit als Phänomen in *wechselnder* Gestalt präsentiert: Daß sie sich nicht nur als problematisch, sondern auch als unproblematisch zeigt, daß sie nicht nur als Erzeuger, sondern auch als Bearbeiter von Problemen fungiert. Erst dann können wir die zunehmenden Problematisierungen in der Zeitdiskussion als einen Ausdruck dafür lesen, daß sich in der ausdifferenzierten und vernetzten Spätmoderne die Zeit selbst als eigenständige Dimension verstärkt »zu Wort meldet«.

Zum dritten bleibt in den hier vorgestellten Debatten das Zeitverständnis an der Vorstellung einer linearen Zeit orientiert. Andere, komplexere Zeitformen kommen nicht in den Blick. Wir müssen demgegenüber aber damit rechnen, daß auch die Linearisierung der Zeit zunehmend problematisch wird[9], daß sie mitunter selbst als veränderbar gedacht werden muß, daß sie ihre Vorrangstellung zugunsten anderer Verzeitlichungsmodi einbüßt.

Verstärkt ist davon auszugehen, daß der Kampf mit der Zeit einen Schwellenwert erreicht hat, der das bisher dominierende Verständnis von Zeitlinearität in seine Schranken weist: Der »Kult der Geschwindigkeit« wird auf die Spitze getrieben, und die entfachte Dynamik droht, in einem »rasenden Stillstand« (Virilio 1992) zu erstarren. Tempoideologien verlieren zunehmend an Glaubwürdigkeit (alles geht schneller, unter Umständen auch die

---

9 Das Aufbrechen eines an Linearität orientierten Zeitverständnisses führt zum Einbezug komplexerer Zeitbearbeitungsformen (vgl. Assmann 1992; Bardmann 1994; Fischer 1986).

Wahrscheinlichkeitsbaum: Wer hat welche Zukunft?

Vernichtung der eigenen Lebensgrundlagen). Risikowolken verdunkeln den Horizont: Die Zukunft kann die Möglichkeitsüberschüsse nicht mehr tragen. Zukunft steht nicht mehr beliebig als Rangierbahnhof für Problemlösungen zur Verfügung oder anders: Langfristig ist nicht mehr alles möglich. Dann ist zunehmend damit zu rechnen, daß die bislang unterstellte Gleichsetzung von Zeit und Chronologie aufbricht[10] und die Messung von Zeit von dem zu unterscheiden ist, was Zeit eigentlich ist. Zunehmend kommt in den Blick, daß die Linearisierung der Zeit *nur eine* mögliche Form der Verzeitlichung ist, die in der heutigen Zeit verstärkt unter Druck gerät.

So kündigen sich Aspekte einer neuen Zeitlichkeit an. Zeit zu haben, um »zeiten« zu können, verweist auf einen sich wandelnden Zeitumgang[11], der einen *reflexiven Zugriff* auf das Konstrukt »Zeit« notwendig macht und Zeit mit zeitlichen Begriffen zu fassen sucht. Mit dieser Umstellung von einer abstrakt-linearen auf eine reflexive Zeitkonzeption wird *Zeit als eine Dimension verstanden, die in der Reflexion auf sich selbst Kontur erhält.* Erst wenn sie in dieser grundlegenden Weise ernstgenommen wird, kann ihre eigene Problematik wie auch ihr eigenes Problembearbeitungspotential sichtbar werden. Dabei wird nicht länger von feststehenden Zeitstrukturen und Zeitverhältnissen ausgegangen, sondern Zeit wird als *Medium* verstanden, das – verschieden ausformbar – in unterschiedlichen Zeitpraktiken verfügbar gemacht wird.

Die Zeitmodi Vergangenheit, Gegenwart und Zukunft stellen

10 Die Uhrzeit ist nicht die reale Zeit oder die eigentliche Zeit, sondern eine Beobachtungsform von Zeit, also die »durch Beobachtung von ereignisbasierten Prozessen generierte Handhabung temporaler Differenzen« (Nassehi 1993: 334).

11 Gerade weil die Etablierung einer ungeheuren Dynamik gelang, gerade weil sich sogenannte Tempoideologien konsequent installieren ließen, gerade weil sich der Zukunftshorizont für Möglichkeitsüberschüsse öffnen ließ, kurz: gerade weil die spezifisch modernen Zeitstrukturen so erfolgreich waren, stoßen sie an ihre Grenzen, provozieren nachhaltig die Suche nach einer Neuorganisation der Zeit und erzwingen neue Zeitorientierungen. Gerade weil unsere Orientierung an der abstrakten Recheneinheit Zeit so dominant ist, gerade weil wir unsere Eigenzeiten so stark individualisiert und herausgehoben haben, wird ein selbstbezügliches »Zeiten« immer wichtiger.

dann nicht länger feststehende Qualitäten auf einer Zeitachse dar. Im Gegensatz zum linearen Zeitverständnis, in dem Zeit als eine Gerade verstanden wird, auf der sich die Gegenwart gleichsam in eine Zukunft hineinbewegt und von einer Vergangenheit unweigerlich fortbewegt, sind Vergangenheit und Zukunft als Horizonte der Gegenwart als *reversible* Zeitlichkeiten zu verstehen, die unterschiedlich ausgeformt und verknüpft werden.

Diese Konzeption von Zeit ermöglicht, Zeit »offen zu halten« für unterschiedliche Zeitpraktiken und sensibilisiert damit für die *Vielfalt unterschiedlicher Ausformungen von Zeit*. Zeitpraktiken sind jetzt unterscheidbar nach ihrer Form, wie »gezeitet« wird. Unter »Zeiten« ist die je spezifische Art und Weise zu verstehen, in der Zukunfts- und Vergangenheitshorizonte konstruiert werden, um der Gegenwart in zeitlicher Hinsicht Sinn und Struktur zu verleihen. In einer nach vorne wie hinten offenen Zeitlichkeit werden von der jeweiligen Gegenwart aus immer wieder neue »Zeitnetze ausgeworfen«, um sich über selbsterzeugte Zeitbezüge Orientierung zu verschaffen. Dies verweist auf Strukturierungsleistungen selbstbezüglicher Sinnzusammenhänge. Der Begriff »Zeiten« zielt hier auf komplexe Temporalisierungsprozesse, die an Beliebigkeit und Variabilität gewinnen, doch zugleich den Bedarf an explikativer Kommentierung steigern. Die in der Zeit selbst changierenden Bestimmungen der Zeithorizonte als »gemachte« und eben nicht »gegebene« erfordern eigenständige Plausibilisierungen und Rechtfertigungen, sprich: Interpretationsarbeit.

Mit dieser reflexiven Konzeption von Zeit steigen nicht nur die Chancen, unterschiedliche Formen der Zeitgestaltung zu erfassen, sondern es werden auch die *Problematiken deutlich, die in der Zeit selbst liegen* und an denen sich die einzelnen Zeitpraktiken »abarbeiten« und profilieren. Dadurch werden die mit den unterschiedlichen Ausformungen von Zeit jeweils verbundenen Probleme und Risiken tiefenschärfer beschreibbar, als es in der vorherrschenden Zeitdiskussion bislang möglich war.

In diesem reflexiven Zeitverständnis wird die Gegenwart in ihrer entscheidenden Rolle für die Zeitstrukturierung hervorgehoben. Während sie im linearen Zeitverständnis als ein vernachlässigbares Übergangsstadium betrachtet wird, nahezu beliebig sich verändernd, kaum »faßbar«, und daher nur von marginaler Bedeutung, wird sie als diejenige »Zeitstelle« begreifbar, in der über die Zeit disponiert wird. *Diese für die Zeitgestaltung bedeutsam gewordene Gegenwart gerät unter Druck:* In ihr muß innerhalb kurzer Zeit über immer mehr, über immer Vielfältigeres und über immer größer werdende Zeitspannen hinweg entschieden werden. Die tendenziell auf einen Punkt schrumpfende Gegenwart (Luhmann 1990b) sieht sich konfrontiert mit einer ins Unendliche wachsenden Vielzahl von Möglichkeiten, aus denen es eben jetzt auszuwählen gilt. Für die Abarbeitung anwachsender Möglichkeitsräume droht immer weniger Zeit zur Verfügung zu stehen. Zusätzlich erschwert wird diese Problematik durch immer häufiger auftretende Unerwartbarkeiten, Überraschungen und Zufälligkeiten. *Die Gegenwart gerät nicht nur wegen der gestiegenen Wählbarkeit von Möglichkeiten, sondern auch wegen der Zunahme von Unwägbarkeiten in Bedrängnis.* Der aktuelle Moment muß sich »zwischen den Spuren, die die Vergangenheit hinterläßt, und den Entscheidungen, die in Zukunft Bedeutung gewinnen, behaupten« (Nassehi 1993: 339) und hat doch kaum noch Spielraum dazu.

Jede Dauerorientierung muß angesichts dieser »fliehenden Zeit«, einer »Zeit des permanenten Wechsels«[12], immer wieder neu gefunden und begründet werden. Da in der Abfolge der Gegenwarten Zeithorizonte immer wieder anders erscheinen, wird es zu einem ständigen Risiko, sich zeitlich zu binden. Permanent ist damit zu rechnen, daß alles anders gewesen ist bzw. daß alles anders sein wird, als gegenwärtig erwartet. Mit dem Anwachsen des Veränderungspotentials wird es immer problematischer, von einer »Zeitstelle« aus auf eine andere zu schließen, denn die Differenz von Vergangenheit und Zukunft wird immer einschneidender. Die damit in der Spätmoderne auftretende Notwendigkeit, Dynamisierung und Diskontinuität als Normalität zu handhaben, wird zur Herausforderung jeglicher Zeitpraxis.

Während die gängige Zeitdiskussion die hier genannten Schwierigkeiten als Probleme der »Zeitnot« bzw. der »notorischen Zeitknappheit« und/oder der Starrheit bestehender Zeitstrukturen anspricht, werden Zeitprobleme auf sachliche und soziale Überforderungen, nicht aber auf Probleme in der Zeit selbst zurückge-

12 Dies ist keinesfalls als eine »fragmentierte und erodierte Zeit« zu verstehen, die sich nur noch als zusammenhanglose Beliebigkeit präsentiert wie z. B. bei Gendolla (1987).

führt. Die aktuelle Diskussion stellt weiterhin darauf ab, Zeit wieder »in den Griff zu bekommen« und ein »lautloses« Funktionieren der Zeit zu gewährleisten. Die von ihr angebotenen Problemlösungsmuster wollen an der Komplexität der reflexiven Zeitstrukturen vorbei die Zeit »befrieden«. Ihre Lösungsstrategien der Ökonomisierung, der Flexibilisierung und der Individualisierung greifen zu kurz, weil sie sich auf eine vorgegebene Zeitlineariät beziehen, die zunehmend selbst zur Disposition steht. Damit verstricken sich die gängigen Thematisierungen in einen Widerspruch, den wir nur derart paradox formulieren können: *Sie verdecken, daß Zeitvorstellungen zeitlich sind und schaffen sich so eine Zeitvorstellung, nach der die Zeit »stillgestellt« werden soll.*

Eine reflexiv gewendete Zeitkonzeption dagegen ermöglicht, *jede Zeitpraxis als eine spezifische »Lösung« des grundsätzlichen Dilemmas zu verstehen, in dem jedes »Zeiten« steckt*: daß man aus dem Jetzt, dem aktuellen Moment der Gegenwart, nicht herauskommt und doch Nichtgegenwärtiges verhandeln muß. Alle Zeitpraktiken formen an diesem Konflikt ihre eigenen Zeitmuster und ihre eigenen Strategien aus, um diese prekäre Situation handhabbar zu machen. Immer wieder werden Zeitpraktiken entwickelt, um diese Widersprüchlichkeiten der Zeit in spezifischer Weise zu bearbeiten und zu »lösen«. Sowohl die Linearisierung der Zeit als auch die Quantifizierung der Zeit sind dann keine vorweg gegebenen »Tatsachen«, mit denen man zu rechnen hat, sondern als hergestellte Resultate praktizierter Strategien der Verzeitlichung zu untersuchen.

Im folgenden geht es nun darum, den Zeitpraktiken im Umgang mit Technik nachzuspüren und dabei die veränderten Kommunikationsverhältnisse mit in Betracht zu ziehen. Dabei treffen wir auf unterschiedliche Problembearbeitungsmuster, die wir als Lebensstilfiguren erfassen.

Horizonte bewegen sich mit uns und
können niemals erreicht werden –
sind abhängig von unserer Lage:
Wer in einem tiefen Loch sitzt, hat
einen leicht überschaubaren
Horizont!

5. Verdichtung der Praktiken im Lebensstil

[handwritten note: Gesellschaftlich empfundener Stillstand (Stagnation) → welche Arbeits sind betroffen?]

Ziel unserer Studie ist es, den Zusammenhang von Zeitpraktiken und Technikeinsatz bei veränderten Kommunikationsverhältnissen herauszuarbeiten. Es geht uns um die unterschiedlichen Arten und Weisen der wechselseitigen Verknüpfung von Zeitpraktiken, Techniknutzung und Kommunikationsgeschehen, um die Frage, wie diese sich im Alltag als ein funktionierender Normallauf etablieren. Gefragt wird somit nach den jeweiligen Hervorbringungsprozessen, mittels derer diese drei Phänomene mit bestimmten Bedeutungen aufgeladen und in ein spezifisches Bedeutungsnetz miteinander verwoben werden[1]. Dieses Bedeutungsnetz identifizierten wir als *lebensstilspezifisches Webmuster*. Der Lebensstil formt Zeitpraktiken, Technikumgang und Kommunikationsgeschehen und damit sich selbst aus.

Den Lebensstil als je besondere Weise der Rekonfiguration von Zeitpraktiken, Technikumgang und Kommunikationsgeschehen auszuweisen, hat Konsequenzen für die Rahmung des Lebensstilbegriffs. Im folgenden wollen wir daher zunächst diese Umorientierungen vorstellen und so unseren veränderten theoretischen Standort markieren.

Vor dem Hintergrund gesellschaftlicher Modernisierungsprozesse etablierte sich in den achtziger Jahren die *Lebensstilforschung*. Sie versteht sich als Reaktion auf die vorangetriebenen gesellschaftlichen Ausdifferenzierungsprozesse, die jenseits von Klasse und Schicht zu einer Pluralisierung und Heterogenität disparater Teillagen geführt haben[2]. Der Lebensstildiskurs löst sich von der bis-

---

1 Mit dieser an den empirischen Konstruktivismus (vgl. Knorr Cetina 1988, 1989) angelehnten Herangehensweise entlasten wir die Theorie zugunsten der Empirie und legen das Gewicht auf die jeweiligen Erzeugungspraktiken, die Normalität herstellen und reproduzieren, denn es kann »... keine Definition eines Gegenstandes geben, die unabhängig von der Semantik wäre, die diesen Gegenstand in der Sprache des konstruierenden Bereichs beschreibt, und es kann keinen Phänomenbereich geben, der unabhängig von den Konstruktionsmechanismen dieses Bereichs (...) spezifiziert werden könnte« (Knorr Cetina 1989: 92).

2 So sensibilisierte gerade die Ungleichheitsdiskussion der 80er Jahre für

herigen Klassen- und Schichtsemantik, da er den klassischen Konzepten von Klasse und Schicht angesichts wachsender Entstrukturierungstendenzen immer geringere lebensweltliche Relevanz[3] zuzuschreiben vermag.

Herrscht hinsichtlich der Diagnose dieser neuen Problemkonstellation noch weitgehend Übereinstimmung, so haben sich im weiteren Verlauf unterschiedliche Positionen formiert (vgl. als Überblick Hradil 1992; Müller 1992a). Die Versuche, die komplizierter gewordenen Wechselverhältnisse zwischen »objektiven« Vorgaben und Funktionsanforderungen einerseits und »subjektiven« Verarbeitungsformen und Deutungsmustern in der Lebenswelt andererseits zu analysieren, haben neue Fronten entstehen lassen. Der Lebensstilkategorie wird dabei eine hohe »analytische Elastizität« abverlangt. Dabei geht es um die Frage, ob der Lebensstil im Sinne einer Verfeinerung bisheriger Sozialstrukturanalysen eher an – vielfältig vermittelte – sozialstrukturelle Ausgangsbedingungen rückzukoppeln ist (vgl. insb. Bourdieu 1983; Lüdtke 1989; Müller 1992a; Zapf u. a. 1987)[4], oder ob er auf vergrößerte individuelle Gestaltungsspielräume und gesteigerte Wahlmöglichkeiten zurückgreift und somit stärker an das Individuum anzubinden ist (vgl. hierzu Beck 1983; Michailow 1994; Schulze 1992). Im

die neuen sozialstrukturellen Umbrüche und zeigte, daß sich aktuelle Ungleichheitsfragen zunehmend gegen Konzepte und Begrifflichkeiten sperren, die auf alle Gesellschaftsmitglieder gleichermaßen oder auf soziale Systeme als Ganze zielen. Die Forderung nach einer Neukonturierung der Ungleichheitsdiskussion wurde besonders durch die von Beck formulierte Individualisierungsthese (Beck 1983, 1986) und die Verknüpfung modernisierungstheoretischer und ungleichheitssoziologischer Fragestellungen vorangetrieben.

3 Besaßen die sogenannten »harten« Kriterien – Beruf, Bildung, Einkommen – lange Zeit große Aussagekraft, weisen gerade die empirischen Befunde der Ungleichheitsforschung aus den 8oer Jahren darauf hin, daß objektive Lebensbedingungen die subjektive Lebensweise immer weniger determinieren (vgl. Berger/Hradil 1990).

4 Auch Bourdieus Vermittlungsversuch einer flexibleren Analyse der Beziehungen zwischen Klasse und Kultur, seine Auffächerung des »Kapital«begriffs in ökonomisches, soziales und kulturelles Kapital (Bourdieu 1983) hält letztlich fest an herkömmlicher Sozialstrukturanalyse, da dem ökonomischen Kapital gegenüber der distinkten Ausprägung von Praxisformen die Vorrangstellung eingeräumt wird (vgl. Bourdieu 1987).

Zuge dieser Reformulierung geht es beiden Positionen um die Aufwertung soziokultureller Faktoren, wobei die jeweils unterschiedliche Einbindung der kulturellen Aspekte jedoch zu verfestigten Konfrontationsmustern geführt hat. Geht es den strukturanalytischen Ansätzen eher um eine Weiterführung und Ergänzung der bisherigen Sichtweise durch soziokulturelle Faktoren, fordern subjekt- und handlungsorientierte Lebensstilansätze eine radikale Umstellung der Perspektive. Für sie steht die wachsende Bedeutungsmächtigkeit von Kultur im Vordergrund. Ausgehend von einer »Kulturalisierung des Gesellschaftsbegriffs« (Berking 1989) wird das kulturelle Feld zum Terrain lebensstilspezifischer Auseinandersetzungen schlechthin. Lebensstile erschließen sich danach erst über die individuellen Deutungen kultureller Phänomene.

Ein derartiger Wechsel der Perspektive birgt jedoch die Gefahr, eine erneute Einseitigkeit in die Thematisierung gesellschaftlicher Wirklichkeit zu bringen. »Kultur« wird als neuer normativer Einheitsbegriff veranschlagt und überhöht, in dessen Abhängigkeit sich Lebensstile ausdifferenzieren. Indem jetzt der Kultur die Vorrangstellung eingeräumt wird (Michailow 1994), werden die gesellschaftlichen Entstrukturierungsprozesse zwar mit »neuen« Begriffen, jedoch vornehmlich mit konventionellen Instrumentarien untersucht.

Begreift man die Lebensstilkategorie als geeignetes Analyseinstrument, mittels dessen gesellschaftliche Wirklichkeit heute beschrieben werden kann (vgl. Berger 1995), reicht es nicht aus, den Lebensstil in alte Theoriekonzepte einzubinden bzw. diese damit lediglich zu ergänzen. Die Rolle und Bedeutung von Lebensstilen läßt sich erst dann angemessen begreifen, wenn es gelingt, die immer wieder thematisierten Referenzprobleme der Lebensstilkategorie zu klären. Dabei gilt es, einen entsprechend veränderten kategorialen Bezugsrahmen zu erarbeiten, in dem weder einem »Kulturalismus« noch einem »Strukturalismus« das Wort geredet wird. Es geht darum, den Lebensstil als eine eigenständige Kategorie auszuformulieren und in seinem theoretischen Gehalt voranzutreiben. In Absetzung zu bisherigen Lebensstilforschungen entwickeln wir im folgenden einen Lebensstilansatz, der die Eigenwirksamkeit und Selbstbezüglichkeit von Lebensstilen hervorhebt.

5.1. Eigenwirksamkeit der Lebensstile

Mit unserer These von der Eigenwirksamkeit der Lebensstile geht es uns um das Anlegen einer neuen Sichtweise, mittels derer der angesprochene Konflikt entschärft und aufgebrochen werden kann. Wir verstehen den Lebensstil weder lediglich als Ausdruck einer hochindividualisierten Kultur noch als vermittelten Appendix sozialstruktureller Vorgaben (vgl. Hörning/Ahrens/Gerhard 1996a).

Indem wir dem Lebensstil ein eigenständiges Referenzniveau zuschreiben, distanzieren wir uns von den Vorstellungen, daß der Lebensstil bestimmten Strukturvorgaben »gehorche« und daß den Strukturbedingungen als notwendige und unabdingbare Voraussetzung für die Entwicklung von Lebensstilen und für die Verteilung von Stilisierungschancen eine erneute Vorrangstellung einzuräumen sei. Die Strukturbedingungen finden vielmehr erst *im* Lebensstil ihre je unterschiedlichen Ausformulierungen. Damit rückt die Frage nach den Zwängen und Restriktionen keineswegs in den Hintergrund, aber sie ist nicht mehr lebensstilunabhängig, nicht mehr außerhalb des Lebensstils zu beantworten. In welcher Form »objektive« Bedingungen ihre jeweiligen Effekte zeitigen, ist nur im Lebensstil selbst zu beantworten. Erst hier werden sie mit je besonderen Bedeutungen aufgeladen, in spezifischer Weise relevant und damit beobachtbar. Ob und in welcher Form etwas als Zumutung, als Bedingung oder als Chance erfahren wird, entscheidet sich m.a.W. im Lebensstil selbst. Lebensstile schaffen ihre eigenen Verbindlichkeiten wie auch ihre eigenen Kontingenzspielräume. Im Lebensstil wird ein sinnhafter Zusammenhang produziert, der seine eigenen Freiheiten *und* Grenzen ausbildet.

Mit einem derartigen Lebensstilverständnis, das den Lebensstil als ein sich selbst bindendes Arrangement versteht, das eine eigene Kraft mit eigener Qualität entfaltet, entkoppeln wir auch die Frage nach den lebensstilspezifischen Freiheiten vom Gestaltungsspielraum individueller Lebensführung. In welcher Form die in der reflexiven Moderne zunehmenden Kontingenz- und Möglichkeitsspielräume ihre Bedeutung gewinnen, auch dies entscheidet sich im Lebensstilarrangement. Wir lösen uns damit vom bias individualisierungstheoretischer Annahmen, innerhalb derer das Aufkommen von Lebensstilen vorschnell mit gestiegenen individuellen Optionschancen gleichgesetzt (Schulze 1992) und mit individueller Besonderung, Selbstentfaltung und Subjektivität in Richtung gestiegener Selbstverwirklichungsmöglichkeiten identifiziert wird[5]. Indem wir die Selbstbezüglichkeit des Lebensstils in den Vordergrund stellen, kann die These von den gestiegenen Freiheitsgraden in der Lebensgestaltung als »riskante Freiheiten« (Beck/Beck-Gernsheim 1994) im Lebensstil aufgegriffen und spezifiziert werden. Lebensstile stehen nicht für eine uneingeschränkte »Kultur des Wählens«. Im Gegenteil, in ihnen geht es auch um die Notwendigkeit des Wählens wie auch um die Wahl des Notwendigen.

Der Lebensstil ist in dem Sinne autonom, daß er eigenwirksam einen Komplex symbolischer Formen organisiert, der auf seine je spezifische Art und Weise als Vorgabe individueller wie sozialer Realitätskonstruktionen dient (vgl. Hörning/Ahrens/Gerhard 1996a). Personen wie sozialstrukturelle Bedingungen werden im jeweiligen Lebensstil nach je eigenen Kriterien und Relevanzsetzungen konfiguriert und »respektiert«. Gleichzeitig erfährt die Person im Lebensstil eine Selbstbeschreibung, die sich je nach Lebensstiltypus unterscheidet. Der Lebensstil fungiert als Selektionsinstanz, die gesellschaftliche Sinnangebote filtert, interpretativ aufarbeitet und thematisch ausrichtet.

Distinktion und Besonderung als Motor
von Vergesellschaftung

Unser Lebensstilkonzept ist eine Antwort auf den Gestaltwandel von Vergesellschaftungsprozessen (vgl. Hörning/Michailow 1990; Michailow 1990). Lebensstile werden hier als Formen vorgestellt, vor deren Hintergrund Gesellschaftsmitglieder sich in ihrer Unterschiedlichkeit präsentieren, ihre gesellschaftliche Verortung finden und sich auf ihre Art in eine äußerst komplexe und hochdifferenzierte Gesellschaft integrieren. Dieser Modus der Vergesellschaftung zeichnet sich vor allem dadurch aus, daß er *Inklusion durch Exklusion* realisiert: Der Lebensstil integriert Personen über spezifische Differenzen in die Gesellschaft. Er macht die Besonderung zum Allgemeinen, die Unterschiedlichkeit zum Vereinheitlichenden, die Distinguierungen zur umfassenden Ver-

5 Vgl. zur Kritik der Entstrukturierungsthese Konietzka 1995.

gleichsformel. Ein derartiges Verständnis von Integration, das die Ausbildung von Differenzen für gesellschaftliche Integration als notwendig ansieht, trägt den enormen gesellschaftlichen Differenzierungsprozessen in dem Sinne Rechnung, daß es nicht mehr ausreicht, Integration ausschließlich über die Feststellung von Ähnlichkeiten und Homologien zu denken. Indem es heute in steigendem Maße um »ein ständiges Erzeugen von Anderssein« (Luhmann 1990: 89) geht, wird die Ausbildung von Ungleichheit und Andersartigkeit zu einem produktiven Faktor gesellschaftlicher Integration.

Festzuhalten ist dabei die doppelte Bedeutung des Lebensstilbegriffs: Es geht um Integration *und* Differenzierung. Über Identifizierungs- und Distinktionsmechanismen werden Orientierungspunkte gesetzt, mittels derer sowohl sich »nach innen« soziale Zugehörigkeiten formulieren lassen, als auch »nach außen« soziale Abgrenzungen kenntlich machen. Lebensstile sind nicht nur in bezug auf gesellschaftliche Integration zu betrachten, sondern gleichzeitig immer auch Ausdruck gesellschaftlicher Differenzierung. Der Lebensstil eröffnet somit ein Ent-Deckungsverfahren, das das Trennende und Verbindende erkennen läßt.

Das Neue an dieser Form der Vergesellschaftung ist mithin ihre ambivalente und zugleich eigendynamische Struktur, die eigenständig immer wieder neue Formen hervortreibt: neue Ausprägungen, neue Ansprüche, neue Konfigurationen, neue Versionen und Entwürfe. Lebensstile antworten auf die zunehmende Erfahrbarkeit von Kontingenz in der Spätmoderne. Herausgefordert durch die permanente Notwendigkeit, Eindeutigkeiten permanent erst herstellen zu müssen und am Laufen zu halten, stellen Lebensstile quasi die Arbeit an Kontingenzen und Ambivalenzen dar. Lebensstile sind nicht per se »auf Dauer« gestellt[6], vielmehr zeichnen sich die neuen Lebensstile in der Spätmoderne durch einen hohen Temporalisierungsgrad aus. Der Lebensstil profitiert mithin davon, daß in historisch unvergleichlichem Ausmaß Individualisierungs- und Spezialisierungsansprüche geltend gemacht

6 Daß Bourdieus »feines Spiel der Unterscheidungen« (1982; 1987) in gewisser Weise statisch anmutet, liegt zum einen an seiner ökonomischen Durchbuchstabierung des Lebensstils, andererseits an seinem zugrundeliegenden Habituskonzept, wonach der Habitus als festsitzende, in »Fleisch und Blut« übergegangene Disposition, die »blind« wirkt, betrachtet wird (vgl. z. B. Miller 1989; Bohn 1991).

werden, die allein individuell nicht aufzufangen und abzuarbeiten sind. Das Besondere an dieser Form der Vergesellschaftung liegt in ihrer widersprüchlichen Grundstruktur, die auf Vereinheitlichung durch Differenz abstellt, und daher ungemein *dynamisch* wirkt: Jeder Versuch der Vereinheitlichung erzeugt neue Differenzen, jeder Versuch, das Allgemeine zu formulieren, wird etwas Besonderes hervorbringen, jede Suche nach einer Vergleichsformel endet wieder in neuen Distinguierungen. Um dieses Phänomen unter eine Formel zu bringen, könnte man sagen, daß Vergesellschaftung heute nicht mehr über vorgefertigte Lösungen abzuhandeln ist, sondern als »Problem auf Dauer« gestellt wird.

5.2 Von der Ästhetisierung zur Hervorbringung von Wirklichkeit

Wir verstehen den Lebensstil als einen spezifischen Modus der Erschließung von Wirklichkeit. Der Lebensstil ist deshalb nicht allein, nicht einmal vordringlich über Ästhetisierung oder Expressivität abzuhandeln[7]. Die im Lebensstil generierten symbolischen Formen sind nicht bloße Expressivität, hinter der ein »wahrer Kern« erst zu enthüllen wäre, sondern seine Ausdrucksmittel sind zugleich die Konstituenten seiner Wirklichkeitskonstruktion. Wird in manchen handlungstheoretischen Ansätzen Stilproduktion als ein Ausdruck der Überhöhung zum Außeralltäglichen angesehen, gehen wir davon aus, daß die Wirklichkeit nicht von der Art und Weise ihrer Darstellung zu trennen ist, mehr noch: *Darstellung ist Hervorbringung von Wirklichkeit.* Es geht uns damit um die Aufhebung der Trennung von Inszenierung und Hervorbringung von Wirklichkeit und gleichzeitig um die Verabschiedung der letztendlich nicht mehr aufrecht zu erhaltenden Unterscheidung von zweckgebundenen und zweckfreien Handlungen, wobei lediglich letzteren als »expressiver Überhang« (Hahn 1986: 603) lebensstilkonstituierende Bedeutung zugeschrieben wird[8].

7 Einen »Stil zu haben«, wird oft als das Ergebnis gezielter Handlungen in Richtung auf eine kulturelle Überhöhung des Alltäglichen (Soeffner 1992: 79) gesehen. In der Betonung des außeralltäglichen Akzents wird die Bedeutung des Lebensstilbegriffs allzu leicht auf ästhetische und symbolisch-expressive Ausschmückungen reduziert.
8 Zwar betont Hahn das generative Prinzip des Stils, das sich aus der

Uns geht es nicht um die Frage, »was« der Lebensstil in bezug auf eine bestimmte Gestaltungsabsicht inszeniert, sondern vielmehr um die Frage des »Wie«, d. h. anhand welcher Unterscheidungen, mit welchen spezifischen Verknüpfungen aktualisiert sich der Lebensstil, um das »So-Gezeigte« als so und nicht anders seiend, als wirklich auszuweisen. Wir richten unseren Blick auf die »Normalitätsbestimmungen«, d. h. auf die im Lebensstil geleistete und ausformulierte Stellungnahme gegenüber einer vielfältigen und prinzipiell anders möglichen Ausdeutung gesellschaftlicher Wirklichkeit.

Wir begreifen Stil als ein wirklichkeitserzeugendes Muster, innerhalb dessen bestimmte Auffassungen und Sichtweisen von Welt zum Ausdruck kommen. Der Lebensstil konfiguriert eine bestimmte Wirklichkeit. Im Lebensstil erscheint die Welt als so und nicht anders, denn: Wirklich ist, was im Lebensstil für wirklich gehalten wird. Damit wird die Betonung auf die wirklichkeitserschließende Qualität von Lebensstilen gelegt: »Unter den jeweils gegebenen Umständen wird ein Lebensstil [also] nicht als eine von zahllosen Möglichkeiten gesehen, nach denen das amorphe Material ›Wirklichkeit‹ in der einen oder der anderen Weise geordnet werden kann. Die Ordnung, der Stil ›ist‹ vielmehr die Wirklichkeit« (Watzlawick 1986: 679). Im Lebensstil geht es danach um Wirklichkeitskonstruktionen, denn: *Stilbildung ist Hervorbringung von Wirklichkeit.*

Im jeweiligen Hervorbringungsprozeß werden lebensstilspezifische Anschlüsse, Limitationen und Bedingungen erzeugt, die den jeweiligen »Eigen-Sinn« des Lebensstils charakterisieren. Im Lebensstil wird ein Netz von Verweisungen erzeugt, die eine je eigene Reichweite und Komplexität besitzen. In der jeweiligen Kombinatorik entstehen implizit neue Verbindlichkeiten und Zugzwänge. Es geht uns somit nicht nur um die Beantwortung der Frage, wo die lebensstilspezifischen Relevanzen am ausgeprägtesten sind, sondern gleichzeitig auch um die damit verbundenen generativen und produktiven Momente der Stilproduktion.

Verquickung von Gewohnheiten und Stil ergibt, doch hält er an der Trennung zwischen instrumentellen und expressiven Handlungen fest. Für ihn liegt denn auch das eigentliche Sinnzentrum des Stils in der Ästhetik (vgl. Hahn 1986).

Mit einem derartig gefaßten Lebensstilbegriff, in dem die Betonung auf der Hervorbringung von Wirklichkeit, auf den unterschiedlichen »Weisen der Welterzeugung« (Goodman 1984) liegt, bedeutet Stilbildung nicht Überformung, sondern stellt das *Formprinzip* selbst dar. Damit gewinnt eine theoretische Perspektive an Plausibilität, die den Lebensstil nicht länger als ein abgeleitetes Phänomen betrachtet, sondern sich auf die Frage konzentriert, wie sich Lebensstilstrukturen als emergierende Einheiten selbst formieren und produzieren. Wir beziehen so den Lebensstil unter dem Aspekt seiner Generierungsmechanismen, nicht seines immer schon generierten Seins, in die Analyse ein. Lebensstile bilden eine je spezifische Eigenkomplexität mit einem je eigenen Kräfte- und Wirkungspotential aus. So erhalten wir differenzierte Aussagen darüber, in welcher Form im Lebensstil subjektive Deutungs- und Interpretationsmuster ihre Begrenzung finden, wie zugleich darüber, welche zahlreichen, je unterschiedlichen Anschlüsse im Lebensstil an gesellschaftliche Strukturvorgaben formuliert werden[9]. Damit ist dieses Konzept in der Lage, sowohl einen tiefenscharfen Einblick in die jeweilige interne Spezifität der unterschiedlich konfigurierten Lebensstile zu geben als auch die Dynamik der Formenvielfalt der Lebensstile aufzunehmen.
Damit gehen wir nicht länger davon aus, daß die vielfältigen Lebensstilfiguren mögliche Alternativen einer einzigen zugrundliegenden wirklichen Welt sind. Das Eintreten für den Lebensstil als spezifisches Erschließungsmuster von Wirklichkeit, das Eintreten für die »Vielheit wirklicher Welten« (Goodman 1984: 14) und damit für die Differenz ist dabei nicht zu verwechseln mit dem konventionellen und aus unserer Betrachtung heraus eher unscharfen Pluralismusgedanken, wonach sich lediglich »Oberflächenbuntheiten« (Welsch 1992: 40) vor einer fraglos allen gemeinsam gegebenen Realität ausbilden. Wir haben es im Gegenteil jetzt mit einer Vielzahl unterschiedlicher Wirklichkeiten zu tun, die nicht mehr in *einer* ihnen zugrundeliegenden Wirklichkeit gründen. Dann gibt es kein »Dahinter« oder »Darunter« mehr, dann

9 Um das immer wieder auftretende Dilemma der Lebensstilforschung, zwischen »subjektiven« und »objektiven« Kriterien angemessen zu unterscheiden, zu überwinden, plädiert Diewald (1994) für eine Operationalisierung des Lebensstils in »explizite« und »implizite« Lebensstile. Es bleibt hierbei zumindest zweifelhaft, inwiefern damit nicht erneute Vorabentscheidungen die Analyse von Lebensstilen engführen.

wird der »Vordergrund« bzw. die »Oberfläche« einziger Anhalts-
punkt soziologischer Analysen. Das, was man dann zu sehen bekommt, ist das symbolisch Geprägte, das in den Vordergrund
Gerückte, wie auch das Selbstverständliche, für normal Genom-
mene. Doch reicht dies aus? Natürlich nicht! Niemand wird sich
damit zufriedengeben wollen, denn bekanntlich ist es die vor-
nehmliche Aufgabe der Soziologie, das Augenscheinliche und Of-
fensichtliche – ob es nun proklamatorisch präsentiert wird oder
faktisch einfach mitläuft – zu hinterfragen. Es stellt sich die Frage,
wie dann noch Latenzen, Auslassungen, Hinter- und Abgründe –
neben symbolischen Kristallisationen und Selbstverständlichkeiten – untersucht werden können. Anstelle des klassischen Rück-
griffs auf theoretische Unterstellungen und Versicherungen entschlossen wir uns in unserer Untersuchung zu einem Vergleichs-
verfahren. Wir entlasten die Theorie zugunsten der Empirie, indem wir in unserem empirischen Vorgehen die Latenzen des einen
Lebensstils durch ein In-Beziehung-Setzen mit je anderen Lebensstilen beobachtbar machen.

5.3 Konstruktion von Lebensstilfiguren in der
wechselseitigen Bespiegelung von Empirie und Theorie

Das Ziel unserer Untersuchung ist es, den Zusammenhang von
Technikeinsatz und Zeitpraktiken unter veränderten Kommunikationsverhältnissen im Rahmen unterschiedlicher Lebensstilfiguren herauszuarbeiten. Unser Interesse richtet sich auf die unterschiedlichen Formen der Verknüpfung und die Art und Weise, wie
diese im Alltag ihre jeweilige Wirkkraft entfalten. Die Bestimmung der Untersuchungsgruppe erfolgte daher nicht nach herkömmlichen Kriterien. Die Eingrenzung über bestimmte Berufs-
felder, über spezifische Freizeitaktivitäten und Hobbies, über
Vereinsmitgliedschaften würde den Lebensstilausprägungen nicht
gerecht, denn Lebensstile entwickeln sich quer zu einzelnen Bereichen (wie etwa Arbeit und Freizeit) und prägen das Verhältnis
von Technik und Zeit insgesamt. Der Auswahl der Untersuchungsgruppe lagen folgende Kriterien zugrunde:
Unser Interesse an neuen Informations- und Kommunikationstechniken eröffnete uns ein breites Feld des empirischen Zugriffs.
Mit der Thematisierung von Technik im privaten Alltag wählten

wir solche technischen Geräte aus, die in diesem Sinne bereits *veralltäglicht* sind. Dabei ist der Prozeß der Veralltäglichung nicht gleichzusetzen mit einer Durchsetzung und Verbreitung technischer Geräte aufgrund ihres Nachweises von Effektivität. Entscheidend ist vielmehr neben der weiten Verbreitung und Zugänglichkeit die Selbstverständlichkeit und Unauffälligkeit der jeweiligen Geräte, mit der sie sich in den modernen Alltag einspielen. Es wurde Wert darauf gelegt, Routinisierungs- und Normalisierungsprozesse zu erfassen. Die Nutzung der neuen Techniken sollte daher keinesfalls eine spezielle, außergewöhnliche Situation darstellen, sondern schon zur Gewohnheit geworden sein. Im Gegensatz zu vielen anderen Untersuchungen sollen Veralltäglichungsmuster von »*normalen Nutzern*« erschlossen werden. Es geht um die sozio-kulturellen Bedeutungsformungen der je spezifischen Techniken und ihre Einbettung in soziale Zusammenhänge und eben *nicht* um die Erforschung von Spezialkulturen und »Sonder«welten spezifischer Nutzergruppen, die sich vorwiegend durch die intensive, überdurchschnittlich häufige Nutzung eines bestimmten Gerätes auszeichnen: Videofanclubs, Hacker, Computerspieler usw.

Wir entschlossen uns für die Auswahl folgender Techniken, die uns aufgrund ihres Verbreitungsgrads wie auch ihrer Implikationen für Kommunikation und Zeit als besonders geeignet erschienen: Anrufbeantworter, Personal Computer und Videorecorder. Als prominente Vertreter einer neuen Technikgeneration waren alle drei Geräte bereits wesentliche Komponenten des Medienalltags. Damit war die Chance gegeben, daß solche Formen der Techniknutzung anvisiert wurden, die sich schon als eine neue Normalität eingelebt haben. Dabei ist zu betonen, daß wir damit keineswegs eine geräteorientierte Analyseperspektive verfolgen. Das rein formale Kriterium des Besitzes eines dieser Geräte interessiert nur insofern, als es einen Zugang eröffnet, die lebensstilspezifische Einbettung von Technik, Zeit und Kommunikation zu erfassen. Inwiefern diese Techniken Unterschiede in der Nutzung aufweisen, ist nicht vom Gerät aus allein abzuleiten, sondern vielmehr erst über die lebensstilspezifische Einbettung zu bestimmen. Erst damit wird erfaßt, daß so unterschiedliche Geräte wie Computer, Anrufbeantworter und Videorecorder durchaus vergleichbar sind, betrachtet man ihre Aneignungsform in einem Lebensstil. Andererseits wird »dasselbe« Gerät in verschiedenen Lebensstilen unterschiedlich angeeignet und deshalb auch unterschiedlich ausgeformt. Lebensstile lassen sich eben nicht über *ein* spezifisches Gerät charakterisieren, sondern erst anhand der spezifischen Aneignungsweise, die den Verwendungskontext von Technik bestimmt.

Während ältere Techniken auf die Sicherung von Beständen und die Beschleunigung bzw. Ersparnis von Zeit ausgerichtet sind, schließen diese ausgewählten neuen Techniken die Zeitdimension in komplexerer Weise ein. Sie lassen *neue zeitliche Bezüge* hervortreten, die über die vorherrschende Einbettung von Zeit in den ökonomischen Diskurs hinausgehen. Sie erlauben neue Zugriffsweisen auf Zeit, die über das reine Einsparen und Beschleunigen von Zeit hinausgehen. Mit ihnen taucht die darüber hinausgehende Problematik auf, »über Zeit flexibel disponieren« zu können.

Mit dem Gerät des Anrufbeantworters etwa scheint der Anspruch und die Notwendigkeit von zunehmender Mobilität in der modernen Gesellschaft realisierbar zu werden. Das Problem der kommunikativen Erreichbarkeit ist zumindest technisch mit dem Anrufbeantworter gelöst. Es stellt sich jedoch dabei die Frage, inwieweit diese »permanente Erreichbarkeit« neue, vorher nicht thematisierte Probleme aufwirft. Diese können in der Art und Weise auftreten, daß sich trotz (wegen?) der Ortsungebundenheit eine neue Zeitgebundenheit ergibt. Das Gerät ermöglicht neuartige Formen der zeitlichen Inanspruchnahme und stellt wiederum Koordinierungsanforderungen an den Besitzer.

Der Computer stellt aufgrund schnellerer Berechnungszeiten und steigender Verarbeitungsgeschwindigkeiten auf den ersten Blick eine Entlastung des Zeithaushalts dar. Auf der anderen Seite eröffnet jedoch gerade die Computertechnologie die Möglichkeit, die zeitökonomische Ausnutzung auf die Spitze zu treiben. Die prinzipiell unbegrenzten Speicherungsmöglichkeiten verändern individuelle Zeithorizonte.

Der Videorecorder bricht die Irreversibilität vorherrschender Zeitstandards auf. Mit der Lösung von vorgegebenen Zeitnormen und eingespielten Zeitroutinen eröffnen sich Möglichkeiten flexiblerer Zeitgestaltung. Die technischen Optionen des Rück- bzw. Vorlaufs, der Tempoänderung sowie der ständigen Verfügbarkeit bedeuten eine Dekontextualisierung, wobei die Zeitstrukturen des ursprünglichen Ereignisses verändert werden.

Unser Ziel, möglichst breite Formen der Aneignung von Technik zu erschließen und eine differenzierte Betrachtungsweise verschiedener Verzeitlichungsmuster vorzunehmen, ließen uns solche Personen auswählen, die eine überwiegend *außerbetriebliche Techniknutzung* praktizieren. Man muß davon ausgehen, daß die in erster Linie beruflichen Erfahrungen mit neuer Technik unter Voraussetzungen und Rahmenbedingungen stattfinden, die die Zeitverwendung eng an einen zeitökonomischen Verwendungsimperativ bindet und Techniken in erster Linie als zeitliche Kontroll- und Rationalisierungsinstrumente begreifen lassen[10].

Da standardisierte Verfahren die Ergebnisse schon zu stark vorstrukturieren und die Entdeckung neuer Zusammenhänge behindern, entschieden wir uns entsprechend der Anlage der Untersuchung für die Anwendung qualitativer Methoden der Datenerhebung (vgl. u. a. Flick 1995). So gestalteten wir die Interviews in Anlehnung an die von Schütze entwickelte Methode eines offenen Interviewgesprächs. Für die Erhebung verwendeten wir das *thematisch strukturierte Interview mit narrativen Phasen* (vgl. Schütze 1977), weil es die alltagsweltlich vertraute Kommunikationsform des Gesprächs (vgl. Luckmann 1984) einbezieht. Wir gehen davon aus, daß die Interviewpartner, indem sie auf diesbezüglich eingespielte Kompetenzen zurückgreifen können, am ehesten in die Lage versetzt sind, möglichst breit und ausführlich nach eigenen Akzentsetzungen zu erzählen. Dadurch wird erreicht, daß das alltägliche Kommunikationsschema nicht einge-

10 Der Zugang zum Untersuchungsfeld erfolgte über »soziale Settings«, d. h. über solche alltäglichen Situationskontexte, a) in denen technische Geräte erworben werden, die der sozialen Organisation und der Zeitgestaltung des Alltags dienen (Softwareläden, Verkaufsstellen von Anrufbeantwortern); b) in denen technische Mittel erworben werden, die der flexiblen Gestaltung und dem Ausfüllen freier Zeit dienen (Videoläden und -verleihstellen); c) in denen Technikanwender ihr Wissen erweitern und ihre Kenntnisse austauschen (Freizeit- und Weiterbildungseinrichtungen, Volkshochschulkurse, Veranstaltungen, Seminare). Wir suchten diese Orte auf, um Techniknutzer direkt anzusprechen und mit ihnen ein erstes klärendes Gespräch zu führen. Die Settings dienten uns als Stellen der Kontaktaufnahme, um die Bereitschaft zu einem Interview zu klären. Über die Settings gewannen wir einen breiten Zugang zu Vertretern verschiedener Lebensstile. Die 2-3 stündigen Interviewgespräche wurden bei den Gesprächspartnern zu Hause von zwei Projektmitgliedern durchgeführt.

schränkt wird (vgl. Hoffmann-Riem 1980). Mit der Anlehnung des methodischen Vorgehens an ein erzählendes Kommunikationsschema wird eine verläßliche, handlungsnahe, sozialwissenschaftliche Informationsgewinnung erreicht, die die Kluft zwischen sprachlicher Artikulation und praktischer Handlungsrelevanz des Artikulierenden am meisten reduziert.

Uns war bewußt, daß wir diese Interviewform strategisch nutzten. Der Versuch, die Distanz zum Feld zu minimieren, die Anstrengungen, Direktheit, Realitätsnähe und Natürlichkeit der Interviewsituation herzustellen, die Bestrebungen, mithilfe von speziellen Anleitungen, Techniken und Methoden die Forschungstätigkeit im Feld zu invisibilisieren, wurden vorgenommen, um auf diese Weise der Interviewkommunikation Gelegenheit zu geben, sich über das Maß des alltäglich Kommunizierten hinaus in ihrer Komplexität vorzuführen[11]. Mit Hilfe des Interviewgesprächs konnten Auskünfte gewonnen werden über alltagsweltliche Bedeutungs- und Relevanzsetzungen, in denen Wissens- und Handlungselemente zum Zwecke situationsflexibler sozialer Orientierungen verbunden sind. Es ist allerdings zu beachten, daß diese Daten bereits kognitiv verarbeitete und in kommunikativen Schemata vermittelte Informationen darstellen, also im Sinne von *Konstrukten* zu verstehen sind (vgl. Bergmann 1985). Durch die an die alltagsweltliche Kommunikationsform des Erzählens angelehnte Methode wird erreicht, daß die Interviewpartner auf eingespielte kommunikative Kompetenzen zurückgreifen können und so in der Lage sind, detailliert und mit hohem Informationsgehalt zu berichten. Das narrative Interviewgespräch gibt dem Gesprächspartner Gelegenheit, seinen Zugriff auf die technischen Artefakte nach eigenen Relevanzgesichtspunkten darzustellen.

Der Prozeß der Datengewinnung erfolgte somit nach den Prinzipien der Offenheit und der Kommunikation (vgl. Hoffmann-Riem 1980). Die Gesellschaftsmitglieder sollten möglichst »in ei-

11 Besonders die Anfangsphase des Gesprächs ist am narrativen Interview orientiert. Mit der Eingangsfrage soll der Interviewpartner animiert werden, einen möglichst umfangreichen Erzählbogen nach eigenen Relevanzsetzungen aufzubauen. Über eine erzählgenerierende Eingangsfrage wird im Interview keinesfalls die uns interessierende Thematik in ihrer Gesamtheit angegeben, sondern über ein Anknüpfen an relevante Aspekte des Informanten (Form der Techniknutzung, Veränderungsprozeß durch neue Techniken usw.) gestaltet.

gener Regie« ihre Konzeption von gesellschaftlicher Wirklichkeit entwickeln. Der Primat wissenschaftlicher Zielsetzungen wurde daher zunächst zugunsten des Darstellungsspielraums der Gesprächspartner zurückgenommen. Ziel war es, die Befragtenrolle in Anlehnung an vertraute alltagsweltliche Rollen zu modellieren. Dazu muß der Forscher sich den Regeln der alltagsweltlichen Kommunikation anpassen und sein institutionenspezifisches Regelsystem hintanstellen. Eine Annäherung der Erhebungssituation an »natürliche« Gesprächskontexte[12] wurde angestrebt, um beobachten zu können, wie Gesellschaftsmitglieder ihre Welt, die sie selbst hervorbringen, als gegeben erleben[13]. Erst auf der Grundlage der Strukturierungsleistungen der Interviewpartner wurde der Forschungsgegenstand strukturiert und die weitere Analyse vorgenommen.

Als Ergänzung zu den Interviews wurden aus unserem Sample einige prägnante Fälle herausgesucht und gemeinsam mit den Interviewpartnern und den für sie relevanten Bezugspersonen (Partner, Mitbewohner, Eltern, Bekannte) *Gruppengespräche* durchgeführt[14]. In der Kombination der beiden vorgestellten Methoden

12 Uns war dabei bewußt, daß es sich um eine sozusagen künstlich geschaffene »natürliche« Erhebungssituation handelte, die ohne gewisse Techniken (Einnahme der Zuhörerrolle, Unterlassen von direkten Fragen, weitgehender Verzicht auf direkte, thematische Steuerung des Gesprächsverlaufs) nicht durchzuhalten ist.

13 Diese »Annäherung« an das alltägliche Handeln und Alltagswissen wird nicht nur im Rahmen einer streng qualitativen Sozialforschung als unverzichtbar angesehen. Die Aufgabe von Distanz zum Untersuchungsfeld wird auch in anderen Forschungsrichtungen als unabdingbar dargestellt. Diese Strategie dient nicht etwa der verbesserten Deskription, sondern fungiert als »Motor von Entdeckung« schlechthin (Knorr Cetina 1989: 95).

14 Besonders von der qualitativen Sozialforschung wird immer wieder die Notwendigkeit einer Kombination unterschiedlicher Methoden und Verfahren betont, um Defizite der einzelnen Methoden auszugleichen (vgl. Flick 1995; Honer 1993). Mit Hilfe der Gruppengespräche wurden die lebensstilspezifischen Technik-, Zeit- und Kommunikationspraktiken im sozialen Umfeld erfaßt. Es ging darum, aufzuzeigen, in welcher Hinsicht sich mit der Techniknutzung auch die Teilnahme an Kommunikation und an sozialen Beziehungskreisen verändert. Anhand der Gruppengespräche haben wir weiterhin Aufschlüsse darüber erlangt, wie in der alltäglichen Auseinandersetzung und Konfrontation

konnte ein Datenmaterial gewonnen werden, das Rückschlüsse auf ein breites Spektrum an lebensstilspezifischen Ausdrucksformen ermöglicht.

Die Herausarbeitung der kontextgebundenen unterschiedlichen Bedeutungsstrukturierungen in den Lebensstiltypen erfordert ein hermeneutisches Vorgehen. Die Auswertung lehnt sich dabei einerseits an die von Strauss vorgestellte Technik der »grounded theory« (Strauss/Corbin 1995) an, ohne aber damit orthodox zu verfahren. Gerade im Rahmen der Erforschung von Lebensstilen halten wir eine Erweiterung nicht nur der theoretischen, sondern auch der methodischen Ausrichtung für notwendig. Wir beziehen daher in den Auswertungsprozeß die von Kneer/Nassehi (1991), Schneider (1992) und Knorr Cetina (1989) formulierten erkenntnistheoretischen Überlegungen zur Verstehensproblematik ein, die wertvolle Präzisierungen einer verstehenden, kommunikationsorientierten Sozialforschung liefern. Wir verfolgen demnach in der Auswertung keine akteursorientierte, sondern eine *operationsorientierte* Perspektive, die in Rechnung stellt, daß Lebensstile als eine emergente Ebene sozialer Realität zu betrachten sind und nicht als Produkte individuellen Handelns. *Wir vollziehen im Auswertungsprozeß einen Wechsel der Analyseebene: von Personen zu Lebensstilen.* Auf diese Weise können die Eigenleistungen des sozialen Kontextes als ein emergentes Ordnungsniveau hervorgehoben werden und die kommunikativ hervorgebrachten Lebensstile als eigenständige Realitätskonstruktionen ausgewiesen werden. Damit ist die Auswertung in ihrem Erkenntnisinteresse nicht auf die Rekonstruktion von Fallgeschichten ausgerichtet. In einem inhaltsanalytischen Vergleich wurden die analysierten Daten auf die Strukturelemente der Lebensstile bezogen, um auf diese Weise die Lebensstile in ihrer Typik herauszuarbeiten. Der Auswertungsprozeß orientiert sich dabei an folgenden methodologischen Umorientierungen:

»Verstehen« ist als ein produktiver Prozeß zu begreifen, der nicht

mit anderen Lebensstilen Abgrenzungs- und Distinktionsmechanismen wirksam werden, die für die moderne Lebensstilpraxis entscheidend sind. Durchgeführt wurden insgesamt 38 Interviewgespräche und 5 Gruppengespräche. Die Länge der Gruppendiskussionen variierte zwischen 2-3 Stunden. Die Interviews wie die Gruppengespräche wurden von beiden Mitarbeitern durchgeführt, auf einem Tonband aufgezeichnet und anschließend transkribiert.

als Resultat intentionalen Handelns, sondern als eine widersprüchliche Einheit rekonstruiert werden muß, die zwischen Nachbilden und Gestalten quasi ständig oszilliert. Der Auswertungsprozeß erfolgt daher nicht »konzentrisch« angelehnt an die Konstrukte der Interviewten, sondern in *dezentrierter* Perspektive. Welche Bedeutung die Äußerungen der Interviewten im Rahmen der Untersuchung gewinnen, wird vor dem Selektionshorizont des theoretischen Bezugsrahmens entschieden. Auf diese Weise wird vermieden, sich zu eng an die Mitteilungsintentionen der Interviewten zu binden. Die in Interaktionen interpretativ generierten symbolischen Bedeutungen werden aufgespürt und an den Forschungsprozeß rückgebunden, ohne damit eine einseitige Orientierung an den Subjekten als Erzeuger und Reproduzenten von Wirklichkeit zu verfolgen.

Auswertungen sind als Beschreibungen von Beschreibungen zu begreifen, deren Gelingen nicht ihre Übereinstimmung mit Wirklichkeit, sondern ihr welterweiternder Charakter ist. Es geht dann nicht um die verbesserte Abbildung von Wirklichkeit, sondern um *»die Erweiterung von Welt«* (Knorr Cetina 1989: 94). Diese Form der Hermeneutik ist nicht auf das Erschließen des bereits Verstandenen, sondern als Entdeckungstechnologie (Knorr Cetina 1989) zu begreifen.

Eine Auswertung der Daten muß den »Mitteilungscharakter des nicht zur Sprache Gekommenen« berücksichtigen. Neben den von den Interviewten explizit kommunizierten »Leit«konstruktionen ist in der Interpretation der Daten in besonderer Weise der Blick auf das »nicht Geäußerte« zu richten, auf die »Negativa« der Interviewkommunikation: Das Schweigen, das Verstummen, das Fehlen von Äußerungen zu spezifischen Themen ist ebenfalls als Kommunikations»beitrag« zu verstehen. Es ist davon auszugehen, daß auch die nichtrealisierten Mitteilungen, die nicht eindeutig als Kommunikation aufscheinen, kommunikative Relevanz haben und als Kommunikationsbeiträge behandelt werden müssen.

Die Konstruktion von Lebensstiltypen

Um die Breite der vielfältigen Ausprägungen zu erfassen, wurden zunächst in einem *ersten Auswertungsschritt* die in den Interviews angesprochenen Themenkomplexe »Technik«, »Kommunikation« und »Zeit« getrennt voneinander analysiert. Wir begreifen in Anlehnung an unsere theoretischen Ausführungen »Technik«, »Kommunikation« und »Zeit« dabei als eine Art *»Vexierbild«*, d. h., wir unterstellen nicht, daß sie per se eine hohe Bedeutungszuschreibung erfahren, sondern fragen vielmehr nach den changierenden Zuschreibungen. Wir analysierten, auf welche Weise sich diese drei Dimensionen inszenieren und inhaltlich ausformen. Unser Blick richtete sich darauf, wie gerade neue Techniken nicht nur aufgrund ihrer Neuigkeit Bestimmungsunsicherheit hervorrufen, sondern inwiefern sie gleichzeitig eine Herausforderung darstellen. Weiterhin ging es uns darum, wie die Problematiken von Zeit und Kommunikation eine Auseinandersetzung provozieren, sich zu verschiedenen Zeit- und Kommunikationspraktiken ausformulieren und hochspezifische Formen und Kontexte der Normalisierung hervorbringen.

In einem *zweiten Auswertungsschritt* standen die unterschiedlichen Vernetzungen der Themenkomplexe im Vordergrund. Wir untersuchten die Eigenart, die spezifische Form, mit der die Sach-, Sozial- und Zeitdimension zueinander in Beziehung gesetzt werden[15]. Die *soziale* Dimension erschließt sich über die Kommunikation. Die *Sach*dimension bestimmt und begrenzt sich über den jeweiligen forschungsrelevanten Untersuchungsgegenstand, d. h. in unserem Zusammenhang über moderne Kommunikationstechniken. Die *Zeit*dimension erfassen wir anhand der Zeitverwendungsmuster. Indem die Dimensionen in den Interviews unterschiedlich gewichtet und verschieden positioniert werden, erschließen sich besondere Weisen der Vernetzung. Über diese jeweiligen Vernetzungen wird eine spezifische Ordnung erzeugt, über die sich letztlich ein spezifischer Lebensstil ausbildet. Sie

15 Erst wenn man die drei Dimensionen getrennt voneinander betrachtet, wird es möglich zu erkennen, auf welche Art und Weise sie jeweils im Lebensstil miteinander in Beziehung gesetzt und zu einer spezifischen Einheit verdichtet werden. Über die jeweilige Form der Einheit bestimmt sich die Operationsweise des Lebensstils.

trägt den Lebensstil, über sie gewinnt der Lebensstil seine Plausibilität, über sie organisiert er seine Kontinuierung. Bei der weiteren Auswertung ging es also um die wie auch immer funktionierenden *rekursiven Vernetzungen* der drei Dimensionen. Diese operieren zwar eigenständig, sind aber keinesfalls einsinnig, sondern unterschiedlich ausgeformt. Denn je nachdem, welche Position sie im Beziehungsgeflecht einnehmen, werden sie mit unterschiedlichen Bedeutungen aufgeladen und entfalten eine unterschiedliche Wirkung. Unabhängig von den empirisch konkreten Ausformungen lassen sich zunächst allgemein Aussagen darüber machen, welche unterschiedlichen Positionierungen der drei relevanten Aspekte zueinander erfolgen können.

In der Auseinandersetzung mit dem empirischen Material wurde von uns ein Analyseraster generiert, das die verschiedenen Hervorbringungsformen unterscheidet und zueinander ins Verhältnis setzt. Zur Präzisierung wurden folgende Unterscheidungen eingeführt, die im weiteren Verlauf der Auswertung dann wieder als Suchraster dienen konnten:

Die Dimension, die besondere Bedeutsamkeit erfährt und auf der die Relevanzsetzungen explizit ausgeformt sind, bezeichnen wir als »*Leitdimension*«. Sowohl die Zeit-, die Sach- als auch die Sozialdimension kann zur Leitdimension werden. Sie ist quasi das »Nadelöhr«, durch das eine ganz spezifische Aneignung von Wirklichkeit erschlossen wird. Die hier formulierten Unterscheidungsleistungen[16] bringen eine bestimmte Wirklichkeitssicht hervor. Von hier aus erschließt sich die Gesamtheit des Kontexts, denn die Leitdimension bestimmt entscheidend die Perspektive, aus der die beiden anderen Dimensionen bearbeitet werden. Sie ist in dem Sinne »ausgezeichnet«, indem über sie der Lebensstil seine markanten Konturen gewinnt. Hier erfährt der Lebensstil anhand von Symbolisierungen[17] seine Stilisierung. Es werden Markierungen mit Signalwirkung gesetzt, über die der Lebensstil sich dar-

16 Der Leitdimension liegt eine Unterscheidungsleistung zugrunde, wobei die sie ausweisende Unterscheidung nicht als solche auftritt, sondern in Form von Bezeichnungen und Zuschreibungen.
17 Über das Symbol wird ein Aspekt lebensstilspezifischer Wirklichkeitskonstruktion repräsentiert, die an ihrer Widersprüchlichkeit nicht zerbricht, sondern von ihr lebt, sie ausdrückt und die Einheit der Widersprüche suggeriert. Symbole »repräsentieren *und* formen Ordnungsschemata und Deutungen« (vgl. Soeffner 1986: 106).

stellt und identifizierbar macht. Den hier ausformulierten Relevanzen kommt eine hohe normative Wertschätzung zu. Sie werden in ihrer Gültigkeit als weitgehend unbestritten und unangefochten begriffen. Über diese Kriterien erfährt der Lebensstil nicht nur sein Selbstverständnis, sondern gleichzeitig auch seine Selbstbindung und Selbstbeschränkung. Hier wird sozusagen der Horizont aufgespannt, der den Bereich des Möglichen und Unmöglichen entscheidend vorstrukturiert, der den Lebensstil in seiner Typik prägt und ihn von anderen Lebensstilen unterscheidbar macht. Auf dieser ersten Ebene lagern sich Relevanzen als durchzuhaltende Selbstverständlichkeiten ab, mit denen weitgehend routinemäßig Alltäglichkeit hergestellt, mit denen aber auch in gewisser Hinsicht unhinterfragt operiert wird. Denn gerade weil uneingeschränkt vertreten, kann das hier Ausgeschlossene keinen Raum gewinnen. Der hohe Stellenwert der Leitdimension zeigt sich besonders in Krisensituationen. Um Probleme zu formulieren und Lösungen für Engpässe zu entwickeln, wird zunächst auf sie zurückgegriffen. So kommt es dann aufgrund ihrer Dominanz oft zur bekannten Strategie eines »mehr Desselben«. Durch ein Operieren in immer wieder die gleiche Richtung wird versucht, sich auf Kurs zu halten. Es entsteht dabei die Gefahr, die Probleme statt zu lösen, womöglich nur noch zu verstärken.

Mit der »*Differenzierungsdimension*« wurde die interne Ausformulierung des Lebensstils erfaßt. Durch sie gewinnt der Lebensstil feinere Konturen in der Form, daß hier nicht nur die über die Leitdimension angeleiteten selektiven Anschlüsse sichtbar werden, sondern das, was als nicht zum Typus zugehörig gilt, zum Thema gemacht wird. Anhand von deutlichen Unterscheidungen wird aussortiert, was als störend, als gefährlich, als »ambivalent« verworfen werden soll. Der Lebensstil legt damit seine weiteren Möglichkeiten ebenso wie seine Beschränkungen offen. Es geht darum, dasjenige, das durch seinen störenden Charakter Aufmerksamkeit bindet und Resonanzen erzeugt, zu benennen, zu bearbeiten und damit zu »bändigen« und zu entschärfen. In dieser »offensiven« Problembearbeitung demonstriert der Lebensstil, was er mit den von ihm gesetzten Relevanzen meint und verstanden wissen will. Die Wertvorstellungen sowie die Bearbeitung bestimmter Themen stehen hierbei in einem rekursiven Zusammenhang, wenn es darum geht, den Lebensstil »am Laufen« zu halten. Denn das, was hier vom Lebensstil als relevant bzw. als nichtrelevant und deshalb als Abweichung und »Abfall« diskriminiert wird, hängt von den jeweils auf der ersten Ebene gesetzten Präferenzen ab. Auf der zweiten Ebene schlägt sich das interne Differenzierungspotential nieder.

Mit der *»Indifferenzdimension«* bezeichneten wir die Dimension, auf die der Lebensstil sein Reservoir an Gleich-Gültigkeiten produziert. Das, was hier rangiert, ist weitgehend aus der Zone des Beobachteten »entlassen«. Damit erfaßt diese letzte Dimension das Nichtbewertete, das Unbestimmte und Nichtfestgelegte. In ihrer »unscheinbaren« Existenz ist diese Dimension doch keinesfalls unwichtig, denn sie entfaltet ihre Wirkungen quasi im Verborgenen. Sie gewinnt an Relevanz, gerade weil sie Differenzen »stillgelegt« hat. Ihre Bedeutung liegt gerade damit in ihrem Nichtrelevantsein. Sie bleibt in ihrer Ausprägung nicht nur angewiesen auf die anderen Dimensionen, sondern sie »lebt« geradezu von deren funktionierender Beziehung. Solange sich die Aufmerksamkeit auf die anderen Positionen richtet, bleibt sie unthematisch. Sie rückt erst aus der Zone des Nicht-Kommuniziertwerdens heraus, wenn ihr »Rauschen« »informativ« wird und damit »Gehör« findet. Sobald sie als problematisch in den Blick gerät, wechselt sie ihren Status des Indifferenten. Indem Eindeutigkeiten produziert und Stellungnahmen abgefordert werden, verliert sie ihren ambivalenten und neutralen Charakter. Damit gerät das lebensstilspezifische Ordnungsgefüge in Bewegung. Über sie als »Kontingenzlieferant« erfährt das lebensstiltypische Webmuster Veränderung. So kann sie, weil weitgehend unthematisch, als potentieller Irritator und »Unruhestifter« auftreten. Hier sind die Veränderungspotentiale zu veranschlagen, hier ist die Chance zum Wandel eingebaut. Die Möglichkeit zu einer neuen Relationierung des Lebensstilgefüges ist gegeben, oder anders formuliert: Von hier aus wird wahrscheinlich, daß der Lebensstil seine Identität wechselt. Je nachdem, in welcher Form das bisher Uneindeutige eindeutig gemacht wird (ob es eben als Wert oder als Indifferenz und Störer auftaucht), wird darüber entschieden, wie die Sinndimensionen neu konfiguriert werden und welcher Lebensstiltypus dann aktualisiert wird.

Je nach unterschiedlicher inhaltlicher Bedeutung von Technik werden bestimmte Bezüge hinsichtlich des Kommunikationsgeschehens und der Zeitstrukturierung festgelegt. Wir haben analysiert, wie die drei Problemdimensionen ausformuliert und in welche Bedingungsgefüge sie im Lebensstil gesetzt werden. Derartige Vernetzungen bilden Operationslogiken mit spezifischen Freiheitsgraden und entsprechenden Zugzwängen aus und wirken auf diese Weise strukturbildend. Hierüber wird es möglich, die unterschiedlichen Lebensstiltypen voneinander abzugrenzen und in ihrer Eigentümlichkeit sowie in ihrem »Eigen-Sinn« kenntlich zu machen. Im ständigen Vergleich, der von Revisions- wie auch Ergänzungs- und Detaillierungsprozessen gekennzeichnet war, konnte im Untersuchungsprozeß die Komplexität der beobachteten Erscheinungen geordnet und synthetisiert werden.

Drei Lebensstilkonfigurationen, die des *»Wellenreiters«*, des *»Skeptikers«* und des *»Spielers«*, wurden am empirischen Material ausgeformt und differenziert. Sie wurden nach ihren thematischen Kristallisationen benannt. Je nachdem ob »Technik«, »Kommunikation« oder »Zeit« den zentralen Kern des Lebensstils bilden, erschlossen wir drei verschiedene Webmuster hinsichtlich ihrer unterschiedlichen Möglichkeiten und Risiken. Mit diesen Lebensstildifferenzierungen wurde nicht nur den verschiedenen Umgangsformen mit Technik Rechnung getragen, sondern konnten auch gerade die uns interessierenden Vernetzungen mit zeitlichen und kommunikativen Bezügen berücksichtigt werden.

Erfolgt der Einsatz von Technik unter dem Anspruch, durch sie Zeit einzusparen und zu verdichten und die Kommunikation »auf den Punkt« zu bringen, dann erfährt die Technik als Problemlöser eine unhinterfragt hohe Bedeutungszuschreibung. Man bedient sich der Technik, um Zeit zu beschleunigen, um Sachen parallel laufen zu lassen, um sich mehr Informationen zugänglich zu machen. Man möchte mittels der neuen technischen Geräte »auf der Höhe der Zeit« sein. Technik fungiert in diesem Lebensstil als Garant, um an schnell wechselnden Moden und Neuigkeiten partizipieren zu können. In seiner Ausrichtung auf Aktualität bezeichnen wir diesen Lebensstiltypus als »technikfaszinierten Wellenreiter«.

Wird die Technik als »Störer« und »Verhinderer« sozialer Kommunikation betrachtet, finden technische Geräte nur unter Vorbehalt und sehr eingeschränkt Einzug in den privaten Alltag. Mit einer dosierten Techniknutzung wird eine allgemeine Entschleunigung des Lebenstempos angestrebt. Die ausformulierte Skepsis gegenüber der Technik basiert auf der hohen Bedeutungsaufladung, die die face-to-face-Kommunikation in diesem Lebensstil erfährt. In seiner ständigen Abgleichung von technischem Bedarf und sozialen Belangen bezeichnen wir diesen Lebensstiltypus als »kommunikationsbesorgten Skeptiker«.

Will man mit den neuen Techniken ein höheres Maß an situativer Beweglichkeit und Dynamik erreichen, werden die technischen Geräte als »Möglichkeitsgeneratoren« eingebunden. Das Moderieren und Modulieren von Zeit entscheidet in diesem Lebensstil über den Einsatz von Technik. Es geht dabei um das flexible Handhaben von Zeiteinteilungen, das »Jonglieren« mit Zeitbezügen, das situative Reagierenkönnen auf Veränderungen und die Erschließung von Möglichkeiten. In seiner Suche nach einer Neuorganisation der Zeit bezeichnen wir diesen Lebensstiltypus als »zeitjonglierenden Spieler«.

Welche unterschiedlichen zeitlichen »Weisen der Welterzeugung« (Goodman 1984) hervorgebracht werden, wenn Technik als ein »faszinierendes Objekt« oder als »Störer« oder aber als »Möglichkeitsgenerator« begriffen wird, wird in den folgenden Kapiteln ausführlich beschrieben.

6. Der »technikfaszinierte Wellenreiter«
Rekonfiguration einer modernen Figur

Im Lebensstil des »technikfaszinierten Wellenreiters« wird der Technik eine hervorgehobene Bedeutung zugeschrieben. Die Technik avanciert zu einer exponierten Größe, von der man sich uneingeschränkt faszinieren und herausfordern läßt. In ihrer Perfektion und Wirksamkeit überzeugt sie als zuverlässiges Kontroll- und Ordnungsinstrument, auf das der »Wellenreiter« vertraut, um die Anforderungen des modernen Alltags zu bewältigen. Als effektive Leistungsressource eingesetzt, verspricht sie einen erfolgreichen Umgang mit Wirklichkeit.

Dieser Lebensstil erfährt über seine unhinterfragt hohe Wertschätzung der Technik sein Selbstverständnis. Die modernen technischen Geräte werden zu unerläßlichen Hilfsmitteln der Lebensführung stilisiert. Ihr Einsatz erfolgt ziel- und zweckgerichtet, im Glauben daran, einen immer perfekteren Output, immer größere Zeitgewinne und immer umfassendere Informationen zu erlangen. Unablässig strebt man danach, über die neuesten, weil leistungsstärksten technischen Geräte zu verfügen. Die Teilnahme an der technischen Entwicklung wird quasi zur selbstauferlegten Verpflichtung, denn schließlich ist sie der Garant, angesichts des angezogenen Lebenstempos an schnell wechselnden Moden und Neuigkeiten partizipieren zu können. In der Suche nach aktuellen Trends, permanent damit beschäftigt, nichts zu verpassen und ständig »auf der Höhe der Zeit« zu sein, ähnelt dieser Lebensstil einem *»Wellenreiter«*.

Charakteristisch für diesen Lebensstil ist seine über die Technikentwicklung hinausgehende »Kultivierung des Neuen«. Aktualität und Neuheiten stellen für ihn normative Verbindlichkeiten dar, an denen es teilzunehmen gilt. Dabei besitzen Neuheiten immer Priorität gegenüber dem Bisherigen, dem Althergebrachten. In seiner Rolle als Vorreiter wohnt dem »Wellenreiter« eine treibende Kraft inne[1]. In seiner ständigen Suche nach neuen Entwick-

---

1 Der Begriff des »Wellenreiters« markiert die Einheit des Lebensstils und geht damit über reine Techniknutzungsformen hinaus. Während bei

lungstrends, zeichnet den »Wellenreiter« eine permanente Ruhe-
losigkeit aus.

6.1 Wirklichkeitsorientierung:
Auf der Höhe der Zeit sein

In seinem Bestreben, nichts zu verpassen und immer auf dem
laufenden zu sein, bildet sich eine spezifische Orientierung aus,
die den Lebensstil in seiner Gesamtheit prägt. Es entwickelt sich
ein »Wirklichkeitssinn«, der sich am Faktischen, am Tatsächlichen
und am Gegebenen orientiert. Diese spezifische Aneignungspraxis von Wirklichkeit, die Produktion von Wirklichkeitsnähe, stellt
den Hintergrund und Begrenzungsrahmen dar, an dem sich der
Lebensstil orientiert. Wirklichkeit wird hier als eine »Ist-Wirk-
lichkeit« gefaßt, die in ihrem »So-und-nicht-anders-sein«, als allen gleichermaßen vorgegebene Wirklichkeit, betrachtet wird.
Gegenüber den anderen Lebensstilfiguren setzt der »Wellenreiter« die »richtige« Erfahrung von Wirklichkeit als weitgehend unproblematisch voraus.
In seinem Anspruch, eine möglichst große Wirklichkeits»nähe«
zu erreichen, greift er auf Technik zurück. Mittels Technik erhofft
er sich einen direkten Zugang zur Wirklichkeit. Er geht davon
aus, daß Wirklichkeit mittels Technik analog einer 1 : 1-Übersetz-
zung in größerem Umfang verfügbar und kontrollierbar gemacht
werden kann. Funktionierende Technik wird als Abbild vorauslie-
gender Wirklichkeit verstanden. Als Verkörperung naturwissen-
schaftlicher Gesetzmäßigkeiten erlaubt die Technik die Anwendung und Ausnutzung von Kausalitäten. Technik avanciert so zu
einer exponierten Größe, die einen erfolgreichen Umgang mit
Wirklichkeit verspricht. Es geht dem »Wellenreiter« darum, mittels technischer Geräte den Alltag in einer immer erweiterten
Form beherrschbar und planbar zu machen. Sein Anliegen ist es,
sowohl der steigenden Informationsflut mittels Technik »Herr«

Neverla (1994: 85) das »Wellenreiten« als Beschreibung für neue Fern-
sehgewohnheiten wie etwa »switching«, »zapping«, »durchklimpern«
und »rumklimpern« verwendet wird, wird hier mit der Bezeichnung
»Wellenreiter« eine lebensstilspezifische Orientierung vorgestellt, die
über den reinen Technikumgang hinausgehend eine spezifische Aneignung von Wirklichkeit umfaßt.

zu werden als auch die Technik als Instrument zeitlicher Planung einzusetzen. Er bedient sich der Technik, um die Zukunft zu planen und zu kontrollieren, um ein Mehr an Erwartungssicherheit zu erlangen. Charakteristisch für diesen Lebensstil ist seine Vorstellung von gesellschaftlicher Entwicklung, die auf Wachstum und Fortschritt ausgerichtet ist und in ihrem Verlauf mittels Technik zu beschleunigen ist. Seine Devise lautet: »Immer so weiter, immer mehr und immer schneller«. Mit der Ausrichtung auf kontinuierliche Weiterentwicklung richtet sich sein Blick nach vorne: Zukunft wird als ein Zustand verstanden, in dem mehr und Besseres möglich ist. Die Technik wird so zum verläßlichen Mittel der Eliminierung von Ungewißheiten und Diskontinuitäten. Die Potentiale der Technik werden als Garanten einer klar überschaubaren, kontinuierlich von der Vergangenheit über die Gegenwart in die Zukunft laufenden Wirklichkeit vorgeführt.

6.2 Technik als faszinierendes Objekt: Leistungssteigerung und Tempospaß

Kennzeichnend für den »Wellenreiter« ist seine Begeisterung und Faszination für moderne Technik. Diese Technikfaszination basiert auf einem Technikbild, das auf den Werkzeugcharakter von Technik abstellt. Die technischen Geräte dienen der Entlastung bisheriger Handlungsabläufe. Die Gestaltfixierung von Technik erfolgt in diesem Lebensstil über die Konstituierung von Technik als *Modell der Erleichterung und Entlastung«*. Technische Geräte fungieren als Mittel zum Zweck in dem Sinne, daß durch sie eine gezieltere Planung und Beherrschbarkeit von Abläufen erreicht werden kann. Technik formalisiert und strukturiert als Ordnungsgröße den Alltag. Sie dient der besseren zeitlichen und sozialen Organisation des immer komplexer werdenden Alltagsgeschehens. In ihrem Technikbild reduzieren »Wellenreiter« die Anwendungs- und Funktionsoffenheit moderner Techniken auf eine einsinnige Form der Techniknutzung.

Dieser zielgerichteten kontrollierten Technikaneignung geht eine ebenso wohlüberlegte Anschaffung voraus. Was durch die Technik bewirkt werden soll, steht immer schon fest. Durch die »Sachlogik« werden die Formen der Aneignung bereits mit der Anschaffung spezifiziert und festgelegt: *»Ich hab' mir überlegt, daß* der Anrufbeantworter unheimlich nützlich ist. Aus dem Grund hab' ich mir den gekauft, damit ich endlich weiß, wer mich erreichen wollte. Da können die Leute sich nicht mehr rausreden und behaupten, ›ich hab' dich nicht ereicht‹. Um das zu umgehen und mehr Ordnung und Struktur in meinen Tagesablauf zu bekommen und eben immer und zu jeder Zeit prinzipiell zu wissen, was wo anliegt, hab ich gedacht, o.k. jetzt kommt ein Anrufbeantworter ins Haus, dann wußte ich eben wirklich, wer mich tatsächlich erreichen wollte.«

Die Technikfaszination gründet sich darüber hinaus auf die Bereitstellung der leistungsstarken Potenzen der neuen Kommunikationstechniken. Die sich durch die Technik bietenden Möglichkeiten werden als *Bereicherung* und *Vermehrung* individuellen Wohlbefindens betrachtet. Technik fungiert als eindeutiger Garant für Verbesserung. Dabei werden die positiven Veränderungen durch die Technik in ihrer Bedeutung für die Lebensführung explizit hervorgehoben. Die Technikanschaffung markiert in diesem Lebensstil quasi einen »Sprung nach vorn«. Es wird eine eindeutige Differenz zwischen der Zeit vor und nach der Neuanschaffung aufgemacht. *»Die Möglichkeiten des Computers haben mir für mein persönliches Leben unendlich viel gegeben. Den Sitz im Rathaus hätte ich ohne den Computer nicht bekommen. Die Veränderungen sind arbeitszeitmäßig und schreibzeitmäßig ganz drastisch und eben die Perfektion, die man in die Dinge hereinbringen kann, und man kann immer wieder dran rumfeilen, immer wieder dran arbeiten, also der Output ist ein ganz anderer, als wenn man sich selber dahinsetzt und was an der Schreibmaschine schreibt. Bei Korrekturen mußt du den ganzen Segen ja nochmal abschreiben. Das ist eine kolossale Arbeitserleichterung mit dem Computer, weil man mit rasender Geschwindigkeit die Korrespondenz erledigen kann.«*

Der Einsatz des Computers bedeutet in allen Bereichen eine *Leistungssteigerung*. Dies geht soweit, daß persönliche Erfolge (Beruf, Karriere) nicht mehr nur der eigenen Person, sondern jetzt auch dem Vorhandensein der neuen Technik zugeschrieben werden. Der Einsatz von Technik zeitigt sichtbare und meßbare Erfolge: Das eigene Arbeiten wird präziser und effektiver. Durch die Techniknutzung wird eine größere Perfektion und Geschwindigkeit erreicht: Per Knopfdruck, quasi im handlungslosen Vollzug, können jetzt die Schriftsätze gestaltet werden.

Der Technikumgang wird im Vergleich zu den anderen Lebensstilfiguren von einer hohen Begeisterung begleitet. Technikeuphorie und technische Funktionstüchtigkeit sind dabei eng miteinander verwoben und bestimmen sich wechselseitig. Über die reine Nutzenorientierung hinaus hat man große Freude am reibungslosen Funktionieren der Technik: »*Für mich ist das immer wieder 'ne Herausforderung, weil ich kein Computerfachmann bin, aber trotzdem wissen will, wie er funktioniert. Mich fasziniert, was der kann! Nicht was ich damit tue, sondern was der kann!*«

Wie bei einem Homo faber geht die Begeisterungsfähigkeit über den gegenwärtigen Funktionsnutzen der Technik hinaus und richtet sich auf die Konstruktionslogik der Technik. Das Ausprobieren und Basteln an den technischen Artefakten selbst reizt den »Wellenreiter«. Im Vordergrund steht dabei das Entdecken der technischen Gesetzmäßigkeiten. Er wehrt sich gegen eine Einmischung sogenannter Experten und will selber herausfinden, wie technische Prozesse ablaufen, um sie kontrollieren zu können: »*Den Computer habe ich mir gekauft als Bausatz, weil es mich gereizt hat, ob ich mir einen Computer selbst zusammenbauen kann, was ich dann auch getan habe, und der hat dann auch funktioniert. Ich bin fasziniert von den Möglichkeiten der Computer. Da gibt es immer was, was ich noch nicht kann. Dann sage ich mir, so das ist jetzt wieder eine Gelegenheit, dich damit zu beschäftigen. Da kann ich also Tag und Nacht mit dem Computer arbeiten, und wenn der Fehlermeldungen macht, will ich wissen warum, deshalb lasse ich mir den auch nicht von jemand anderem einrichten, sondern mache das selbst.*«

Sein Ziel ist es, die Technik eigenständig in den Griff zu bekommen und zu beherrschen. In der Gegenüberstellung »Mensch versus Technik« geht es ihm darum, technische Apparaturen in ihrem Aufbau zu begreifen, um so einen immer ausgefeilteren Technikeinsatz zu erreichen. Im Wettstreit mit der Technik gilt es, die eigenen Technikkompetenzen immer wieder aufs Neue unter Beweis zu stellen und zu verbessern. Erst wenn man die Technik beherrscht, kann sie als Instrument mit eindeutig bestimmbaren Funktionen sowohl in sozialer wie in zeitlicher Hinsicht so effektiv und gezielt wie möglich eingesetzt werden.

Je neuer und damit auch leistungsfähiger das Gerät ist, desto mehr Faszinationskraft geht von der Technik aus. Gerade die Computertechnik rangiert als Symbol derzeitigen technischen Fortschritts in der Bedeutungsskala dieser Lebensstilfigur ganz oben. Daß man die technischen Möglichkeiten des Computers gerade im alltäglichen Gebrauch nur bis zu einem gewissen Grad ausschöpfen kann, bedauert der »Wellenreiter« keineswegs. Im Gegenteil, er stellt gerade darauf ab, über ein Mehr an derzeit zu realisierenden Möglichkeiten zu verfügen. Die technischen Überkapazitäten stellen eine Reserve dar, mittels derer er sich bereits vorweg für zukünftige Notfälle rüstet. Das Vorbereitetsein auf eventuell akut werdende Probleme und Engpässe erzeugt ein Gefühl der Sicherheit: »*Das ist auch, wenn Sie ein Auto fahren, das 230 km/h Höchstgeschwindigkeit fährt, dann müssen Sie die ja nicht fahren, aber es ist schön zu wissen, daß Sie eine Reserve haben.*«

Charakteristisch für diesen Lebensstil ist seine Vorsorgementalität. Es werden mittels Technik Sicherheitsüberhänge produziert. Man investiert im Vorhinein in Sachen, deren Realisierungschancen keineswegs gewiß sind. Es geht um ein »Sich-Einrichten-Können« auf zukünftige Eventualitäten, um das Ausschalten von Unwägbarkeiten mittels Technik. Als eine Art Leistungsreserve fungiert die Technik nicht nur als Problemlöser gegenwärtigen Geschehens, sondern darüber hinaus als die *Materialisierung von Lösungen* für Probleme, die derzeit noch in der Zukunft liegen. Seine technische Aufrüstung fungiert nicht nur als Entlastung und Erleichterung gegenwärtiger Handlungsmöglichkeiten, sondern darüber hinaus wappnet man sich für die Zukunft.

Im Vergleich zu den anderen Lebensstilfiguren findet die Einführung technischer Innovationen hier uneingeschränkten Zuspruch. Der lebensstilspezifische Wert technischer Geräte bemißt sich dabei nach deren Neuheit. So ist man ständig bemüht, über die neueste, weil leistungsstärkste Technik zu verfügen. Mit jeder Inbesitznahme neuer Technik findet eine Umwertung vorangegangener Techniken statt, bisher genutzte Technik verliert automatisch an Wert und wird als »mittelalterlich« und »primitiv« abqualifiziert und entwertet. Die unangefochtene Befürwortung neuer technischer Geräte zwingt den »Wellenreiter« dazu, alles was gerade noch als neu und aktuell begriffen wurde, im nächsten Moment wieder zu entwerten: »*Man will ja immer auf dem neuesten Stand sein. Zweieinhalb Jahre alte Computer sind schon Uraltviecher, deren Zugriff zu den Festplatten ist zu langsam, die kann man dann schon vergessen.*«

In seiner alternativlosen Wertschätzung technischer Geräte liegt ein freiwilliger Technikverzicht außerhalb des Vorstellbaren. Im folgenden Zitat wird deutlich, in welchem Maße selbst ein vorübergehender Ausfall von Technik aufgrund von Reparaturzeiten als Verlust über das rein Technische hinaus erfahren wird: »*Für mich brach eine Welt zusammen. Ich ohne Computer! Der Computer wird von mir zärtlich geliebt, wenn da ›mal was dran ist, deshalb kauf‹ ich auch nicht bei V. oder so, wo mir die Leute das Kind ins Auto setzen, sondern ich kauf› bei H., wo ich weiß, die machen auch ›mal Wartungen, wenn mal was ist. Ich freu' mich, ich habe mir ›ne ganz dicke Maschine gekauft. Ich halte es einfach nicht aus, wenn hier nicht das modernste Programm drauf ist*«.

Man betrachtet sich selbst als Innovator und bringt daher auch nur wenig Verständnis für all die auf, die die Chancen und Risiken von Technik ständig gegeneinander abwägen: »*Man ist einer, der die Technik vorantreibt. Es ist immer wichtiger, sich mit der modernen Technik auseinanderzusetzen, denn sie wird die Gesellschaft verändern. Man muß bei der Technik, die gesellschaftlich so wichtig ist, am Ball bleiben. Das ist schwierig, anderen verständlich zu machen und ihr Interesse dafür zu wecken. Manchmal ist das einfach ziemlich schwierig, das den Leuten zu erklären. Da resigniert man. Ich finde es schade, daß sich so wenig oder verhältnismäßig wenig Leute dafür interessieren. Denn ich denke, die Computer werden in Zukunft unser Leben bestimmen. Irgendwo sollte man da doch Ahnung davon haben.*«

Daß die Bedeutungmacht der Technik für sie uneingeschränkte Gültigkeit hat, bekräftigen die »Wellenreiter« mit dem Hinweis auf die gesellschaftliche Dynamik von Technik. In der Symbolisierung von Fortschrittlichkeit und Steigerung der Lebensqualität wird die Technik als Motor gesellschaftlicher Entwicklung verstanden, so daß »Wellenreiter« in der Auseinandersetzung mit Technik immer auch Bezüge zur gesellschaftlichen Entwicklung entfalten. Als Ausdruck gesellschaftlichen Fortschritts ist die Rolle der Technik unangefochten: Über die Nutzung von Technik produziert man Anschlüsse an den gesellschaftlichen Fortschritt schlechthin.

6.3 Nutzungsspirale von Zeit

Mit der besonderen Wertschätzung, die die Technik in diesem
Lebensstil erfährt, ist eine Form der Verzeitlichung verknüpft, die
das Zeitverständnis wie den Umgang mit Zeit in besonderer Weise
prägt. Die Zeit wird analog zum Geld als eine rechnerische Größe
und knappe Ressource verstanden, die es gewinnbringend zu be-
wirtschaften und zu verwerten gilt. In diesem Zeitverständnis
wird Zeit als eine Kalkulationseinheit begriffen, die ergebnis-
orientiert verplant wird.

Die Zeitpraxis selbst ist an rein quantitativen Kriterien ausgerichtet. Zeit wird in den Begriffen eines Zuviel oder Zuwenig an Zeit
verhandelt. Zeit wird als »Zeit für etwas« verstanden, wobei die
Frage des erfolgreichen Zeitumgangs immer mit Blick auf die in-
vestierte Zeitdauer entschieden wird. Ob die Zeit effektiv verwendet worden ist oder nicht, richtet sich nach der Dauer, die man für
die zu bewältigenden Aufgaben benötigt. Es gilt, möglichst viel in
wenig Zeit unterzubringen. Mit anderen Worten: Je kürzer der
Zeitaufwand für bestimmte Tätigkeiten, desto »sinnvoller« ist die
Zeitnutzung. In diesem quantifizierten Zeitverständnis bestimmen sich die Leistungen weniger an den hergestellten oder ausgeführten Inhalten als an dem für sie notwendigen Zeitaufwand. Die
Zeit ist dann angemessen genutzt worden, wenn ständig größere
Zeitgewinne ablesbar sind.

Der Anspruch, die Zeit möglichst effektiv zu nutzen, fordert dem
»Wellenreiter« ein hohes Maß an Zeitdisziplin und -methodik ab.
Der hohe Verpflichtungsgrad, die Zeit nicht ungenutzt verstreichen zu lassen, führt zu einem strengen Einteilen und Einsparen
des kostbaren Investitionsgutes Zeit: »*Also ich steh' zehn vor sechs
auf, und ich bin froh darum, also dann höre ich im Bett noch
Nachrichten, dann mache ich Gymnastik, zuerst Beingymnastik
im Liegen, und dann lese ich um viertel nach sechs die Zeitung,
dann hab ich 'nen Block dabei, dann guck' ich von oben bis unten
durch, was gibt es, und dann setz' ich mich anschließend hin und
speichere ein (in das Videogerät), mach' mir Frühstück, ja und das
dauert dann auch bis acht Uhr, und dann geh' ich erst ins Bad,
dann hab' ich Tee getrunken, und dann kann ich wenigstens kalt
duschen, ne also man muß sich das so kramen.*«

Die Zeit wird mittels Zeitmanagementstrategien genau eingeteilt.
Es wird möglichst genau festgelegt, was wann zu tun ist. Eine

Zeitpraxis, die die Zeit immer wieder aufs Neue an Inhalte bindet, jede Zeitstelle ausfüllt, prägt den Alltag auf eine Weise, daß dieser sich durch eine hohe Strukturdichte auszeichnet. Der Alltag des »Wellenreiters« erscheint als ein gegenwärtig ausgefülltes und zukünftig abzuarbeitendes Zeitprogramm. Das Einhalten dieser Zeitordnung besitzt für den »Wellenreiter« einen hohen Verpflichtungsgrad. Er entwickelt fest institutionalisierte Rituale, die in ihrer wiederkehrenden Form Sicherheit über den einzelnen Tag hinaus hervorbringen und die Komplexität möglicher Entscheidungsalternativen und Handlungsmöglichkeiten reduzieren. So werden etwa zeitliche Marksteine errichtet, die als ordnende Elemente wirksam werden. Zum Ritual erhoben, würde der Verzicht auf einen derartigen Tagesbeginn gleichsam einem Verlust von Ordnung nahe kommen.

Ein weiteres Kennzeichen dieser an Disziplin ausgerichteten Zeitpraxis, die auf das genaue Terminieren, das Festlegen von Fristen abstellt, ist der Anspruch, möglichst »rechtzeitig« umfassend und aktuell informiert zu sein, den Anderen immer einen Schritt voraus zu sein. Von Bedeutung ist dem »Wellenreiter« dabei der rechtzeitige Zugriff auf Informationen: Der Neuigkeitsgrad einer Nachricht bestimmt ihren Informationswert. Dies fordert ein ständiges »Sich-beeilen-müssen«, um keine »Lücken« entstehen zu lassen: *»Ich muß morgens die Zeitung lesen, dann hab ich meine ersten Informationen, dann weiß ich schon Bescheid, dann kann ich mit Ruhe den Tag verbringen. Wenn ich die Zeitung nicht gelesen habe, bin ich unzufrieden. Abends hab' ich kein Interesse mehr an der Zeitung, sie ist mir dann schon egal, die muß ich morgens lesen. Ich steh lieber noch 'ne halbe Stunde früher auf. Wenn ich 'mal früh aus dem Haus muß, um die Zeitung dann noch zu lesen.«*

Das vom »Wellenreiter« aktualisierte Zeitverständnis erfordert ein genaues Timing, das sich an den Kriterien der Pünktlichkeit und Stetigkeit orientiert. Der dafür erforderliche Zugriff auf Zeit kennzeichnet sich durch Einteilungspraktiken, die möglichst keinen Zeitabschnitt unbestimmt lassen. Jedes Zeitintervall wird markiert und zugeordnet: *»Ich habe also die Möglichkeit, hiermit Ansagen zu machen. Ich habe also gesagt, ich bin zu Hause. Dann stelle ich aber fest, ich muß nochmal kurz weg, Zigaretten holen, dann kommt da eine Ansage drauf, es ist jetzt 19.10 Uhr, um 19.20 Uhr bin ich wieder zu Hause. Mit dieser Kurzansage verhalte ich mich korrekt. Ich erhalte meine Glaubwürdigkeit.«*

Um den Geschehensablauf sicherzustellen, um die Kette der Ereignisse nicht zu unterbrechen, um eine kontinuierliche zeitgenaue Erledigung zu gewährleisten, versucht der »Wellenreiter« jeder Tätigkeit ihren präzisen Zeitpunkt auf der Zeitachse zuzuweisen. So produziert er eine Ordnung, in der die Zuordnung von Geschehensprozessen zeitlich genau bestimmt werden kann. Mit dieser Art der Verzeitlichung erfolgt die Lösung von immer aufwendiger werdenden Koordinations- und Synchronisationsproblemen chronometrisch. Eine solche Zeitpraxis sieht von verschiedenen Inhalten und Zeitorientierungen ab und verläßt sich allein auf Uhrzeit und Datum, um Synchronisation herzustellen. Die Kehrseite dieses Verzeitlichungsmusters ist denn auch das Verbot, Zeit verstreichen zu lassen, »Zeit zu verlieren«, Zeit »zu verplempern«. Es gilt, die Zeit fortlaufend mit Tätigkeiten zu besetzen. Dieser Zeitumgang steht unter dem Diktat der Verwendung, der Verwertung und Vernutzung. Dabei droht bei dieser Umgangsform die Gefahr, die Zeit »auf Teufel komm 'raus« mit Aktivitäten auszufüllen: »*Ich denke, die Zeit ist einfach zu schade, um zu spielen, ich hab' immer so viel zu tun, und wenn ich nichts tun muß, muß ich was lesen, und von daher spiele ich nicht. Ich weiß nicht, wie Leute meinen, ihre Zeit damit zuzubringen.*« Zeit»erleben«, etwa in Form von Spielen oder gar medialem »Berieseln-Lassen«, bedeutet Zeitverschwendung und ruft Unverständnis sowie Ablehnung hervor. Denn diese Art der Zeitverbringung widerspricht aufs Heftigste dem eigenen Zeitverständnis, das sinnhafte Zeitverwendung an immerwährendes Tätigsein koppelt.

Die neuen Techniken werden als Instrumente der Zeiteinsparung und -beschleunigung eingesetzt. Es geht dem »Wellenreiter« um die verstärkte Kontrolle der verfügbaren Zeitkontingente sowie um die »Ruhigstellung« der Zeit mittels Technik. Ziel und Anspruch ist ihm dabei, einen Tempovorsprung zu erzielen. Techniknutzung identifiziert er mit Zeitgewinn; mit der Technikanschaffung kauft er sich gleichzeitig auch einen Zeitgewinn ein: »*Wenn man den Computer bis zu einer gewissen Routine beherrscht und die Programme häufiger anwendet, dann spare ich ungeheuer viel Zeit, und ich kann ihn fantastisch schnell, sauber, exakt und übersichtlich nutzen.*«

Der »Wellenreiter« zielt auf die optimale Verwertung des kostbaren Investitionsgutes Zeit und richtet sein Bestreben darauf aus,

Leerzeiten und Stillstandszeiten zu vermeiden. Aus seiner Zeitorientierung heraus geht es ihm darum, Handlungen möglichst ohne großen Zeitaufwand zu erledigen und diese nicht immer wieder durch zeitlich aufwendige Synchronisations- und Abstimmungsarbeit zu verschieben und zu vertagen. So dienen ihm die Speicherkapazitäten der neuen Techniken als Möglichkeit der Synchronisation: »*Man kann die Zeit besser einplanen, manchmal sitzt man nur zu Hause 'rum und denkt, ich muß jetzt auf den Anruf warten, also so ging's vorher. Man braucht sich jetzt nicht mehr die Finger wund zu wählen, bevor man einen an der Strippe hat. Mit dem Anrufbeantworter ist man dann seine Nachricht los, und dann hab ich das aus dem Kopf.*«

Der Anspruch, möglichst viel in wenig Zeit unterzubringen, wird mit den modernen Techniken auf einer neuen Stufe weitergetrieben. Die neu hinzugewonnene Eigenkontrolle über die Zeit schafft eine Unabhängigkeit von fremden Zeiten, so daß die eigenen Absichten und Pläne noch zielstrebiger und das heißt, in noch kürzerer Zeit umgesetzt werden können.

Die modernen Techniken ermöglichen neue Formen *zeitlicher Verdichtung*. So können etwa durch die Videotechnik Filmpausen bzw. Unterbrechungen problemlos überbrückt werden. Aufgezeichnete Sendungen können jetzt durch das Überspringen von Werbeblöcken mittels Vorwärtsspulen auf ihre reine Filminformation komprimiert werden. Man erzielt damit eine Reduzierung auf das Wesentliche: »*Das Angenehme bei diesen Rekordern ist, daß man im Schnelldurchgang über diese Reklameblocks rüberspulen kann. Man ist nicht so abhängig, man kann die Sendung jetzt in eins durchgucken.*«

Diese intensive Form der Zeitbewirtschaftung bedient sich der Technik auch, um *Mehrfach- und Parallelhandlungen* durchzuführen. Sendungen können jetzt aufgezeichnet werden, während gleichzeitig noch andere Tätigkeiten erledigt werden können. Die Aufzeichnung einer Fernsehsendung während der Abwesenheit des Nutzers ermöglicht ein zeitversetztes Fernsehen. Man macht sich unabhängig von vorgegebenen Programmzeiten. Der Eingriff in die zeitlichen Abläufe der Programmedien erfolgt, um sich damit den zeitbindenden Kräften, den vorgegebenen Zeitmustern zu entziehen und sich weitere, ansonsten verlorengegangene Sendeinhalte zu erschließen. Durch den jetzt möglichen »*Rund-um-die-Uhr*« Zugriff auf die Medieninhalte kann man sich von starren

Programmzeiten emanzipieren. Man bricht aus konventionellen, fremdgesetzten Zeitnormen aus und bestimmt die Fernsehzeiten jetzt selber: »Es laufen ja häufig abends spät wichtige und gute Sendungen, wo man aber einfach nicht fähig ist, 'was aufzunehmen oder nicht zu Hause ist, und dann guckt man die sich halt z. B. an einem verregneten Sonntagnachmittag an, dann hat man mehr davon. Man muß sich nicht mehr dann, wenn das Fernsehprogramm uns vorschreibt, das und das gucken, sondern man kann es sich anschauen, wenn man es will.«

Vor dem Hintergrund seines linearen Verzeitlichungsmusters geht es dem »Wellenreiter« in dieser Form des »time-shifting« um das quantitative Verschieben vorab festgelegter Zeitblöcke auf der vorgestellten Zeitlinie. »Time-shifting« bezieht sich hier auf das variable und flexible Terminieren von Zeitpunkten und Zeitstrecken. Es geht um das Herauslösen bestimmter Inhalte aus vorgegebenen Zeitstrukturen, um sie an einem anderen selbstgewählten Zeitpunkt zu bearbeiten. Der »Wellenreiter« erzielt mehr Zeitsouveränität, indem er eigenbestimmt Zeiten variiert und nach eigenen Gesichtspunkten neu terminiert. Auf diese Weise gelingt ihm eine bessere Abstimmung unterschiedlicher Themen. Das Bild eines linearen Zeitflusses wird durch diese Form des Verschiebens bereits vorab festgelegter Zeitblöcke jedoch nicht verlassen.

6.4 Informationszentrierte Kommunikation und ihre neue Leichtigkeit

Der ausgewiesene Technikprimat und die damit verbundene spezifische Bewirtschaftungsform von Zeit läßt die Kommunikation in einer besonderen Weise relevant werden. Sie erfährt in diesem Lebensstil gegenüber den Technik- und Zeitbezügen eine eher untergeordnete Aufmerksamkeit. Die Komplexität des Kommunikationsprozesses wird auf eine eigenwillige Form reduziert, die Kommunikation weder als Verknüpfungsleistung noch als Verständigungsmedium explizit ausweist. In ihrer peripheren Stellung erfährt die Kommunikation vielmehr eine Engführung auf Information. Der »Wellenreiter« versteht das Kommunizieren als eine Art »Verschiebebahnhof« zwischen verschiedenen Stationen. Er geht wie selbstverständlich davon aus, daß Informationen verstanden werden. Kommunikation steht hier als Austausch- und

Übertragungsprozeß von Informationen. Kommunikationsbeiträge werden nach ihrem Informationsgehalt bewertet, der möglichst präzise, vollständig, sachlich und verdichtet sein soll. In der Hervorhebung dieses »nachrichtentechnischen« Charakters von Kommunikation wird die Präsentation der Person zugunsten vermeintlich wichtigerer Informationsgehalte zurückgehalten. Nicht die Person wird in der Kommunikation dargestellt, die Leistung der Kommunikation besteht vielmehr darin, zugunsten der Konzentration auf die Sachlogik des Mitzuteilenden von eben dieser zu abstrahieren.

Zur Durchsetzung dieser Kommunikationsform greift der »Wellenreiter« auf die modernen Kommunikationstechniken zurück. Mittels ihres Einsatzes erhofft er sich, die Kommunikation zugunsten der Information zu »entschlacken« und von bisherigen routinisierten Kommunikationsnotwendigkeiten zu entlasten. Daß damit die Personen als die eigentlichen Gestalter und »Macher« von Kommunikation zunehmend in die die Technik unterstützenden und bedienenden, nur zeitweise aktivierten Nebenrollen gedrängt werden, nimmt er in Kauf.

Das Ziel der Kommunikation ist dann erreicht, wenn das Übermitteln und Austauschen von Informationen reibungslos funktioniert. Verbesserungen in der Kommunikationspraxis richten sich auf die Möglichkeiten der Beschleunigung, mit der die Information ihren Empfänger erreichen kann. Das Ziel ist dabei, die Information so exakt, so komprimiert und so schnell wie möglich zu übermitteln. So erfolgt eine Differenzierung der unterschiedlichen Kommunikationsformen nach den Kriterien der Präzision und Übertragungsgeschwindigkeit. Daß etwa persönliche Glückwünsche zum Geburtstag per Fax geschickt werden und nicht »persönlich« ausgesprochen werden, wird keineswegs als Beleidigung, als Abwertung der Person interpretiert. Ein Brief, ob mit der Hand, der Schreibmaschine oder mit dem Computer geschrieben, entscheidet nicht darüber, ob er persönlich gemeint ist oder nicht. So wird die technisch gestützte Kommunikation auch im privaten Bereich eingesetzt: *»Meine Handschrift kann keiner lesen, und so schreibe ich prinzipiell meine Briefe mit dem Computer, auch die private Korrespondenz. Zuerst haben sich einige meiner Bekannten darüber aufgeregt, aber für mich hat das überhaupt nichts Unpersönliches.«*

Das Problem des Verstehens von Kommunikation wird zu einer

Frage der technisch fehlerfreien Übermittlung von Information. Daher ist es für den »Wellenreiter« auch nur plausibel, die Technik im Sinne der Vereinfachung, Verkürzung und Beschleunigung von Kommunikation einzusetzen. Man bringt nur wenig Verständnis auf für jene, die meinen, daß die Mitteilungsform selbst einen entscheidenden Stellenwert besitzt: *Ich versteh' das nicht, aber manche Leute rufen nicht mehr an, seitdem wir den Anrufbeantworter haben, weil sie keine Lust haben, mit dem Gerät zu telefonieren.«*

Solange der Informationsfluß gewährleistet ist, spielt es keine Rolle, in welcher Art und Weise Kommunikation stattfindet, ob als face-to-face-Kommunikation, in schriftlicher oder aber technisch gestützter Form. Gegenüber denjenigen, die die technisch vermittelte Kommunikation als Anonymisierung und Verarmung verdammen, stellt der »Wellenreiter« die neuen Vorteile an Eigenkontrolle heraus: *»Man kann halt selber bestimmen, wann man aufhört, die Maschine ist einem da nicht böse.«*

Der Mehrwert technischer Kommunikation wird gerade in ihrem *egalisierenden Effekt* gesehen. Daß Technikeinsatz Kommunikation unter Absehung der jeweiligen speziellen individuellen und situativen Kontexte ermöglicht, wird als Befreiung von sozialen Verbindlichkeiten und Verpflichtungen erachtet. Der »Wellenreiter« schätzt es, daß durch die technisch gestützte Kommunikation individuelle Besonderheiten und Bedürfnisse der Kommunikationsteilnehmer nicht thematisiert zu werden brauchen. Daß dies mitunter als eine gewisse Takt- und Rücksichtslosigkeit gegenüber den Interessen und Motiven der Kommunikationsteilnehmer erscheinen mag, nimmt er in Kauf, geht es doch darum, möglichst viel Information so effektiv wie möglich zu übermitteln, und eben nicht um die Festigung sozialer Beziehungen. Personenzentrierte Kommunikation, das Reden über sich und andere, wird als eine zeitaufwendige, vom Sachbezug ablenkende Kommunikationszumutung betrachtet. Mit dem Einsatz von Technik wird die Kommunikation sozusagen »neutralisiert« zugunsten weiterer Übertragung von Information. So wird der »Mehrwert« des Anrufbeantworters etwa darin gesehen, daß dieser den Blick auf das »Wesentliche«, nämlich die Information, frei macht und die Kommunikation von ihrer Bedingung der Wechselseitigkeit löst. Mußte bisher ein mitunter hoher Aufwand betrieben werden, um Kommunikation am Laufen zu halten, ist jetzt ein gezielter Zugriff auf die Information möglich. Im folgenden Zitat kommt dies pointiert zum Ausdruck: »*Man verplaudert nicht mehr soviel Zeit über Unwesentliches, sondern der Anrufbeantworter komprimiert die Informationen. Nehmen wir einmal an, ich erhalte einen Anruf von 'ner ausgemachten Quaaktasche, und die hat 'ne kleine, aber wichtige Information, dann kommt dieses ganze Gesülze: Wie geht's, was mach'ste, wie war's Fliegen, wie sieht's bei der Arbeit aus? Bla bla bla'! Irgendwann am Ende kommt die dann endlich auch 'mal auf den Punkt.*«

Dabei wird nicht nur der eigene Anrufbeantworter als Instrument der Informationsselektion genutzt, sondern darüber hinaus zieht man auch den Anrufbeantworter bei anderen vor. Dies kann soweit gehen, daß man in bestimmten Situationen bewußt die Zeiten vermeidet, in denen der Angerufene direkt zu erreichen ist. Technisch gestützte Kommunikation über Anrufbeantworter wird hier bewußt angestrebt, denn wichtig ist das Senden und Empfangen von Informationen. Daß die Information je nach zeitlichem und sozialem Kontext in ihrer Bedeutung variieren kann, wird dabei nicht in Betracht gezogen. Im Gegenteil, man betrachtet es vielmehr als selbstverständlich, daß die Information auch über die Zeit hinweg richtig verstanden wird: »*Da gibt es die Situation, daß ich genau dann anrufe, wenn ich weiß, der ist nicht da. Ich weiß genau, wenn ich da jetzt anrufe, und der ist da, dann müßte ich mindestens eine halbe Stunde mit dem quatschen. Da habe ich aber keine Nerven d'rauf, und da warte ich also. Der ist jetzt arbeiten und rufe den an, wenn ich weiß, der Anrufbeantworter ist dran und hinterlasse da meine Nachricht, also auch um die Sache zu verkürzen. Da ist nur die Information, das ist nur eine Einheit, und dann lege ich wieder auf. Das mache ich aus Kostengründen, besonders dann, wenn das kein Ortsgespräch ist.*«

Für den »Wellenreiter« steht außer Frage, daß mit dem Einsatz von Technik ein Mehr an Leistungsfähigkeit und Effizienz von Informationsflüssen erreicht wird. Eine zeitweise Nicht-Inbetriebnahme der neuen Kommunikationstechniken ist ausgeschlossen, denn eine Unterbrechung würde den eventuellen Verlust wichtiger Informationen bedeuten. Der Drang nach mehr Informationen geht so weit, daß das schnurlose Telefon sogar ins Badezimmer und auf die Toilette, auf den »letzten stillen, intimen Ort«, mitgenommen wird. In seinem Bestreben, möglichst viele Informationen sowohl zu empfangen als auch zu senden, blendet der »Wellenreiter« die Möglichkeit, daß auch Nicht-Kommunikation Informationswert besitzt, ab. Statt dessen gilt es, den Informationsfluß permanent aufrechtzuerhalten.

Mit den neuen Kommunikationstechniken kann die Übertragung von Informationen über große Entfernungen jetzt direkter und schneller stattfinden. Im Vordergrund steht hierbei die Erschließung neuer Kommunikationsräume und -zeiten. Mittels der neuen Techniken löst sich die Kommunikation aus ihrer Raum- und Zeitabhängigkeit und wird damit frei für selbstbestimmte Kommunikationszeiten. Die neuen Techniken ermöglichen es, bisher unmögliche Kommunikation wahrscheinlich werden zu lassen. Während beim Telefon noch die gleichzeitige Anwesenheit beider Kommunikationspartner Voraussetzung ist, und der Brief eine entsprechende Zeit braucht, bis er beim Adressaten angelangt ist, ermöglicht die Vernetzung eine Gleichzeitigkeit unter Abwesenden. Informationen können nahezu simultan geschaltet werden: »Ich bin über Modem verbunden mit meinem Sohn in Namibia. Ich kann also tagtäglich mit ihm korrespondieren her und hin. Ich bin also praktisch in deren Wohnzimmer, und er ist praktisch in meinem Wohnzimmer. Also das ist eine ganz fantastische Sache. Ich lebe durch diese Electronic-Mail in deren Wohnzimmer. Die Kontakte sind natürlich bis in die Unendlichkeit mehr geworden. Wenn mir was einfällt, schreibe ich sofort zurück, und abends habe ich dann schon seine Antwort, wenn er Zeit hatte.«

Der in großer Entfernung lebende Sohn rückt somit in »ferne Nähe«, Distanz und Zeitverschiebung stellen keine Kommunikationshindernisse mehr dar. Ein »Rund-um-die-Uhr«-Zugriff ist jetzt möglich. Von besonderer Bedeutung ist dem »Wellenreiter« dabei die hinzugewonnene Souveränität, die Nivellierung räumlicher und zeitlicher Differenzen, die es ihm ermöglichen, zu jeder Zeit erreichbar zu sein bzw. jemanden erreichen zu können.

Lösung vom Sprecher

In diesem informationszentrierten Kommunikationsverständnis wird die Komplexität des Kommunikationsprozesses auf ihre sachliche Dimension, die Information, reduziert. Die Kommunikation wird von ihrer sozialen und zeitlichen Komplexität entlastet. Die Rolle, die die Technik in bezug auf Kommunikation spielt, ist denn auch eindeutig: Sie dient der »Zuschneidung« von Kommunikation auf das »Sachliche«.

Die modernen Kommunikationstechniken erlauben, ansonsten verlorengehende Informationen zu speichern; so wird die Speichertechnik beispielsweise in der Form eines »Informationspools« genutzt, um Informationen »über die Zeit zu retten«. Dabei geht es dem »Wellenreiter« um die Gewährleistung und Sicherstellung der Abrufbarkeit von Informationen. Es geht ihm weniger darum, zu erfahren, »wer« ihn erreichen wollte, als um die Frage, »was« mitzuteilen war.

Um die Kommunikation auf ihre »sachliche Bahn« zu bringen, wird bereits der Text auf dem Anrufbeantworter betont nüchtern gehalten, quasi als Aufforderung an den Anrufer, sich auf diesen Kommunikationsstil einzulassen. Der Text dient weder der Selbstdarstellung, noch soll er als Einladung für (ausschweifende) Kommunikation (miß-)verstanden werden: »*Ich handhabe das also sehr sachlich, sachliche Informationen ne, nicht irgendwelche blumigen Worte da drauf sprechen. Da ist für mich kein spielerisches Moment dabei. Das geht darum, daß ich demjenigen, der da Kontakt aufnehmen will, eben auch Informationen, reine Information, in kurzer knapper Form geben will. Ich nutze den als Instrument, einfach so als Informationsübermittler.*« Aufwendige Begrüßungsformeln und sogenannter small-talk werden abgelehnt, gelten sie doch als uninformativ und damit als bedeutungslos. Vielmehr ist der »Wellenreiter« darum bemüht, die Personen in der Kommunikation auf Abstand zu halten. Das stärkere Hervortretenlassen von Personen würde die Anstrengungen um Sachlichkeit und Regelhaftigkeit der Kommunikation nur stören. Er kritisiert diejenigen, die ihre Texte auf dem Anrufbeantworter permanent ändern und in spielerischer Form versuchen, darüber die Kommunikation anzuheizen und zu irritieren: »*Ich seh keinen Sinn darin, sich was weiß ich was für glänzende Ideen auszudenken, sondern es geht darum, alle Informationen möglichst kurz und verständlich aufs Band zu bringen, denn sonst macht die Technik für mich keinen Sinn. Also das Ding ist praktisch und soll es bleiben. Ich seh keinen Sinn d'rin, dauernd den Spruch zu wechseln.*«

Die Funktion der Technik als Modell der Vereinfachung läßt sich nur dann aufrecht erhalten, wenn die Kommunikation in ihren sachlichen Bezügen hervortritt und sich gegenüber der Mitteilungs- und Verstehensproblematik möglichst indifferent verhält. Nur so kann die Technik im Sinne der angestrebten spezifischen Funktion eingesetzt werden. Kommunikationsrisiken und -störungen entstehen für den »Wellenreiter« dadurch, daß die Kommunikation diesen Sachbezug aufgibt und auf andere Motive abstellt, beispielsweise auf Geselligkeit oder Zerstreuung. Dann müssen Sachlichkeit und Themenkonzentrierung erst wieder kommunikativ hervorgebracht werden. Daß mitunter gerade der Einsatz von Technik die Kommunikation eher stört, verunsichert oder verhindert statt sie zu vereinfachen, sieht der »Wellenreiter« zwar, meint aber, daß die Kommunikationsteilnehmer lernen müssen, sich den neuen technischen Bedingungen anzupassen: *»Anfangs durch die Bank haben sie totale Schwierigkeiten, einen schlüssigen Satz informativ von sich zu geben. Allmählich jedoch lernen sie, sich exakt und präzise auszudrücken.«*

Die Etablierung der neuen Techniken stellt neue Richtlinien bezüglich des Kommunikationsverlaufs auf. Die Teilnehmer müssen lernen, sich mit der neuen Kommunikationssituation zu arrangieren. Eingefordert wird eine Anpassung an die Technik in Richtung auf eine kommunikative Disziplin, die die Kommunikation stärker formalisiert und standardisiert. Dies führt dazu, Kommunikationsprobleme generell der sozialen und zeitlichen Ebene zuzuschreiben, die dann wiederum über die Technik zu bearbeiten und zu lösen sind.

In der technisch gestützten Kommunikation ist der Bezug auf einen gemeinsamen Zeitkontext nicht mehr ohne Weiteres gegeben. Dadurch wird sichtbar, wie zeitabhängig Kommunikation ist. Deshalb wird es zunehmend in der Kommunikation nötig, die Information in ihren zeitlichen Kontext einzubetten, um sie überhaupt verstehbar zu machen. Denn ob eine Information eine Information darstellt, d. h. eine Differenz hervorbringt, ist immer auch abhängig von ihrem jeweiligen Zeitbezug. In der zeitstellenverschobenen Kommunikation bedarf die Herstellung des zeitlichen Kontextes einer aufwendigeren Reproduktionsarbeit; der Bezug auf einen gemeinsamen Zeitkontext muß erst explizit hergestellt werden. Ohne den Zeitbezug kann die Information oft nur unvollständig entschlüsselt werden und zu neuen Mißverständnissen führen. Um diese zu vermeiden, wird das Mitliefern von genauen Zeitangaben eingeklagt: *»Es muß gelernt werden, zu sagen, hier ist sowieso, es ist Dienstag 19 Uhr, wenn du noch Zeit* *hast, kannst du um 20 Uhr zum Markt kommen. Wenn ein Anruf drauf ist, komm' doch bitte heute abend da und da hin, und ich hab ihn erst am Sonntag abgehört, dann ist nicht mehr feststellbar, welcher Tag das ist.«*

Der »Wellenreiter« sieht die Schwierigkeiten der Informationsübermittlung, die sich durch die technisch gestützte Kommunikation ergeben. Er erkennt diese zwar, hält sie aber prinzipiell für lösbar. Für ihn hat sich die Kommunikation den neuen technischen Bedingungen unterzuordnen. Während der »Spieler« das stärkere Hervortreten der Zeitbezüge zum Anlaß nimmt, den Inszenierungscharakter von Kommunikation zu unterstreichen, strebt diese Lebensstilfigur die Anschaffung von solchen Geräten an, die die Zeitpunkte der Anrufe speichern.

6.5 Risiken einer Wirklichkeitsorientierung: Neue alte Kontrollücken

Das Verweisungsgefüge von Technik, Zeit und Kommunikation wird im Lebensstil des »Wellenreiters« durch einen spezifischen Technikzugang angeleitet und bestimmt. Die Technik fungiert hier als Leitdimension, über die die anderen beiden Themen erst ihre jeweilige Position innerhalb des lebensstilspezifischen Beziehungsnetzes erfahren. Überspitzt formuliert könnte man sagen, daß sich dieser Typus seiner spezifischen Konstruktion von Technik verdankt. Die Technik wird über die Begriffe der Präzision, Effizienz und Zuverlässigkeit eingeführt und als Ordnungs- und Kontrolltechnik gerahmt. In seinem ungebrochenen Vertrauen auf die Technik geht es diesem Lebensstil darum, die jeweils neuesten, weil leistungsstärksten, Geräte zu besitzen. Über sie erhofft sich der »Wellenreiter« einen verbesserten und möglichst präzisen Zugriff auf alltägliche Gegebenheiten. Er traut der Technik nach wie vor zu, Wirklichkeit unverfälscht und exakt zu erfassen.

Die neuen Kommunikationstechniken verkörpern in ihrer Präzision für den »Wellenreiter« die Mittel zur profunden Wirklichkeitskontrolle. »Wellenreiter« sehen in den modernen Techniken die Lösungen für gegenwärtig auftretende Zeit- und Kommunikationsprobleme. Indem sie die Potentiale der Technik vorrangig auf Temposteigerung und Leistungssteigerung engführen, erhoffen sie sich über die technischen Artefakte einen vermehrten Zeitgewinn und verbesserte Möglichkeiten sozialer Abstimmung. Die Anschaffung und die Nutzung von Technik dient dazu, Zeitprobleme wie auch die steigende Informationsflut in den Griff zu bekommen. »Wellenreiter« bedienen sich der Technik, um die knappe Ressource Zeit so effektiv und ökonomisch sinnvoll wie möglich zu nutzen wie auch die Kommunikation möglichst verdichtet »abzuwickeln«.

Mit der für den »Wellenreiter« typischen Vernetzung von instrumenteller Techniknutzung, ökonomischer Zeitpraxis und informationszentrierter Kommunikation werden spezifische Möglichkeiten, aber auch typische Probleme eröffnet. Im Vordergrund stehen für den »Wellenreiter« die Sachinformationen, während die Interessen und Intentionen der Kommunikationsteilnehmer selbst in den Hintergrund rücken. Die Kommunikationstechniken werden eingesetzt, um Kommunikation zu beschleunigen und Informationen raum- und zeitunabhängig zu akkumulieren. Mit dieser »technisierten« Kommunikationsform verfügen »Wellenreiter« über ein hohes Maß an Informationen, das vornehmlich an Inhalten ausgerichtet ist. Die Komplexität des Kommunikationsprozesses wird auf den schnellen Übertragungs- und Verteilungsprozeß von Informationen reduziert.

Die im Lebensstil des »Wellenreiters« formulierte Wertschätzung von Technik bringt Technik als Modell der Erleichterung und Entlastung hervor. Die Rolle der Technik ist eindeutig: Technikanwendung dient dazu, die Wirklichkeit in größerem Umfang verfügbar und kontrollierbar zu machen. Der Umgang mit Technik wird zur Selbstverständlichkeit, über sie stellt der Lebensstil routinemäßig Alltäglichkeit her, operiert aber auch in Absehung von Alternativen. Die Zugzwänge, die sich aus dieser Technikverhaftung ergeben, zeigen sich besonders in Krisensituationen. Die einmal gewählte »Leitdimension« entwickelt verpflichtenden Charakter. Um Lösungen für Engpässe zu entwickeln, wird vorrangig auf Technisierung gesetzt. Es kommt zur bekannten Strategie eines »Mehr Desselben«: Kommunikationsprobleme erscheinen nur lösbar durch die technisch ermöglichte schnellere und effizientere Übertragung von Informationen. Zeitprobleme werden durch vermehrten Technikeinsatz zu bändigen versucht.

So erweitern etwa die neuen Techniken als »Archive der Information« das Gedächtnis und erlauben, große Mengen an Informationen zu lagern, um sie sich bis zu ihrer Bearbeitung verfügbar zu halten. Gleichzeitig steigt aber mit den Verarbeitungskapazitäten der Auswertungsbedarf von Information. Die Fülle der gespeicherten Informationen beansprucht Aufmerksamkeit. Gerade weil die modernen Kommunikationstechniken so leistungsstark sind, entstehen enorme Informations»berge«, respektive ein Mehraufwand an Zeit, um die Menge an Informationen zu sortieren: *»Der Nachteil war, daß man eben lauter kleine Einzelnachrichten bekommt, die ja völlig unkoordiniert und nicht aufeinander abgestimmt, ja ich würde sagen, dem Zufall überlassen sind. Ich hab ja immer mitgeschrieben, wer hat angerufen, und dann mußte ich mir überlegen, was machte jetzt damit.«* Ebenfalls steigt durch die Ausweitung der Erreichbarkeit der Zeitaufwand für Kommunikationstätigkeit. Mit der Abrufbarkeit von Wissen und Informationen wird keinesfalls per se die angestrebte größere Planungs- und Entscheidungssicherheit gewährleistet. Man muß im Gegenteil damit rechnen, daß die angesammelten Informationen nicht nur immer schneller veralten, sondern daß sich ihre Bedeutung je nach Situation permanent ändert.

Die Rekonfiguration moderner Ideen erweist sich als immer konflikträchtiger, wenn es darum geht, gegenwärtige Zeit- und Kommunikationsprobleme in den Griff zu bekommen. In seiner Technikfaszination entwickelt der »Wellenreiter« einen ausgeprägten Spaß am Funktionieren von leistungsstarker Technik. Er ist so besetzt und beschäftigt mit den rein technischen Fragen, daß er die angestrebten Ziele aus dem Blick verliert. Mitunter sieht er kaum, daß sich seine Absicht, Zeit- und Kommunikationspraktiken zu effektivieren, nicht konsequent verwirklichen lassen. In seiner spezifischen Technik-Zeit-Kommunikationsverknüpfung verbleibt der »Wellenreiter« im Bannkreis der Moderne. Er versucht, sich mit ein und derselben Operationsweise auf Kurs zu halten, ohne dabei zu erkennen, daß gerade diese spezifische Nutzungsweise von Technik zu Problemsituationen führt. In seinem Bestreben, immer auf dem neuesten Stand, auf der »Höhe der Zeit« zu sein, verführt ihn die Technikfaszination zum Jagen nach Zeitgewinnen. Die Zeitstrategien in Form von Zeitmanagement sowie dem konsequenten Ausschalten von Leerzeiten werden weitergetrieben, ohne die Begrenztheit dieses rein quantitativen Zugriffs auf Zeit zu sehen. In ihrem planenden Zugriff auf Zeit sind »Wellenreiter« bestrebt, zukünftige Gegenwarten durch gegenwärtige Entscheidungen kalkulierbarer zu machen. Zukunft wird nach wie vor als Projektionsfläche von Möglichkeiten verstanden. Dabei droht dieser Lebensstilfigur aus dem Blick zu geraten, daß die Zukunft die Möglichkeitsüberschüsse immer weniger tragen kann, daß angesichts wachsender Diskontinuitäten und Brüche das Vertrauen in einen kontinuierlichen Zeitfluß immer riskanter wird.

In seiner Engführung auf einen rein rechnerischen Umgang mit Zeit verfängt der Lebensstil sich zunehmend in seinen selbstgefertigten, immer verfeinerteren Zeitplänen und Zeiteinteilungspraktiken. Dadurch läuft er letztlich Gefahr, in eine Nutzungsspirale von Zeit zu geraten: »*Man hat ja nun Zeit, wenn der Berufsalltag weg ist, ja und dann fängt man an und kommt gar nicht mehr hin mit der Zeit. Ich finde gar nicht die Zeit, das alles, was ich sehen möchte, zu sehen, nee wie gesagt, man hat keine Zeit mehr, und zum Lesen muß ich mir die Zeit dann stehlen. Man gerät auch in einen gewissen Zugzwang.*«

Das Vertrauen darauf, die Zeitknappheit mit Hilfe der Technik in den Griff zu bekommen, erweist sich als trügerisch, wenn dieser Zeitumgang uneingeschränkt verfolgt wird. Dann zeigt sich, daß es mitunter gerade die vom Lebensstil angestrebten technischen Lösungen sind, die zum Problem werden. In seiner zentralen Ausrichtung auf Technik als Problemlöser nimmt der »Wellenreiter« sich die Möglichkeit, flexibler über die Zeit zu disponieren. Die Konsequenz ist, daß er sich immer wieder in neuen »alten« Kontrollücken verfängt.

In dieser Lebensstilfigur wird deutlich, daß für die Herstellung von Ordnung und Erwartungssicherheit ein immer höherer Aufwand betrieben werden muß. So sieht der »Wellenreiter« sich angesichts immer komplexer werdender Zeitprobleme und Kommunikationsverhältnisse gezwungen, auf immer neuere Techniken zurückzugreifen. In einer Zeit, in der der Alltag zunehmend in seiner Kontingenz erfahrbar wird, wird das Insistieren auf Eindeutigkeit und Berechenbarkeit aber immer schwieriger. Wenn immer stärker damit zu rechnen ist, daß Erwartungen enttäuscht, Pläne umgeworfen, Ordnungen aufgelöst werden können, erweist sich die Umgangsweise mit Technik mitunter als Störer und eben nicht als probate Lösungsform für Irritationen und Wechselfälle, die im spätmodernen Alltag immer wahrscheinlicher werden.

7. Der »kommunikationsbesorgte Skeptiker« – Eine Gegenfigur

In seinem Verhältnis zur Welt zeichnet sich der Lebensstil des »Skeptikers« durch eine argwöhnische bzw. kritische Haltung aus: Er nimmt die Dinge nicht, »wie sie sind«, sondern will »hinter die Sachen« blicken. Er will sich nicht an ihrer Fassade aufhalten, sondern den Dingen »auf den Grund gehen«, ihr Wesen erfassen. Nur im Versuch, sie auf diese Weise kritisch zu ergründen, sie zu interpretieren und deutend anzueignen, eröffnen sich ihm die Chancen, sie hinreichend zu verstehen. Dabei stützt er sich auf eine spezifische Kommunikationspraxis, die wesentlich darauf ausgerichtet ist, den Zweifel am »Augenscheinlichen« zu reduzieren. »Kommunikation« ist für ihn keine mono- oder egologische Sicht auf die Sachverhalte, sondern ist zentral auf intersubjektive, zwischenmenschliche Verstehensprozesse angewiesen. Diese Form der Kommunikation dient der fortwährenden Vergewisserung von Welt. Der Lebensstil des »Skeptikers« läßt sich als ein Lebensstil lesen, der seine Konturen über ein spezifisches Verständnis von Kommunikation gewinnt. Dieser Kommunikationsprimat dominiert den »Skeptiker«. Seine Art der Techniknutzung wie seine Weise, mit Zeit umzugehen, sind vor allem von seinem voraussetzungsvollen Kommunikationsverständnis her zu verstehen.

7.1 Eigentlichkeitsorientierung: Das Gegebene unter Verdacht stellen

Der »Skeptiker« entwickelt einen stark ausgeprägten »Eigentlichkeitssinn«. Ihn leitet eine Aneignungspraxis von Wirklichkeit, die die augenscheinliche, gegebene Realität ständig an einer vermuteten, dahinterliegenden, »eigentlichen« Realität mißt. Diese ist in die Form von Idealen und Utopien gebracht. Er betreibt gewissermaßen doppelte Realitätsführung, die eine wechselseitige Bespiegelung von Ist und Soll ermöglicht. Die Leitlinie ist das *Kontrafaktische*, mit der er, herausgefordert durch das Faktische, sei-

nerseits das Faktische herausfordert. In seiner Suche nach Eigentlichkeit, in seinem Bestreben nach Entlarvung des Augenscheins,
betrachtet er die Zumutungen des »Tatsächlichen« mit Argwohn.
Das Gegebene wird ständig unter Verdacht gehalten. Er befürchtet, daß die technisch-wissenschaftlichen Zwänge das Leben in der
modernen Gesellschaft immer mehr durchsetzen und verfremden
und damit eine »unversehrte« Zwischenmenschlichkeit bedrohen.
Sowohl die Eigenlogik eines rasanten technischen Wandels, als
auch die immer enger werdenden zeitlichen Vernetzungen, die
einen immer schneller und rücksichsloser werden lassen, drohen
übermächtig zu werden und die Basis intakter Sozialverhältnisse
zu ruinieren. Die verselbständigten Technik- und Zeitverhältnisse
müssen – so die Vorstellungen des »Skeptikers« – in ihrer sozialen
Bedingtheit reflektiert und wieder in sinnvolle, und das heißt, in
sozialverträgliche Formen gebracht werden. Das »Eigentliche« ist
nach Meinung der »Skeptiker« weder in den Versprechungen
einer entfesselten Technik, noch im Blendwerk einer beschleunig-.
ten Zeit, sondern nur in den Sozialverhältnissen der Menschen
selbst zu finden, genauer: in ihren Möglichkeiten, vernünftig miteinander zu kommunizieren.

7.2 Suche nach dem Unverstellten
in der Kommunikation

Kommunikation ist im Lebensstil des »Skeptikers« an zentraler
Stelle eingelassen, über sie wird der Lebensstil in seiner Gesamtheit geprägt. Kommunikation präsentiert sich in diesem Lebensstil als soziales Handeln von Subjekten, die Sinngehalte mitteilen
und aushandeln. Letztes Ziel der Kommunikation ist dabei die
Verständigung der Kommunikationspartner. In seiner Vorstellung
von Kommunikation als dem Band, das die Menschen verbinden
und zusammenhalten soll, wird Kommunikation eng an Integra-
tionsprozesse gekoppelt. Kommunikation mit den daran geknüpften Vorstellungen von *Harmonie, Gleichgewicht und Sym-
metrie* wird für den »Skeptiker« zum Integrationsmoment
schlechthin.
Personen und ihre kommunikativen *Intentionen* stehen im Vordergrund, weit vor der Sachinformation und der Kommunikation um
der Kommunikation willen, in der es letztendlich nur noch darum

geht, ob und wie sie fortgeführt wird. Personen sind als Träger und Initiatoren gleichsam Anfangs- und Endpunkte von Kommunikation: »*Da möchte jemand mit d i r sprechen. Es geht einzig und allein um den persönlichen Aspekt, um das Sprechen mit j e m a n d e m, der einen erreichen will. Ich kann's jetzt eigentlich gar nicht in 'ner Vokabel zusammenfassen, aber um 'ne Information geht's da überhaupt nicht. Das ist 'n Wort, das da nicht ›reinpaßt‹.*«

Mit diesem personenorientierten Kommunikationsbegriff distanziert sich der »Skeptiker« sowohl von einem sachbezogenen Kommunikationsstil eines »Wellenreiters« als auch von der »Informationskombinatorik« eines »Spielers«: »*Das find ich dann toll, wenn das eben auf dem Anrufbeantworter nicht nur heißt, ich bin heute abend nicht da, ruf mich heute um 23 Uhr unter der Nummer Soundsoviel an. Wenn das nicht so was Informationsmäßiges hat, so was Cleanes, dann wird's richtig schön reizvoll. Ich denk', da ist immer so 'ne persönliche Note d'rin, also ohne daß ich mir da jetzt wer weiß was Kreatives abquäle.*« Ihm geht es um die sich in der Kommunikation mitteilenden Personen, ihre subjektiven Intentionen, die es zu entschlüsseln und zu verstehen gilt.

Der »Skeptiker« äußert den Trägern der Kommunikation gegenüber Respekt, Aufrichtigkeit und Ernsthaftigkeit. Er ist bemüht, Personen und dem, was sie meinen, gerecht zu werden. Mit großem »*Bedeutungsernst*« wendet er sich den kommunizierten Mitteilungen zu. Dies um so mehr, da er allgemein die »Entsubjektivierung«, den Verlust der Individualität in den heute praktizierten Formen technisierter Kommunikation befürchtet. »*Alles was sich ganz speziell an uns richtet, das wird immer wichtiger. Ich glaube, daß das Ego zu wenig kriegt in unserer heutigen Gesellschaft, um das mal so zu sagen. Die Leute gieren nach allem, was sie ganz persönlich angeht.*« Die Relevanzen seines Lebensstils ergeben sich nicht über den Besitz von technischen Geräten, »*nicht das Gerät zu haben, wird mit dem Gefühl verbunden, wichtig sein zu wollen*«. Das sich selbst und andere Personen Wichtig-nehmen steht hier im Vordergrund. Die »Skeptiker« grenzen sich damit von jenen ab, die über Technikbesitz Funktionszuwachs zu erlangen glauben. »*Wenn ich 'nen Brief kriege, weiß ich genau, da hat sich jemand genau überlegt, wie sag' ich der das, wie schreib' ich das oder wie drück' ich das aus. Beim Anrufbeantworter hat man keine Zeit zu überlegen, wie formulier' ich das, und von daher ist dies eigentlich weniger wertvoll für mich im Vergleich zum Brief.*

Das hat einfach den Hintergrund, daß ich weiß, da hat sich jemand hingesetzt. Es ist komisch, wahrscheinlich ist auch die Mühe ganz wichtig dabei.«

Der »Skeptiker« verfügt über ausgedehnte Kommunikationskreise. *»Kontakte müssen irgendwie gepflegt werden. Das können manchmal ganz kurze Gespräche sein, keine großen Beziehungssachen. Auch scheinbar unwichtige Gespräche können für den Erhalt dieser Beziehung wichtig sein.«* Er weiß um die Notwendigkeit, sich immer wieder der Aufrechterhaltung seiner Beziehungen zu widmen. Sein *Beziehungsnetz* ist ihm überaus bedeutsam. Obwohl die Kommunikation intensiv betrieben wird, wehrt er sich, sie als eine Form von Arbeit zu bezeichnen. *»Da will jemand mit mir sprechen, und da sind alle sehr gierig nach. Wenn etwas ganz persönlich an uns gerichtet ist, das dann einfach wegzuschieben und zu sagen, das will ich im Moment aber nicht, geht nicht. Ich empfinde es, wenn ich mich unterhalte, auch nicht als Arbeit, ich habe Lust dazu. Sprechen mit Leuten, das ist für mich keine Arbeit.«* Er unterstellt sich der Selbstverpflichtung, ständig kommunikativ eingebunden zu sein. Kommunikation als Aufrechterhaltung von sozialen Kontakten ist quasi die »conditio sine qua non«.

Nicht die technisch vermittelte, sondern die quasi natürliche und unverstellte Kommunikationssituation von Angesicht zu Angesicht steht im Mittelpunkt. »Skeptiker« sehen in der face-to-face-Situation eine sensiblere Wahrnehmung ihres Gegenübers und damit auch größere Chancen für den Erfolg kommunikativer Aushandlungsprozesse. *»Ich habe dann die Chance, direkt auf Äußerungen zu reagieren, einzugreifen, möglicherweise auch Zusatzinformationen zu geben.«* »Skeptiker« stellen auf die ihrer Meinung nach konstitutiven kommunikativen Bedingungen, wie das Herstellen von Intersubjektivität, die Verständnisabsicherung durch non-verbale Kommunikation (Gestik, Tonfall, Mimik) sowie die Gesichtsrahmung, ab. Nur dieser Kommunikationsstil vermittelt die gegenseitige Wertschätzung der beteiligten Personen.

Dem »Skeptiker« ist es denn auch selbstverständlich, dem Kommunikationsgeschehen selbst ungeteilte Aufmerksamkeit zu schenken. Desgleichen fordert er vom Gegenüber, daß dieser sich mit der gleichen hohen Aufmerksamkeit und Konzentration dem Kommunikationsgeschehen widmet, wie man es selbst praktiziert. Persönliche Kontakte dulden kein »Nebenbei«. Er ist daher irritiert und sogar verletzt, wenn er erfährt, daß Personen sich etwa während eines Telefongesprächs mit anderen Sachen beschäftigen: *»Ich habe mich gefreut, als mich heute morgen ein alter Freund angerufen hat. Wir haben uns nett unterhalten. Als er dann sagte, jetzt bin ich gerade an der Autobahnausfahrt vorbeigefahren, wenn ich mehr Zeit gehabt hätte, wäre ich vorbeigekommen, da merkte ich, daß er aus dem Auto anruft. Da bin ich ganz schön sauer gewesen.«*

Da die neuen Informations- und Kommunikationstechniken diese *»Urform«* der face-to-face-Beziehung technisch immer perfekter nachzugestalten suchen, befürchten »Skeptiker« die Verdrängung der von ihnen idealisierten Interaktionsbeziehung. Im Gegensatz zur direkten Kommunikation, in der die Kommunikationspartner das Hier und Jetzt teilen, wird die technisch vermittelte Kommunikation als eine erheblich restringierte Form der Kommunikation betrachtet.

So ist der »Skeptiker« der Meinung, daß das Filtern von Kommunikationsangeboten unzulässig sei, weil es die Chancen, an Kommunikation teilzunehmen, ungleich verteilt. *»Wenn ich von der Arbeit komme, dann mach ich sofort den Anrufbeantworter aus, nicht so wie 'ne Freundin von mir, die das Gerät ständig im Einsatz hat und dadurch auch 'ne Auswahl haben will.«* Situationen, die sich mit dem Anrufbeantworter ergeben, werden als »verrückte« abgelehnt, denn *»wenn man sich die Anrufe aussuchen kann, wo kommen wir denn dann hin. Nee. Menschen, die einen ganz persönlich ansprechen, abzuwimmeln und zu sagen, ich geh' zwar ans Telefon, aber jetzt merk' ich, daß du es bist, und mit dir will ich jetzt nicht reden, das ist schwierig. Wenn es Tante Käthe ist, wird der angelassen, und wenn es einer ist, der einem näher steht, hebt man ab. Das führt ja zu 'ner ganz fatalen Geschichte, bei der ich mir ganz schrecklich vorkomme.«* »Skeptiker« kritisieren das bewußte Nichtaufnehmen von Kommunikationsangeboten und betrachten dies als eine Geringschätzung der Bemühungen der Kommunikationsteilnehmer. Mit ihrer hohen Verpflichtung zur Kommunikationsbereitschaft sowie ihrem personenzentrierten Kommunikationsverständnis stellen sie hohe Erwartungen an sich und andere hinsichtlich des Zustandekommens von Kommunikation. Das Entdecken doppelbödiger Kommunikation (jemand hält sich bewußt »unterm Parkett«) wird nicht als praktisches Problem ernst genommen, sondern als moralischer Mißstand per Verdikt vom Tisch gewischt.

Gerade die technisch gestützte Kommunikation bietet aber erweiterte Spielräume, Kommunikation zu inszenieren, und fordert damit den »Skeptiker« zu Stellungnahmen heraus. So findet sich der »Skeptiker« zunehmend mit Kommunikationsstilen konfrontiert, in denen man sich mittels der technisch vermittelten Kommunikation über diese Kommunikationsform lustig macht. Die technisch gestützte Kommunikation wird benutzt, um sie in ironischer Weise zu kommentieren, ja sogar um Kommunikation selbst zu irritieren und zu blockieren. Diese Nutzung, die in der Kommunikation kommuniziert, wie man kommuniziert, wird vom »Skeptiker« nicht als eine Erweiterung betrachtet, sondern eher als Angriff auf den Bedeutungsernst der Kommunikationsabsichten gelesen und deshalb zurückgewiesen. *»Ich kann mich an einen Spruch auf dem Anrufbeantworter erinnern, da war der Text etwa so: Hallo sind Sie noch da, aber wir nicht! Und das in einer ganz ekelhaften Art und Weise, die ich als unangenehm, schon als zynisch empfand, daß ich keine Lust mehr hatte, da anzurufen. Die Leute haben sich ganz geniale Sprüche überlegt und halbe Arien auf den Anrufbeantworter gesprochen. Mich nervt das, weil es sich einfach irgendwann selbst überschlägt.«* Inszenierte Kommunikation dieser Art, die typische »Visitenkarte« des »Spielers«, wird als überzogen und anmaßend empfunden; sie irritiert den »Skeptiker«, es paßt nicht in seinen Kommunikationskanon, weil sie die von ihm geschätzte Personalisierung verletzt und untergräbt.

Privatheit als Schutzzone

Die Privatsphäre als eine letzte Bastion überwiegender face-to-face-Kommunikation ist mit den Kommunikationstechniken technisch gesehen jederzeit »anschlußfähig« geworden. Durch die neuen Möglichkeiten der Vernetzung, das Einschalten in die öffentliche Zeit der Mediennetze, gerät die Privatsphäre unter Umgestaltungsdruck. Der verstärkte Einsatz von Kommunikationstechniken führt zur Etablierung einer *»Zwischenzone«*, in der die *bisherigen Grenzen von Privatheit und Öffentlichkeit zunehmend verschwimmen.* Damit ist für den »Skeptiker« jedoch weder ein neuer Zugang zur Öffentlichkeit (»Wellenreiter«) noch eine zusätzliche Dimension zur Inszenierung des Lebensstils (»Spieler«) gewonnen, vielmehr sieht er mit der Ausweitung der technisierten

Kommunikation eine Bedrohung seiner bevorzugten Kommunikationspraxis, die er bislang zumindest im privaten Bereich noch weitgehend sichergestellt sah. *»Ist natürlich auch 'ne verstärkte Kontrolle. Also rückt man den Leuten noch mehr auf die Pelle.«* Die Technik schützt nicht die Privatsphäre, schirmt sie nicht gegen äußere Zumutungen ab, sondern macht ihre Grenzen verletzlich und durchlässig. Da der »Skeptiker« sich zur face-to-face-Kommunikation verpflichtet fühlt, kann er die technisch eröffneten Kommunikationsmöglichkeiten keinesfalls als Unterstützung dazu werten, seine vielfältigen Sozialbeziehungen aufrechtzuhalten. Technische Kommunikationsmedien werden als eine Verführung begriffen, in einer »verstümmelten« Form zu kommunizieren.

Die im Kommunikationsverständnis formulierten hohen Ansprüche an die Kommunikationsteilnehmer – grenzenlose *Offenheit, Geduld und Aufmerksamkeit* – um letztendlich einem sinnidentischen Verstehen zumindest nahezukommen und *Gesinnungskulturen* auszubilden, erfordern ihrerseits wieder Einschränkungen. In keinem Typus spielen lebensstilspezifische Grenzmarkierungen sozialer Zugehörigkeit eine so bedeutende Rolle: Sie sind notwendig, gerade weil hier die Forderungen nach Gleichsinnigkeit so stark ausgeprägt sind. Dies wird besonders deutlich in der vollzogenen Distanzierung zu Angehörigen anderer Lebensstiltypen, die dann stattfindet, wenn die Überzeugungsarbeit »keine Früchte trägt«. Weiterhin kommen Grenzziehungen in den Feldern wie öffentlich/privat, Arbeit/Freizeit zum Ausdruck, die angesichts der zunehmenden Technisierung des Alltags restauriert werden. So wird etwa unter anderem die Technik dafür genutzt, die Bereichstrennungen zu unterstreichen: *»Ich finde es sinnvoll, zwei Nummern für die unterschiedlichen Bereiche zu haben. Ich liebe zwar meine Arbeit, aber ich gehe nicht so darin auf, daß ich mich nicht davon trennen könnte. Diese Trennung kann ich einfach durch zwei Leitungen vollziehen.«* Von anderen Interviewpartnern wird die Trennung sogar in der Form vollzogen, daß man den Einsatz der neuen technischen Geräte auf den Arbeitssektor beschränkt, ihre Eignung für Interaktionsbeziehungen privater Natur aber generell bestreitet: *»Der Anrufbeantworter ist ja wohl das Allerletzte für diesen Bereich.«*

Typisch dabei ist, daß auftretende Unzulänglichkeiten keineswegs der von ihnen gewählten Kommunikationspraxis zugeschrieben

werden, sondern der Technik: »*Ich will einen Termin ausmachen, aber mit den Leuten, mit denen ich so privat zu tun habe, muß ich keinen Termin ausmachen. Der Austausch über den Anrufbeantworter ist völlig sinnlos, weil es da nicht über das Übermitteln von Daten und Fakten geht, sondern einfach ums Schwätzchen. Der Nutzeneffekt im privaten Bereich hat sich als sinnlos herausgestellt, weil da nämlich Spontaneität gefragt ist oder ganz andere Themen wie im Geschäftlichen, wo es um Projekte geht, die man einfach realisieren kann. Im Privaten funktioniert das nicht, da ist schon der private Austausch notwendig. Ich muß wissen, wie die Leute drauf sind, ob ich überhaupt Lust habe, mich mit denen zu treffen, kann ja sein, daß die gerade in 'ner tiefen depressiven Phase sind, und das wär' das Idiotischste der Welt, sich in 'ner Kneipe zu treffen. Diese Sachen, die man nur über direkten Kontakt mitkriegen kann, die gehen mit Anrufbeantworter verloren.*«
Die Schwierigkeiten, über den Anrufbeantworter zu kommunizieren, fungieren für den »Skeptiker« als Bestätigung für die Unangemessenheit technikgestützter Kommunikation und als Beweis für die Richtigkeit, im Privaten auf face-to-face-Kommunikation zu beharren.

7.3 Störende Technik und ihre Domestizierung

Der hohe Stellenwert, der der Kommunikation zukommt, hat Konsequenzen für den Umgang mit Technik. Die Vorteile der Technik, die im technikfaszinierten Lebensstil des »Wellenreiters« in aller Eindeutigkeit auszumachen sind, werden hier zunehmend in Frage gestellt. Der »Skeptiker« lehnt das prometheisch überhöhte Bild einer störungsfrei funktionierenden Technik ab. Er kritisiert die allgemeine Überschätzung der Technik und ihrer Funktionen, wie sie etwa bereits in der Bezeichnung von technischen Geräten zum Ausdruck kommt: »*Der Begriff Anrufbeantworter ist einfach falsch. Stimmt nicht! Das Ding beantwortet gar nichts, höchstens die Frage, bist du zu Hause, das beantwortet der regelmäßig mit nein, auch wenn man da ist.*«
Er betont, daß nicht nur die Großtechniken, sondern auch die alltäglich verwendeten (Klein-)Techniken die vorgegebenen Ziel- und Zwecksetzungen verfehlen. Die Alltagstechnik steht bei ihm im Verdacht, unbeabsichtigte Folgen und »perverse« Effekte mit-

zuproduzieren. So kommt es bei diesem Lebensstiltypus zur Erzeugung eines differenzierten Bildes von Technik, das sich in folgendem Zitat widerspiegelt: »*Neue Techniken – Fluch oder Heiligtum, da kommt sehr gut meine Meinung darüber zum Vorschein.*« Der Funktionstüchtigkeit der Technik werden die Probleme, die eine zunehmende Technisierung mit sich bringt, entgegengehalten. »*Neue Technik eröffnet sicherlich neue Möglichkeiten, aber sie hat im Gefolge auch immmer wieder neue Probleme. Das ist wie 'ne Spirale.*« Man weist darauf hin, daß mit jedem Mehr an Technik auch die zu bearbeitenden Folgeprobleme wachsen. Das Eindringen der technischen Geräte in den Lebensalltag ist seiner Ansicht nach mit einem überproportionalen Zuwachs an Problemen, Gefahren und Risiken verbunden. Diese weiten sich aus, denn die finanziellen Barrieren, technische Geräte zu erwerben, werden immer geringer: »*Die Kinder haben also schnell diese Gameboys. Woher die das Geld haben, weiß ich nicht, jedenfalls haben sie die und sind fasziniert davon.*«

Trotz seiner Vorbehalte kann der »Skeptiker« das Eindringen von Technik in den Alltag nicht verhindern. Angesichts des massierten Erwartungsdrucks kann er selbst nicht immer auf Technik verzichten: »*Ich war wirklich gezwungen, meine Doktorarbeit mit dem Computer zu machen, weil der Anspruch an die äußere Form ist halt so hoch. Mit der Schreibmaschine ist das mal 'ne Note schlechter. Was heißt da noch Arbeitserleichterung, wenn man Texte schreiben will, hat man keine Alternative.*« Die Anwendung von Technik erfolgt hier aber in der Regel nicht aus dem eigenen Interesse heraus (»Wellenreiter«), sondern der Grund der Anschaffung wird den herrschenden Verhältnissen zugerechnet. Von der technischen Vernetzung gehen *Zwänge* aus. Da die Etablierung neuer Techniken immer mehr voranschreitet, fühlt man sich vom allgemein hohen Niveau der Technisierung zur Techniknutzung getrieben. »*Z. B. diese Entwicklung mit dem Girokonto ist so weit fortgeschritten, daß wenn ich mich persönlich weigern würde, mich dieser Technik anzuschließen, ich mein normales Leben aufgeben könnte, weil alles mittlerweile über diese Form des Geldtransfers verbunden ist.*«

Der »Skeptiker« erfährt Technik als Zumutung. Er fühlt sich durch sie in die Enge getrieben. Dem »Skeptiker« bedeutet die wachsende Technisierung einen Angriff auf seinen Alltag, da das nötige Ausmaß und die gewünschte Qualität sozialer Kontakte gestört, wenn nicht gar verunmöglicht werden. In den negativen Technikfolgen sieht er die als *Rückschritt* bewerteten Begleiterscheinungen des Modernisierungsprozesses. Der »kommunikationsbesorgte Skeptiker« kann es eben nicht als Fortschritt werten, wenn neue Techniken in der Absicht eingesetzt werden, sich Kommunikation zu »ersparen«. *»Die Technik knüpft Dialoge? Ich glaub eher, daß sie einem Leute vom Halse hält. Wenn ich so z. B. darüber nachdenke, wie die Leute durch den Anrufbeantworter filtern lassen, dann bedeutet dies doch eine Rückwärtsentwicklung. Mehr Dialog kommt dadurch mit Sicherheit nicht zustande!«*

In seiner lebensstilspezifischen Typik ist der Technisierungsprozeß und die Entwicklung menschlicher Kommunikation als ein *Nullsummenspiel* gedacht, wonach ein Mehr an Technik automatisch einen Verlust an Kommunikation bedingt. Schaltet sich die Technik in die Sozialbeziehungen ein, wird sie zunehmend zum Konkurrenten sozialer Beziehungen und zum Ersatz des Kommunikationspartners, wie dies im folgenden im Kommentar einer Ehefrau eines Computerbesitzers zum Ausdruck kommt: *»Weil er sich soviel mit dem Ding beschäftigt, hat er bei mir so'ne Allergie erzeugt. Er sitzt stundenlang davor. Ich sag' immer: Der Computer ist meine einzige Konkurrenz.«* Der Technik wird in der Stilisierung zum Kommunikationspartner wachsende Bedeutungsmacht zugeschrieben: *»Also die Frau, die ich kenn', ist in tragischer Weise immer allein vor diesem Ding und spielt gegen sich selbst oder das Gerät. Das find' ich ganz schrecklich. Sie selber hat nicht das Gefühl, daß da was nicht in Ordnung ist.«*

So werden Probleme in den Sozialbeziehungen der steigenden technischen Durchdringung zugeschrieben: Die Technikentwicklung führt zur Anonymisierung, zur Verarmung von Kommunikation und zum Verlust von Sozialbeziehungen. Dabei geht es nicht nur um den Verlust von Sozialbeziehungen, sondern auch um den Störeffekt der Technik beim Zustandekommen von face-to-face-Kontakten: *»Zum Beispiel im Supermarkt gibt es keine Unterhaltung mehr an der Kasse. Alles geht schnell schnell. Jeder sitzt heute zu Hause isoliert. Wenn man auf der Straße jemanden grüßt, dreht der sich um und fragt sich: ›Kenn ich den‹?«* Seiner pessimistischen Beurteilung gegenwärtiger Tendenzen steht eine Aufwertung vergangener Sozialformen gegenüber, in denen sich die Technik noch nicht »dazwischengeschaltet« hatte.

Für den »Skeptiker« werden durch die Inanspruchnahme von Technik soziale Beziehungen »artifizieller«, fragmentierter und momenthafter. So ist ihm Techniknutzung gleichbedeutend mit einem Verlust von Kontexteinbindung. *»Wenn ich z. B. etwas zeichne und dann korrigiere, dann ist das einfach ein Prozeß und etwas anderes, als wenn ich auf eine Taste drücke. Dann tu' ich das nicht, dann macht das das Gerät. Das sieht man den Sachen an. Sie sind zu perfekt. Aber gerade das Nichtperfekte hat ja was. Also wenn ich mich langsam an was 'rantaste, dann nehm' ich mir die Zeit, bis ich es hab'. Wenn ich das zu Anfang sehr dilettantisch mache, und das Gerät korrigiert für mich die Schritte, die ich dann versetzt hab' oder ergänzt hab', und die ursprünglichen sehe ich dann nicht mehr. Das ist entscheidend, dann seh' ich das nicht mehr in seiner Gesamtheit.«* Technik verhindert den unmittelbaren, direkten und authentischen Bezug, wie er für Wahrnehmungs- und Erfahrungsprozesse als wichtig erachtet wird. *»Z. B. beim Videospielen bin ich völlig mit den Nerven fertiggewesen. Ich hab wie gebannt vor diesem Teil gehangen mit Schweißperlen auf der Stirn und bin danach irre verärgert gewesen. Ich habe gedacht, was sitzt du hier vor so'nem blöden Gerät und läßt dich fertig machen. Ich kann das nicht. Da ist dann auch wieder so' ne Distanz. Ich hab' immer das Gefühl, ich tue das nicht, da ist 'ne Ebene zwischen.«*

Da Technik auch vom »Skeptiker« in ein semantisches Feld von Perfektionierung, Regelmäßigkeit und Vollständigkeit gestellt wird, bedeutet ihm Technisierung einen Verlust an Unschärfen und Unbestimmtheiten. Technik stellt für ihn eine »störende Perfektion« dar, zwingt sie doch Sozialverhältnissen im negativen Sinne eine künstliche Perfektion auf, die die Eigenheiten der Sozialverhältnisse, ihre »natürliche« Unbestimmtheit und Offenheit zerstört. Gerade diese aber werden als notwendig erachtet, um die Originalität und Authentizität, die Individualität und Einzigartigkeit von Personen und persönlichen Beziehungen sichtbar zu machen. So bedroht Technik nicht nur das Bild des »Skeptikers« von der idealen Kommunikation, sondern auch dessen spezifisches Verständnis von Personen als individualisierten Subjekten. Der »Skeptiker« betont, daß die wachsende Verbreitung von Technik nicht gleichgesetzt werden darf mit einer Bedeutungsaufwertung, daß die Prominenz der Technik nicht automatisch auf deren Tauglichkeit und Angemessenheit verweist. Vielmehr soll es nach ihm jetzt erst recht darum gehen, die Vorrangstellung der Personen zu unterstreichen: »*Ja der Computer ist im Gegensatz zum Menschen so erstmal 'ne Maschine. 'Ne Maschine macht das, was man ihr sagt, die gibt keine Widerworte, und die hat 'nen festes Gefüge. Die kann man ganz genau packen, die hat nämlich nur eine Regel, das ist ihr Betriebssystem. Was man also beim Computer als sein Innerstes bezeichnet, mit so was braucht man sich nicht auseinanderzusetzen, so was lernt man und beherrscht man. Aber 'nen Menschen kann man nie beherrschen, der ist nämlich so mannigfaltig. Ein Computer ist nicht mannigfaltig, der ist so billig gestrickt. Der Computer ist 'n Sklave, und mit dem braucht man sich nicht weiter zu beschäftigen, dem braucht man vor allen Dingen nichts von sich zu geben.*« Mit dieser auf Kritik und Distanz abstellenden Haltung macht der »Skeptiker« deutlich, daß die Technik nur in Abhängigkeit zur Person gedacht werden kann bzw. hier ihre Grenzen findet.

Technikumgang als ein Problem von Wertsetzung

Nur über einen reflektierten Umgang ist für den »Skeptiker« der Technikeinsatz zu rechtfertigen. Er fordert, sich seiner Motivation zur Anschaffung und Verwendung von technischen Geräten gerade in der nichtberuflichen Nutzung bewußt zu sein. Vor dem Hintergrund der vielfältigen kulturellen Überformungen, in denen Techniken eingebunden und angeboten werden, solle man sich seiner Ansicht nach der eigenen Sinngebung von Technik vergewissern. »*Es ist ganz schwierig, aber es ist ganz wichtig, daß man den Zweck und all das bewußt im Kopf hat und sich da eben nicht tyrannisieren läßt, das kann ganz leicht passieren.*« Nur ein reflektierter Umgang ermöglicht, den Verführungen durch die Technik zu entkommen: »*Es gibt Leute, die sagen, ich schalte meinen Fernseher nur dann an, wenn ich die Sendung gucken will, und ich bin überzeugt, die gucken auch die Sendung, die danach kommt. Das ist genau das Problem, da für sich die Grenze zu finden. Ich würde auch sagen, daß auch ich leider nicht immer diese Grenze finde.*«
Technikumgang wird für den »Skeptiker« zu einer Frage von *normativen Grenzziehungen*. Der entgrenzenden Technik müssen Werte als Orientierungslinien beigestellt werden. Diese fungieren

ebenso als Anleitungen wie als selbstdisziplinierende Barrieren. Statt der expansiv-unkontrollierten Techniknutzung gilt es, eine dosiert-reflektierte Nutzung oder sogar den Verzicht auf Technik schlechthin einzuüben: »*Ich nutze den Computer in einem sehr begrenzten Rahmen, und dann ist es aber auch gut. Mein Sohn, der will immer einen Gameboy haben, aber da weigere ich mich standhaft gegen. Als ich ganz in der Enge war, hab ich dann gesagt, du bekommst einen, aber nur wenn du zwei Einsen auf dem Zeugnis hast. Da er die sowieso nicht haben würde, war dies kein Risiko.*«

Gerade Computerspiele finden im Lebensstil des »Skeptikers« große Ablehnung, verstoßen sie doch vehement gegen seine Wertsetzungen. Im Kontrast zu der von ihm zum Kulturapriori erhobenen Buchlektüre befürchtet er, daß das Spielen mit dem Computer durch das »*stumpfsinnige Bedienen von irgendwelchen Knöpfen*« die Eigeninitiative lähmt und das eigenschöpferische Entwicklungspotential von Ideen blockiert. Er selbst beschreibt sich demgegenüber als *Mitglied* »*eines lesenden und schreibenden Volkes*« und richtet daher seine Kritik besonders gegen die unter Verdacht geratenen elektronischen Bildschirmszenarien: »*Mir hat mal 'ne Frau gesagt, ich könnt' doch wunderbar am Computer zeichnen. Da war ich ganz empört, weil die Vorstellung Zeichnung und Computer paßt für mich überhaupt nicht zusammen. Das sind zwei Sachen. Das ist nicht mein Ding, das würd' ich im Leben nicht tun. Also Zeichnen ist für mich Stift und Papier und hat nichts mit dem Bildschirm zu tun.*« Der »Skeptiker« lastet elektronischen Bildschirmmedien an, aufgrund geringerer Dekodierungserfordernisse die Entwicklung kognitiver und kreativer Fähigkeiten zu behindern. Er sieht deshalb in ihnen einen Angriff auf die herkömmliche Schreib- und Lesekultur, die gerade angesichts der Allgegenwart moderner Techniken eine besondere Wertschätzung erfährt: »*Unsere Kinder haben viel kreativer gespielt, haben selber Schreibmaschine geschrieben, ich bin froh, daß wir da keinen Computer hatten. Wenn man also früh damit anfängt, verliert man die Fähigkeit, handzuschreiben und in erster Linie, davon bin ich wirklich überzeugt, verlernen die Menschen also die Lust zu lesen. Und Menschen, die aufhören zu lesen, die kommen irgendwo in 'ne gefährliche Sache rein, und das wird weiter gehen.*«

Zentrale Voraussetzung für den Technikumgang ist ihm auf der einen Seite eine selbstbestimmte und selbstkontrollierte Aneignung von Technik, auf der anderen Seite die Unterordnung der Technik unter soziale und kommunikative Belange. »*Ein Kriterium ist für mich, daß ich selbst entscheiden muß, ob ich eine technische Möglichkeit wahrnehme oder nicht. Das heißt, daß sowohl von der Anwendung her man damit umgehen können muß, ohne einen zu großen Lernaufwand. Wenn man erst eine bestimmte Ausbildung absolvieren muß, ist 'ne Technik schon nicht mehr unbedingt für jedermann verfügbar. Auf der anderen Seite ist es wichtig, daß Technik 'n menschliches Maß hat.*« Die Verknüpfung von selbstbestimmtem Technikumgang und sozialverträglicher Techniknutzung erfolgt über Wertmaßstäbe, die die Verallgemeinerungsfähigkeit dieser Nutzungsweise garantieren sollen.

Der hohe Rang kommunikativer Werte führt zur Aufwertung »älterer« Technikformen. Ihnen schreibt er einen stärkeren kommunikativen Charakter zu. Er zieht den Briefkontakt dem Telefongespräch, das Telefongespräch einer Kommunikation über Anrufbeantworter vor, denn jede technische Neuerung bedeutet ihm eine Abnahme des Persönlichkeitsgrads der Kommunikation. Die Vorteile des Briefkontakts gegenüber der Kommunikation über Anrufbeantworter stehen außer Frage: »*Also ich les' wesentlich lieber Briefe, als mir was auf dem Anrufbeantworter anzuhören, weil es einfach eine andere Note hat, einen anderen Charakter hat. Der Anrufbeantworter ist nicht besonders sinnlich, und den Leuten fehlt etwas Persönliches.*« Auch bietet das Telefongespräch eine bessere Möglichkeit, das von Personen Mitgeteilte feinsinnig auszuhandeln und daher auch besser verständlich zu machen: »*Wenn jemand am Telefon sagt, das interessiert mich nicht, dann ist da schon die Chance, meine Argumentation zu erweitern und nochmal auf andere Aspekte hinzuweisen. Das kannst du in diesem Fall mit dem Anrufbeantworter nicht. Da geb' ich dem anderen 'ne Momentinformation, die ich dann nicht mehr beeinflussen kann.*«

Die Aufwertung vorangegangener Technikformen korrespondiert mit der Nichtinanspruchnahme der »neuen« Qualitäten von Technik. Man ignoriert, daß Informations- und Kommunikationstechniken eine neue Stufe in der Technikentwicklung darstellen. »*Ich würde sagen, ein Computer ist nicht unbedingt ein neues Kommunikationsmittel, sondern mehr so 'ne Kopie, einfach 'ne Weiterent-*

wicklung von 'ner Schreibmaschine.« Finden neue Techniken trotz aller Vorbehalte Verwendung, dann eben nur in der Form, daß die an »alter« Technik erprobten Umgangsweisen einfach auf die neuen Techniken übertragen werden: *»Jeder richtige Computerfreak würde sich totlachen, weil ich mit dem Teil nichts anderes mache als sonst mit der Schreibmaschine. Unsere Tochter in L. A. kriegt lange Briefe. Da also geht eifrig Post hin und her, und das geht wunderschön über Computer.«* Der Anrufbeantworter wird als Zusatzgerät, *»einfach als 'ne Verlängerung des Telefons«* genutzt oder weist in seiner Nutzung sogar Parallelen zur Briefpost auf: *» Wenn ich nach Hause komme, so ist es eine der ersten Sachen, die ich mache, erstmal nachschauen, ob Nachrichten drauf sind. Wenn keine erscheinen, dann ist es genau so enttäuschend, wie wenn man in den Briefkasten guckt, und es ist keine Post drin.«* Die lebensstilspezifische Aneignung von Technik ist erfolgreich durchgeführt, wenn die Umkodierung der »neuen« Technik in die Form einer »alten« Technik gelingt. In dieser Strategie der Rückspiegelung erscheint die »alte« dann als die »neue« Funktion: *»Mittlerweile ist der Anrufbeantworter so 'ne Art Briefkasten. Für mich hat er eine neue Funktion gekriegt.«*

Daß man die Möglichkeiten der modernen Kommunikationstechniken nicht aktualisiert, ist nicht zuletzt Ausdruck der distanziert-kritischen Haltung gegenüber den neuen Techniken. Aufgrund des Verdachts, daß Techniken Kommunikationsprozesse verzerren, kommt es zur Anwendung von Verdopplungsstrategien: Man mißtraut der Technik, wenn es darum geht, sie als neues Medium der Kommunikation einzusetzen. Um sich dagegen abzusichern, werden, soweit dies möglich ist, technikgestützte Prozesse »per Hand« nachvollzogen, um ihre Richtigkeit zu kontrollieren. Obwohl ein Computer zur Verfügung steht, wird der Text erst einmal handschriftlich angefertigt: *»Da ist die Tendenz, daß man parallel arbeitet. Ich halte das im Grunde für sicherer, das Handgeschriebene neben sich liegen zu haben. Ich würde niemals hingehen und nur 'ne Diskette abgeben, weil ich nicht weiß, können die das lesen, oder ist da wieder ein Übertragungsfehler. Ich seh das Problem vom Computer wirklich in der Kommunikation mit anderen. Was von anderen gesehen wird, da find ich, kann man ihm nicht so trauen. Wenn ich da 'ne Diskette abgebe, würd' mich wahnsinnig unsicher fühlen, ob das so ankommt, wie ich's will.«*

Die Techniknutzung des »Skeptikers« bleibt von seinem spezifischen Kommunikationsverständnis geprägt, das der Aktualisierung möglicher Umgangsformen spezifische Grenzen vorgibt. Für ihn liegt es daher außerhalb des Vorstellbaren, daß Techniken Kommunikationsprozesse vereinfachen oder gar ersetzen können. Daß der Einsatz von Technik unter anderem dazu dienen kann, ein Mehr an Kommunikation zu schaffen, wird von ihm nicht in Betracht gezogen.

Der Zugriff auf Technik erfolgt also nach *Wertgesichtspunkten*: Eine Zustimmung zur Techniknutzung findet dann statt, wenn Techniken im Zusammenhang etwa von Weiterbildung, Arbeit und Schule eingesetzt werden. Dann ist ihre sparsame Nutzung legitim: *»Den alten Computer haben wir den Kindern gegeben. Damit dürfen sie Referate für die Schule oder für die Schülerzeitung schreiben. Der hat auch 'n Vokabellernprogramm. Da können sie alles mit machen, Geschichtszahlen lernen, Sprachen lernen. Ich hab' beobachtet, daß unser Sohn sein Abitur darauf vorbereitet hat und die Unterlagen dann auch seiner Freundin im nächsten Jahr geben kann. Er hat also wirklich solche Sachen damit gemacht. Wenn der in richtige Hände kommt, muß ich sagen, ist das 'nen Segen. Bei uns hat sich das mit dem Computer zum Guten gewandelt.«* Diese »pädagogische« Form der Nutzung kann den Techniken aber nie per se, sondern nur rückblickend zugestanden werden. Man ist dann selbst überrascht, daß die Nutzung als sinnvoll erachtet werden kann, weil der Technik zugestanden werden muß, daß sie zum Auslöser neuer Verknüpfungen geworden ist. *»Was schon alles geschrieben worden ist mit dem Computer. Ich hätte das wirklich nicht gedacht, daß man das für solche Zwecke nehmen kann. Der Computer war mit ein Anstoß dafür, dieses Seniorenstudium anzumelden, weil ich festgestellt habe, daß mit dem Computer mein Englisch sofort wieder da war. Das kommt daher, daß man drauf los schreiben kann, und der Fluß geht ja plötzlich ganz anders, auf einmal fällt einem was ein.«* Diese Form der Nutzung kann sich jedoch in diesem Lebensstiltypus nicht offensiv, sondern nur ansatzweise entfalten, da sie an die inhärenten Grenzen dieses Typus stößt. Würde sie konsequent verfolgt, würde sie die Typik dieses Typus' sprengen. Die durch Technik erweiterten Möglichkeiten werden meist wieder an alten Maßstäben gemessen. Die entscheidende Rolle des Computers bei der Eröffnung von Handlungsmöglichkeiten wird erahnt, doch schnell beginnt die Zuwendung zu diesen neuen Verknüpfungen die Schlüsselstellung des Computers bei ihrer Bereitstellung wieder zu überdecken.

7.4 Entschleunigung durch dosierte Techniknutzung

Mit dem ausgeprägten Kommunikationsprimat und dem spezifisch kritischen Technikverständnis sind die Ausprägungen dieses skeptischen Lebensstils in der zeitlichen Dimension bereits wesentlich vorstrukturiert. Die besonderen Verzeitlichungsformen werden für den »Skeptiker« vor allem durch die Technik bestimmt. Sie ist es, die die Probleme der modernen Zeitverhältnisse in den Alltag trägt. Technische Artefakte sind für ihn Ausdruck, Symbol und Vehikel spezifischer zeitlicher Prinzipien. Die technischen Geräte werden als die Zeitgeber des modernen Lebens schlechthin angesehen: *»Es dürfte sich nicht noch mehr überschlagen und noch schneller werden, noch gekürzter. Es wird dann so manches verkürzt, gekürzt, so eingedickt. Das ist in erster Linie wegen den vielen neuen technischen Geräten, das ist auch nicht immer das Gute.«*
Die Zeitimperative der Technik schaffen demnach für den Skeptiker zeitliche Bedingungen, denen sich das Leben unterordnen muß. Die neuen Informations- und Kommunikationstechniken zwingen den Menschen in noch verschärfterem Maße und subtilerer Form als bisherige Techniken ihre Zeiten auf. Sie treiben Geschwindigkeiten alltäglicher Vorgänge auf die Spitze, sie entgrenzen bestehende soziale Zeitordnungen, und sie drücken dem Zeitgefüge des Alltags ihren Stempel des Jederzeit-Verfügbaren auf. Dabei erwecken sie den Eindruck, als könne man mit ihrer Hilfe Zeit einsparen.
Da die moderne Technik die Loslösung von festen, vorgegebenen Standardzeiten vorantreibt, stellt sie für den »Skeptiker« im Gegensatz zum »Wellenreiter« keinen wirklichen Vorteil dar, eher eine Gefahr. Der »Skeptiker« verwehrt sich dagegen, daß die Technik bisherige, den Alltag stützende Zeitnormen und Zeitordnungen aufhebt und Alltagszeiten flexibilisiert. Er sieht in der alltägliche Zeitnormen umstoßenden Technik die Gefahr, daß diese ihn eines Rund-um-die-Uhr-Zugriffs aussetzt, daß sie ihn einer permanenten Zugänglichkeit für ein nicht auswählbares Publikum ausliefert. Die Technik selbst trägt für ihn die Vorstellung

von allzeitlicher Verfügbarkeit in den Alltag: »*Ich habe dieses All-zeitbereit irgendwo satt, weil das führt nur noch dazu, daß man ansprechbar wird, ungeachtet dessen, was man so gerade macht.*« »Skeptiker« wenden sich gegen diese Form des Jederzeit-Verfügbarseins, besonders deshalb, weil sich die technisch ermöglichten Zugänglichkeiten nicht mit ihren lebensstilspezifischen Zeitrelevanzen decken.

Auch die Vorstellung, mittels Technik Zeitgewinne zu erzielen, ist für den »Skeptiker« längst nicht mehr überzeugend. Der Glauben an die zeitökonomischen Effekte des Technikeinsatzes, der Zeit-einsparungs- und Beschleunigungswirkungen verspricht, macht seiner Meinung nach blind für den zu leistenden Mehraufwand. Der »Skeptiker« stellt den zeitökonomischen Versprechungen der Technik das Mehr an Zeit für Installation und Reparatur, für das Erlernen und Trainieren von Benutzerqualifikationen, für das Abarbeiten zusätzlich erschlossener Möglichkeiten gegenüber. Die Unterstellung, daß technische Geräte per se Zeit einsparen, Handlungszeiten verkürzen, bestimmte Abläufe besser synchronisieren helfen und von Zeitvorgaben unabhängiger machen, verdeckt seiner Ansicht nach nur, daß mit dem Einsatz technischer Geräte schließlich auch das qualitative und quantitative Anspruchsniveau der ausgeführten Tätigkeiten steigt. Das mache, unterm Strich gerechnet, die Vorstellung von einem Zeitgewinn zur Illusion. Für den »Skeptiker« verkehrt sich das Muster zeitrationalen Technikumgangs. In Absetzung zum »Wellenreiter« betont er, daß Technik letztendlich nicht zu einem Zeitgewinn, sondern im Gegenteil, zum Zeitverlust führt: »*Also Technik würde mich Zeit kosten. Zum Beispiel ärgere ich mich darüber, wenn ich mich mit irgendwelchem Quatsch voll zufüttere und darüber, daß ich mit Video irgendwas aufzeichne und angucken muß.*« Er wehrt sich gegen eine Technik, die zum Zeitstrukturierer, Zeitbesetzer und Zeitfresser Nummer Eins zu werden droht.

Um sich den technisch induzierten Zeitdiktaten zu entziehen, opponiert der »Skeptiker« gegen Eile als fraglos unterstellter Norm: »*Wenn PC-Spezialisten immer reden über irgendwelche Taktgeschwindigkeiten, dann sag' ich, was wollt ihr eigentlich damit? Das könnt ihr überhaupt nicht benutzen. Ich hab' 'ne ganz eindeutig beschränkte Schnelligkeit in meinen Tätigkeiten. Irgendwann ist Schluß.*« Dem maschinellen Beschleunigungsdruck setzt er Ansprüche auf ein eigenes Tempo entgegen. Er wehrt sich dagegen, daß das Eilige als das Wichtige anzusehen ist und daß die zeitlichen Erfordernisse die Ausführung von Handlungen diktieren.

Als größtes Risiko neben den Beschleunigungs- und Zeitentgrenzungseffekten warnt der »Skeptiker« vor einer unbesehenen Zeitbesetzung durch die Technik. Es wird ein häufiges »Hängenbleiben« am technischen Gerät beobachtet und abgelehnt. Die ins Endlose getriebene Beschäftigung insbesondere mit dem Computer ist für den »Skeptiker« ein warnendes Beispiel, das ihn in seiner Kritik bestätigt. »Ich hab' gesehen, daß viele da stundenlang, nächtelang dran 'rumgespielt haben. Daß man sich einfach in der Zeit verhaspelt. Die Gefahr ist ja, wenn man da nicht mehr von wegkommt, daß man mehr Zeit daran verbringt, als einem lieb ist. Dieser Computer schafft es irgendwie immer, die Leute von anderen Sachen abzuhalten, so ähnlich wie das Fernsehen auch.« Technik fordert ein großes Maß an Aufmerksamkeit und schiebt sich für den »Skeptiker« derart in den Vordergrund, daß die »eigentlichen« Ziele immer mehr aus dem Blick geraten und die Beschäftigung mit der Technik schließlich zum Selbstzweck wird. Es gilt, sich vor einer Technik zu schützen, die einen tendenziell zeitlich voll vereinnahmt. Der »Skeptiker« will sich in seiner kritischen Haltung von den technischen Zeitzwängen und -zumutungen lösen und sich seiner eigenen Relevanzen bewußt bleiben.

»Skeptiker« wenden sich gegen eine zeitliche Vereinnahmung durch Technik. Statt des Zeiteinsparens und Zeiteinteilens geht es dem »Skeptiker« darum, Zeit für *sinnvoll* erachtete Tätigkeiten zu verwenden. Statt die Beschleunigung des Lebenstempos mittels der Technisierung noch weiter voranzutreiben, setzt er auf *Tempodrosselung*. Statt des Einhaltens von Terminen plädiert er für eine stärker inhaltsgebundene Zeitverwendung.

Zeitaufwand als Indikator von Bedeutsamkeit

Der »Skeptiker« gestaltet seine Zeit in der Weise, daß er für Kommunikationen die Zeitform des Gegenwärtigen bevorzugt. Kommunikation unter der Bedingung der gleichzeitigen Anwesenheit der Gesprächsteilnehmer gilt ihm als erfolgsversprechender als technisch vermittelte Kommunikation. Er vermeidet asynchrone Kommunikationsformen, bei denen auf Kommunikationsangebote nur mit mehr oder weniger großen Zeitverschiebungen geantwortet werden kann.

Die technikgestützte Kommunikation wird, eben weil sie Zeitsprünge und räumliche Distanzen impliziert, als defizitär und deshalb nur als Ersatz akzeptiert. »Skeptiker« verschicken Informationen nur »im Notfall« mittels technischer Geräte, um so zeitverschobene Kommunikation zu vermeiden. Die damit selbstauferlegte Gleichzeitigkeit erfordert die genaue zeitliche Synchronisierung und stellt eine hohe Belastung des Zeithaushalts dar. Der »Skeptiker« ist bereit, diese Kosten zu tragen. Er geht davon aus, daß Einsatz und Anstrengung für die anderen Kommunikationsteilnehmer aufzuwenden sind, weil dies zeige, wie »wichtig« einem die anderen Personen sind. Keine Zeit für andere zu haben heißt, daß einen die anderen nicht wirklich interessieren: »*Also ich fühl' mich dann wichtig, wenn jemand auch vielleicht zehnmal versucht, mich zu erreichen, auch ohne Anrufbeantworter. Aber wenn jemand da einmal auf den Anrufbeantworter blubbert, ruf' mal zurück, was heißt das?! Das ist ja nichts Wichtiges, das läßt keine Rückschlüsse zu, ob ich jetzt der Person was bedeute oder nicht.*« Zeit zu investieren bedeutet dagegen, die Wertschätzung und Bedeutsamkeit der Anderen zu betonen. Dies erklärt auch, daß es im Lebensstil des »Skeptikers« zum besonderen Honorieren von Zeitaufwand kommt.

Der »Skeptiker« wendet sich gegen die modernen Kommunikationstechniken, da sie seine Indikatoren für persönliche Wertschätzung unscharf werden lassen: Die durch sie ermöglichten Erleichterungen der Kontaktaufnahme und der Informationsübermittlung lassen den investierten Aufwand oft nicht mehr erkennen. Unter Umständen schraubt der »Skeptiker« das technisch Mögliche sogar künstlich zurück und verschärft damit die Bedingungen wechselseitiger Erreichbarkeit: »*Es ist unglaublich, aber ich weigere mich, den Anrufbeantworter zu benutzen, den mein Mann da hingebaut hat. Wenn ich nicht da bin, bin ich eben nicht da, und die Leute sollen probieren, mich zu finden oder nicht. Entweder möchte mich jemand erreichen, der wird mich erreichen, oder wenn er's bleiben läßt, läßt er's bleiben. Das dürfte für niemanden 'n Hinderungsgrund sein, und wenn er das nicht schafft, man kann mir schreiben, oder man kann mich besuchen.*« Gerade die neuen Kommunikationstechniken machen es generell immer schwieriger, die zeitlichen Anstrengungen für das Zustandekommen von Kommunikation sichtbar werden zu lassen. Der »Skeptiker« reagiert darauf nicht nur in der für ihn typischen technisch-restriktiven Form. Zuweilen gerät er dadurch auch in Konflikte. Einerseits insistiert er auf einer möglichst persönlichen, und zwar »technikfreien« Form der Kommunikation, andererseits stellt er hohe Ansprüche an die Aufrechterhaltung seiner mannigfaltigen sozialen Beziehungen, die ohne die Zuhilfenahme von Kommunikationstechnik heute kaum noch zu bewerkstelligen sind. Nur große Distanzen in den sozialen Netzen können einen Technikeinsatz rechtfertigen.

7.5 »Zurück (und) in die Zukunft«

»Skeptiker« beziehen gegenüber allem Neuen zunächst einmal eine argwöhnische Haltung. Dem verdanken sie ihren Namen. Anders als beim »Wellenreiter« hat sich alles Neue einem Vergleich mit dem Überkommenen und Bewährten einerseits und dem noch zu Erreichenden und zu Erstrebenden andererseits zu stellen. Gerade in bezug auf die Kommunikationstechniken verläßt man sich eher auf das Funktionieren des Bewährten: *»Als mein Mann mir Word 4 durch 5 ersetzt hat, da war immer etwas Neues auf dem Bildschirm, da ging überhaupt nichts mehr. Dann hab' ich fürchterlich geschimpft und gesagt, er soll seine Finger von meinem Computer lassen. Jetzt arbeite ich wieder mit dem alten Programm.«*
»Skeptiker« widersetzen sich Moden- und Epochenwechsel und der in der Moderne stattfindenden Kultivierung des immer Neuen. Mit der technikinduzierten Fragmentierung und Schnellebigkeit treten für sie problematische Veränderungen auf. Schwierigkeiten ergeben sich besonders dann, wenn man bisherige Umgangsweisen nicht mehr auf die neuen technischen Geräte übertragen kann. Nur in sorgfältiger Abwägung mit Vergangenem lassen sie sich auf Veränderung ein. Erst wenn hinreichende, das Neue legitimierende Bewertungskriterien aufgestellt sind, erscheint Neues einbindbar und damit zulässig. Die Vergangenheit wird als Bewertungsmaßstab herangezogen. Man will nicht aus dem Gewohnten und Erprobten herausgerissen werden und beklagt – wie im folgenden Beispiel – im Rückblick auf frühere Techniken etliche Verluste beim Einsatz moderner Techniken:

»*Ich schreibe lieber auf der Schreibmaschine als auf dem Computer. Beim Computer habe ich nie mehr den Text in seiner Gesamtheit vor Augen. Da fällt es mir sehr schwer zu formulieren, ich
werde nervös, weil ich nicht durchstreichen und das nicht mehr
sehen kann, was ursprünglich da stand. Das werden dann so sterile
Texte, die zwar perfekt, aber nicht aus dem Prozeß entstanden
sind.*«

»Skeptiker« orientieren sich an Vorstellungen von Ganzheitlich-
keit und gehen deshalb davon aus, daß Phänomene nur hinreichend zu verstehen sind, wenn die Kontexte ihrer Entstehung
mitberücksichtigt werden. Die derzeitigen Verhältnisse werden
von ihnen als Entwicklungsresultate vergangener Verhältnisse interpretiert. »Skeptiker« entwickeln auf diese Weise einen hohen
Bedarf an Geschichte, aus der sie Empfehlungen für richtiges
Handeln ableiten. Die Vergangenheit fungiert gleichsam als Kor-
rektivfolie. Doch die damit verbundene Rückwärtsorientierung
führt gleichzeitig zu einer Selbstbindung an Vergangenes. In ihrem Rückblick etwa auf vergangene Sozialformen und ältere
Techniken wird Altes neu festgeschrieben. Da man so tut, als
könne man etwas über die Zeit hinweg transportieren, ohne daß es
seine Bedeutung verliert, können »Skeptiker« die unterschiedlichen Bedeutungen hergebrachter und neuer Techniken vor dem
Hintergrund radikal veränderter Kommunikationsverhältnisse
kaum angemessen würdigen. Ihre Klärung der Wirklichkeit durch
den Rekurs auf die Vorgeschichte beschönigt Diskontinuitäten
und mündet in eine Idealisierung des Alten und in einer Zurück-
haltung gegenüber dem Neuen, das »Skeptiker« tendenziell ins
kommunikative Hintertreffen bringt. In dieser Orientierung, die
fragt, wie etwas zustande gekommen ist, statt: wozu das Gegebene genutzt und ausgebaut werden könnte, bleiben ihre Interpretationen *retrospektiv* ausgerichtet.

Diese Bindung an das Vergangene verhindert die Ausbildung von
spezifischen Fähigkeiten, wie etwa das Umschalten- und/oder das
flexible Reagierenkönnen. Möglichkeiten zu experimentieren, orginell und konstruktiv zu tüfteln, werden eingeschränkt, denn
»Skeptiker« können ihre Konstruktionen »nach hinten« hin nicht
lösen und, wie wir sehen werden, »nach vorne« hin nicht frei
machen. Für unkonventionelle Beobachtungen bleibt wenig
Raum. Ihre Konstruktionen bleiben Re-Konstruktionen.

Das Vertrauen des »Skeptikers« in die Zukunft ist weithin gebrochen. Angesichts wachsender Risiken kann seiner Meinung nach Zukunft nicht mehr mit Fortschritt schlechthin gleichgesetzt werden. Gerade die neuen Techniken, die angetreten sind, den Fortschritt zu sichern, stellen für ihn die eigentliche Gefährdung der Zukunft dar. Damit bekommt in ähnlicher Weise wie die Vergangenheit auch der Zeithorizont der Zukunft beim »Skeptiker« eine ganz spezifische Ausprägung.

In seiner Distanzierung von der modernen technischen Entwicklung entwirft der »Skeptiker« Bilder einer technikdomestizierten Zukunft. So spricht er sich explizit gegen ein Weitertreiben der Technikentwicklung aus, ohne damit jedoch jeglichen Fortschrittsoptimismus aufzugeben. Trotz seiner Technikskepsis existieren daher Gemeinsamkeiten mit dem »Wellenreiter«, wenn auch mit einer ganz anderen Akzentuierung. Auch der »Skeptiker« greift auf herkömmliche, lineare Denkmuster von Zeit zurück, die die Kontinuität von Vergangenheit und Zukunft unterstreichen: So wie aus der Vergangenheit das Brauchbare zu retten ist, so ist aus der Zukunft das Wünschenswerte zu beziehen. Beides gemeinsam erst verleiht der Gegenwart Sinn und ist in der Lage, die Technik, ihren Einsatz und ihre Fortentwicklung, von beiden Seiten her zu disziplinieren. Die erfahrenen und erwarteten Werte können und dürfen nicht durch rein technische Lösungen ersetzt werden.

Mit ihren Bildern einer technikdomestizierten Zukunft verkennen »Skeptiker«, daß Zukunftsvorstellungen generell, seien sie in pessimistischen oder optimistischen Tönen gehalten, letztendlich immer gegenwärtige Vorstellungen sind. So bleiben ihre Hoffnungen auf eine bessere, »menschlichere« Zukunft als gegenwärtiges Wissen im Hier und Jetzt stecken. Mag sein, daß sie um bessere Lösungen für eine Zukunft wissen, nur wird sich die Zukunft schneller ändern als die Vorstellungen von ihr und anders ausfallen, als man erwartet. Weil die gegenwärtigen, mißlichen Verhältnisse eine Umsetzung ihrer Entwürfe blockieren, fungieren dem »Skeptiker« Zukunftsentwürfe als Beruhigung und als Handlungsentlastung. Damit aber konzentrieren »Skeptiker« ihre ganzen Ambitionen auf die Kritik der sie verhindernden, aktuellen Bedingungen. So laufen sie Gefahr, ihr Ressourcenpotential an Bedingungen einer Realität zu verschleißen, die sie eigentlich nicht haben wollen. »Eigentlich« will man etwas ganz anderes, etwas das war und etwas das sein wird, nur unter den derzeitigen Bedingungen kommt man nicht dazu. Das Eigentliche, das die Gegenwart nicht zuläßt, kann für den »Skeptiker« nur noch als Zukünfiges Raum gewinnen; es wird von ihm in die Zukunft projiziert. Die Zukunft, in die Form von Utopien gebracht, wird für sie zum Realitätsersatz, zum Ersatz einer Realität, die gegenwärtig nur enttäuscht.

Aus dem Blick geratene Zeitpraxis

Eine Kommunikationsform, die auf Anwesenheit, Gleichzeitigkeit und Eigentlichkeit abstellt, erfordert einen hohen Zeitaufwand. »Skeptiker« müssen aufgrund ihres Orientierungsprimats in der sozialen Dimension ein großes Maß an Zeitressourcen mobilisieren, ja fast rücksichtslos und verschwenderisch mit ihnen umgehen. Sie leben in sozial mannigfaltigen Zusammenhängen, die ihren Zeithaushalt strapazieren. Sie operieren mit der Unterstellung: Wenn man sich nur genügend Zeit nimmt, kommt man zu gemeinsamen, wohlüberlegten, vernünftigen Lösungen, auch und gerade was den Technikeinsatz betrifft.
Sich für wichtige Sachen, für das »Eigentliche«, Zeit zu lassen, behandelt Zeit letztlich als eine Ressource, die immer vorhanden ist. Und selbst, wenn sie knapp ist, ist sie »eigentlich« nicht knapp. Eigentlich, so unterstellen »Skeptiker«, herrscht eine Zeitfülle, die künstlich zu der alltäglichen Zeitenge gemacht wird. Ein enges »Zeitkorsett« sieht der »Skeptiker« vor allem auch durch die Technik aufgezwungen. So wird ein technikskeptisches bis ablehnendes Bild gezeichnet, in dem meist verschwiegen wird, daß man, obwohl man Technik ablehnt, an der zeitlichen Freistellung partizipiert und von Zeitgewinnen profitiert, die durch den allgemeinen Technikeinsatz zustande kommen. In diesem Sinne erweisen sich »Skeptiker« als Technikparasiten, die sich das für sie brauchbar Erscheinende heraussuchen.
Die eigensinnige Form, Zeit besonders extensiv, d. h. »mit vollen Händen« auszugeben, für kommunikative Verständigungsprozesse einzusetzen, ist dem »Skeptiker« derart normal geworden, daß er die von seinem Lebensstil geforderten Zeitkosten kaum mehr sieht. »Sich Zeit zu nehmen«, Zeit zu »entschleunigen«, Zeit

nur für sinnvoll erachtete Zwecke und Ziele zu verwenden, ist ihm äußerst wichtig, weil ein Teil seiner Kritik, geworden. Je selbstverständlicher aber diese kritisch gemeinten Strategien angewendet werden, je mehr sie sich jeglicher Reflexion entziehen, laufen sie Gefahr, zur unhinterfragten Normalität, zu einer Art Kritikroutine, zu werden. Der »Skeptiker« ist in paradoxer Weise abhängig geworden: den Gegenstand seiner Kritik ablehnend, kann er ihn nicht mehr verabschieden. Kritisch zu sein und es »andersmachen-zu-wollen« als die »unkritischen« anderen, ist für den »Skeptiker« eine nicht mehr zu kritisierende Praxis. Daß dies die eigene und womöglich noch die Zeit der anderen kostet, taucht in der Sinnbilanz dieses Typus nicht mehr auf. Vorgestellt als die einzige, weil »beste« Lösung, entwickelt die generalisierte Gegenposition affirmative Züge. Sie wird zu einer eingespielten, den Status quo bestätigenden und verstärkenden Haltung, die ähnlich wie die Intensivierungsstrategien der Zeitökonomen durchgehalten werden muß. Der »Skeptiker« verliert damit andere Möglichkeiten des Operierens mit Zeit aus dem Blick.

Trotz der hohen Ansprüche, Zeit sorgfältig zu verwenden, stößt der »Skeptiker« in seinem Umgang mit Zeit an lebensstilspezifische Grenzen. Auch wenn er die Qualität der Zeitverbringung besonders hervorhebt, stellt er die radikalere Frage nach der Eigenqualität der Zeit nicht. Zeit bleibt dem »Skeptiker« wie dem »Wellenreiter« Zeit »für« etwas. Zeitfragen bleiben Fragen nach der angemessenen Nutzung und sinnvollen Verwendung von Zeit. Die Qualität der Zeit wird von dem »Skeptiker« an den Handlungsinhalten gemessen, die Qualitätssteigerungen von Zeit werden mit Mehrung und Intensivierung von Handlungsmöglichkeiten identifiziert. Die Zeit selbst als hinterfragbare Größe kommt nicht in den Blick, ihre Kapazitäten als eigenständige Problemlösungsdimension bleiben lediglich geahnt.

7.6 Problematik einer Eigentlichkeitsorientierung: Neue alte Kommunikationszwänge

Das Beziehungsgefüge von Kommunikations-, Technik- und Zeitpraxis wird in diesem Lebensstil durch ein spezifisches Kommunikationsverständnis angeleitet und bestimmt. Kommunikation erfährt als soziale Interaktion eine besondere Wertschätzung, gilt es doch, über sie Verständigungsprozesse einzuleiten und zu gewährleisten. Im Vordergrund steht eine Praxis, die primär auf die authentische und originäre face-to-face-Kommunikation abstellt. Unter diesem Kommunikationsprimat tritt die Technik in diesem Lebensstil als »Störer« auf. Technische Geräte finden deshalb nur unter Vorbehalt und sehr eingeschränkt im privaten Alltag Verwendung: Techniken allgemein und Kommunikationstechniken im Besonderen sind dezidiert den sozialen Belangen und Erfordernissen unterzuordnen. Die Technisierung und die Entwicklung menschlicher Kommunikationsverhältnisse werden dabei typischerweise als ein Nullsummenspiel betrachtet, so daß eine ständige Abgleichung von technischem Bedarf und sozialen Belangen stattzufinden hat.

Dabei »stört« die Technik neben den sozialen Kommunikationsverhältnissen auch eine sinnvolle Zeitverbringung. »Skeptiker« wollen sich nicht von fremdgesetzten, mit den Apparaten ins Haus geholten Zeitimperativen die Ordnung ihrer Welt durcheinanderbringen lassen. Das gestiegene Lebenstempo sowie der Aktualitätsdruck, den sie in ihrer Umwelt registrieren, konterkarieren ihre Intention, Zeit »angemessen« zu verwenden. Hektik und Eile sind ihnen die Erzfeinde, die die Sinnfundamente des Lebensstils über kurz oder lang ruinieren. Sie wehren sich gegen das Ansteigen des Lebenstempos und fordern eine allgemeine Entschleunigung. Zeit soll im privaten Leben nur für »sinnvoll« erachtete Ziele und Zwecke eingesetzt werden, womit in erster Linie die Aufrechterhaltung und Pflege sozialer Kontakte gemeint ist.

Die in diesem Lebensstil als »Eigentlichkeitsorientierung« bezeichnete Haltung zeichnet sich dadurch aus, daß sie den Sachen »auf den Grund« gehen will. Das für diesen Lebensstil typische Hinterfragen erfolgt über Kommunikation. Man sieht in der Kommunikation das probate Mittel, sich gemeinsam auf das »Eigentliche« zu verständigen. Dazu fordert man eine unverstellte Kommunikation, die sich an den Kriterien Offenheit und Authentizität orientiert.

Die Vertreter dieses Lebensstils vertrauen dieser hochspezifischen und normativ aufgeladenen Kommunikationsform weithin uneingeschränkt. Angesichts der sich pluralisierenden Kontexte, der Entfaltung einer Vielfalt von nebeneinander existierenden Lebensstilformen, die ihre je eigenen Sprachen entwickeln, droht diese Kommunikationspraxis jedoch an ihre Grenzen zu stoßen.

Einerseits wird das Aufmerksamkeitspotential der Kommunikationsteilnehmer sowie die Beständigkeit kommunikativ ausgehandelter Vereinbarungen weit überschätzt. Da jede Kommunikation Zeit braucht, werden »Skeptiker« angesichts ihrer steigenden kommunikativen Aktivitäten mit Problemen des knapper werdenden Rohstoffs »Aufmerksamkeit« konfrontiert. Andererseits bedarf die Steuerung des Kommunikationsverlaufs durch die beteiligten Kommunikationsteilnehmer immer größerer Anstrengungen, vor allem dann, wenn das Kommunikationsgeschehen mitunter eine Eigendynamik entfaltet, die von keinem der Kommunikationsteilnehmer beabsichtigt ist, geschweige denn kontrolliert werden kann.

Kommunikationsprobleme werden vom »Skeptiker« in einer Weise bearbeitet, die unter dem Ballast der Personalisierung den Eigenheiten der Kommunikation selbst kaum Aufmerksamkeit widmet. Wenn Verstehen von Kommunikation bedeutet, dasselbe zu denken, die gleiche Sprache zu sprechen, dieselbe Bedeutung in die Sätze zu legen, dasselbe zu meinen und dasselbe für wichtig und nicht für wichtig zu halten, dann können Verständigungsprobleme der Kommunikation nicht von den Verstehensproblemen einzelner Personen unterschieden werden. So werden für den »Skeptiker« die in der Kommunikation auftauchenden Widersprüche, Mißverständnisse und Ablehnungen zur Aufforderung nach einer offeneren, unverstellten und authentischen Kommunikation, womit sich aber der Einblick in die Unterschiedlichkeit der vertretenen Meinungen und Positionen erhöht. In dieser spezifischen Orientierung hat eine Kommunikation, in der es in erster Linie nicht mehr um Stimmigkeit, Wahrheit und Begründbarkeit des Kommunizierten mit dem Ziel seiner Konsentierung geht, keinen Platz. Daß mitunter gerade aber der Dissens, der nicht »überbrückt« werden kann, dazu beiträgt, das kommunikative Netz von Verweisungszusammenhängen »am Laufen zu halten« und weiterführende Kommunikation anzuregen, wird unterschätzt.

Typisch für die »Skeptiker« ist, daß auftretende Probleme und Unzulänglichkeiten immer wieder der Technik zugeschrieben werden und keinesfalls der von ihnen bevorzugten Kommunikationsform. Aufgrund seines zur Leitdimension ausformulierten personenbezogenen Kommunikationsverständnisses gewinnt der »Skeptiker« eine kritische Distanz zur Technikentwicklung. Es gelingt ihm, Kritikpotentiale freizusetzen und die negativen Technikfolgen herauszustellen und sich Distanz zu einer als Fortschritt begriffenen Technikentwicklung zu verschaffen. Die Unhintergehbarkeit des spezifischen Kommunikationsverständnisses aber führt zu einseitigen Problemzuschreibungen und zur bekannten Strategie eines »Mehr Desselben«: Man fordert die Zurückdrängung technisch gestützter Kommunikation zugunsten sozialer Kommunikation bzw. ein Mehr an offener, unverstellter und authentischer Kommunikation.

Mit der vom »Skeptiker« praktizierten Unterordnung der neuen Technik unter die als Leitdimension fungierende Kommunikationspraxis wird unterschätzt, daß Technik nicht nur Kommunikation stören, sondern ganz im Gegenteil auch als Anlaß für das Zustandekommen von Kommunikation fungieren kann. Gerade neue Techniken werden verstärkt zum Bezugspunkt von Kommunikation und setzen damit neue Kommunikationsprozesse in Gang. Die Forderung der »Skeptiker«, Technik anders, nämlich mit dem Ziel zu nutzen, sie unter die soziale Kontrolle zu bringen, ignoriert zudem die Eigendynamik technischer Entwicklung. Daß ein Mehr an Technik auch mittels der Generierung neuer Kombinationsmöglichkeiten ein Mehr an qualitativer Kommunikation hervorbringen kann, wird ausgeblendet.

Auch seine Unterordnung der Zeitpraxis unter den lebensstilspezifischen Kommunikationsprimat läßt mit Blick auf die Technik nur spezifische Problemsichten zu: Da die problematischen Zeitverhältnisse der Wirkkraft der neuen Generation von Technologien zugeschrieben werden, werden Änderungsmöglichkeiten der den Alltag belastenden Zeitstrukturen vorschnell als eine Frage des Technikverzichts diskutiert. Die Eigendynamik der Zeitverhältnisse, die mit dem Reflexivwerden in der fortgeschrittenen Moderne eine Komplexität erreicht hat, die über die Beschleunigung hinaus auch zu neuen Umgangsformen führen kann (vgl. »Spieler«), bleibt unberücksichtigt. Mit dem sinnvollen Technikeinsatz und der sinnvollen Form der Kommunikation ist für den »Skeptiker« die Qualität der Zeitverbringung garantiert. In seiner einseitigen Konzentration auf Problemlösungen auf der sozialkommunikativen Ebene gerät die Möglichkeit einer Problemlastverlagerung von einer auf die andere Ebene aus dem Blick: Daß man etwa durch einen anderen Umgang mit Zeit vielleicht gerade zusätzliche Zeit für die Kommunikation von heiklen Fragen gewinnen kann.

Am Lebensstil des »Skeptikers« läßt sich zeigen, daß die technisch ermöglichte Ausdehnung kommunikativer Erreichbarkeit mit neuen Problemen einhergeht. Kommunikation ist aber durch die Etablierung einer technischen Infrastruktur nicht nur in erweiterter Form verfügbar, sie wird auch in zunehmendem Maße vorausgesetzt, sprich: zugemutet. Die Weigerung der »Skeptiker«, Kommunikationstechniken zu benutzen, gerät unter massiven Erklärungsdruck. Denn sind die Kommunikationsmöglichkeiten erst einmal durch die technischen Geräte installiert, bergen sie quasi die Verpflichtung, sie auch in Anspruch zu nehmen. Technische Geräte nicht zu benutzen oder ihre Funktionszeiten zu unterbrechen, verletzt neue Kommunikationsnormen und führt zu Problemen.

Der »Skeptiker« steht in dem typischen Konflikt, einerseits auf einer möglichst persönlichen, technikfreien Form der Kommunikation zu insistieren, andererseits hohe Ansprüche an die Aufrechterhaltung seiner mannigfaltigen sozialen Beziehungen zu stellen, die ohne die Zuhilfenahme von Technik heute kaum noch zu bewerkstelligen sind. Die ausgeprägte Kommunikationsverpflichtung mit den gleichzeitigen starken Vorbehalten, technische Kommunikationsmittel umfänglich zu nutzen und einzusetzen, belasten den Zeithaushalt.

Der »Skeptiker« führt uns ein in weiten Kreisen der Gesellschaft existierendes Phänomen vor: die uneingestandene Verpflichtung zur sozialen Kommunikation. Aufgrund des verpflichtenden Charakters von Kommunikation hat der »Skeptiker« extreme Schwierigkeiten, Kommunikationsangebote abzulehnen bzw. Kommunikationsflüsse zu unterbrechen: »Das ist schon so'n bißchen das Gefühl, ich müßte mich eigentlich melden, ich tue es aber nicht, und das ist schon 'ne schwere Entscheidung manchmal.« Um diesen damit einhergehenden Gewissenskonflikten aus dem Weg zu gehen, verzichtet er in einigen Fällen sogar lieber ganz auf die durch Technik ermöglichte Kommunikation: »Mit einem Anrufbeantworter hätte ich das Gefühl, ich müßte zurückrufen, und deshalb will ich keinen. Wenn mich jemand anruft, und der ist direkt am Telefon, dann kann ich immer noch sagen, hör mal, das paßt mir im Moment nicht. Ich kann doch nicht zurückrufen und sagen, ich will nicht mit dir telefonieren. Das ist ein bißchen blöde und einfach nein sagen, das geht auch nicht, weil da besteht schon 'nen hoher Druck.« Der typisch hohe Kommunikationsdruck, mit der Schwierigkeit, nicht Nicht-Kommunizieren zu dürfen, ist als unausgesprochenes Erwartungsmoment weit verbreitet. Gerade das im Lebensstil des »Skeptikers« normativ aufgeladene Kommunikationsverständnis verschärft diese Situation. In seiner einseitigen Konzentration auf den Problemlöser »Kommunikation« bleibt unberücksichtigt, daß Kommunikation selbst problembehaftet ist und mitunter problemgenerierend wirkt. Sein explizit formulierter Kommunikationsimperativ zwingt zu einer permanenten Kommunikations- und Verständigungsbereitschaft. Er untersagt auf der einen Seite, das Zustandekommen von Kommunikation selbst als Störung zu betrachten und verhindert auf der anderen Seite, das Nichtzustandekommen von Kommunikation für den weiteren Kommunikationsprozeß als möglicherweise wertvoll anzusehen.

8. Der »zeitjonglierende Spieler« – Aus der Konfrontation entstanden

Der »Spieler« kann gelesen werden als ein Lebensstil, der sich von den anderen beiden Typen durch seine eigenwillige Form, auf Zeit zuzugreifen, unterscheidet. Zeit ist in dieser spezifischen Orientierung des »Spielers« der thematische Kristallisationskern, über den sich dieser Lebensstiltypus ausformuliert. Mit anderen Worten: Zeit bildet die bevorzugte Sinndimension, aus der dieser Typus seine Stilisierung erfährt.

Seine besondere Form des Zugriffs auf Zeit zeigt sich an seinem spielerischen Umgang mit Ereignissen. Ihm gilt es als unabdingbar, sich aus engen Zeitbindungen zu lösen. Das Spiel wird erst zum Spiel, wenn dem *Zufall* hinreichend Chancen gelassen werden, wie sie in einem Spiel durch Kartenmischen, Lose ziehen, Würfeln systematisch erzeugt werden. In diesen Kontext fällt die Techniknutzung des »Spielers« und ist in diesem Sinne zeitlich geprägt. Wir haben es also hier nicht nur mit der Ausformulierung eines Zeitverständnisses und eines hoch voraussetzungsvollen Zeitumgangs zu tun. Zeit ist vielmehr an zentraler Stelle eingelassen, so daß sich erst über das »Nadelöhr« Zeit die entsprechenden Kommunikations- und Technikformen angemessen begreifen lassen.

8.1 Möglichkeitsorientierung: In Bezügen denken

Indem der »Spieler« sich die Zeit in einer spezifischen Form aneignet, kann sich seine kreative Kraft des spielerischen Entwerfens voll entfalten. Er versucht, sich von starren, standardisierten Zeitregulativen, normativ aufgeladenen Zeitordnungen und der alles beherrschenden Denkfigur der Zeitlinearität zu distanzieren. Er stellt die Macht der geltenden Zeitbindungen in Frage und begreift Zeit als solche, die es flexibel zu gestalten und zu moderieren gilt. Durch diese Neuorientierung auf Zeit erschließen sich ihm neue Perspektiven. Zeitroutinen werden durchbrochen, Zeitbezüge können variiert und neu kombiniert werden. Der »Spieler« denkt in Bezügen: »Wenn so, dann so, wenn aber nicht so, dann eben anders.« Je nach Situation wird entschieden, ob auftauchende Ereignisse verfolgt werden, ob ihren Verweisungen auf gewisse Zeithorizonte nachgegangen wird. »Spielen« heißt mit anderen Worten: »hypothetisch« leben, ein Leben im Konjunktiv führen. Der »Spieler« bewegt sich in einer Wirklichkeit, die Gegebenes ständig unter Variationsgesichtspunkten betrachtet, weil Wirklichkeiten, Tatsachen, Fakten in ihrem So-sein stets auf andere Möglichkeiten verweisen und zur Suche nach Alternativen provozieren. Vor diesem Hintergrund entwickelt er einen ausgeprägten Möglichkeitssinn, der den Lebensstiltypus in seiner Gesamtheit prägt. In dieser Möglichkeitsorientierung gilt das Interesse des »Spielers« den flexibel gehaltenen eigenen Parts im »Spiel der Spiele«[1].

8.2 ... und in jeder Gegenwart neu beginnen ...

Der »Spieler« praktiziert einen Zeitumgang, der sich durch eine hohe Situativität auszeichnet. Im Moment auftretende Gelegenheiten werden *flexibel* genutzt. Er ist sensibilisiert für Diskontinuitäten. Er handhabt und modelliert das Unerwartete, er reagiert angesichts unvorhergesehener Ereignisse mit hoher Flexibilität und Improvisation, er bindet sogenannte »Wechselfälle« (Sichtermann 1988) situationsspezifisch ein: *»Im Moment ja, da lasse ich ›das Modell Single laufen‹. Das steht jetzt an. Und dann schauen wir 'mal. Wenn ich mir vorstelle, was ich mir alles für Erwartungen gemacht habe, und wie fertig war ich, als es dann doch alles ganz anders gekommen ist. Damals zum Beispiel, als ich wegen meiner Bekannten nach V. gezogen bin, war nach zwei Monaten war dann Schluß, und ich konnte mir schon wieder eine neue*

---

1 Hier werden Assoziationen zu der literarischen Figur vom »Mann ohne Eigenschaften« geweckt, wie ihn Musil in der Person des Ulrich skizziert: Er sagt beispielsweise nicht: »Hier ist dies oder das geschehen, wird geschehen, muß geschehen, sondern er erfindet ... und wenn man ihm von irgendwas erklärt, daß es so sei wie es sei, dann denkt er: Nun es könnte wahrscheinlich auch anders sein. So ließe sich der Möglichkeitssinn geradezu als die Fähigkeit definieren, alles, was ebenso gut sein könnte, zu denken und das, was ist, nicht wichtiger zu nehmen, als das, was nicht ist« (Musil 1988: 16).

Wohnung suchen. Mehr als drei Monate vorauszuplanen, damit legt man sich nur selbst auf's Kreuz.«
Er sucht sich vom Postulat der Zeitdisziplin zu lösen, in der die Tugenden der Pünktlichkeit, Stetigkeit und der strikten Einhaltung vorgefertigter Zeitstandards Maßstäbe der Handlungsorientierung sind. Eingeschworene Zeitbahnen werden verlassen, um sich auch für Ungeplantes und Unvorhergesehenes bereit zu halten: *»Priorität ist, wenn man so will, daß ich meinen Tagesablauf so spontan unstrukturiert wie möglich angehen kann, natürlich mach' ich auch Termine und verabrede mich, aber es ist alles so, daß ich auch 'mal was umschmeißen kann. Dieses Beharren auf den klassischen Zeiten ist dann nur hinderlich. Früher war das ganz anders. Da war mein Wochentimer und dann alles schön in Halbstundentakte eingeteilt, und da habe ich dann Blöcke reingesetzt, und das ist die Geschichte. Jetzt kann ich spontaner auf Sachen zugehen. Das ist ein gutes Handling.«*
Die Zeit besser einzuteilen, einzusparen, Handlungsverläufe stärker zu beschleunigen, reicht ihm nicht mehr aus. Es geht ihm verstärkt darum, Prozesse zu dehnen, zu verlangsamen, zu unterbrechen und abzubrechen. Indem Zeitbindungen gelockert werden und die *Installierung lose gekoppelter Zeiten* vorangetrieben wird, können ad hoc neue Entscheidungen gefällt werden. Er ist sehr damit beschäftigt zu verhindern, daß eine einmal gewählte Entscheidung in ihren Folgen nicht »an einem kleben und haften bleibt«. *»Mit der Einstellung, in der Schule lernt man fürs Leben, mit der in der Tat immer noch viele 'rumlaufen, kommt man im Berufsleben nicht mehr zurecht. Für mich gibt es nicht mehr den Beruf für's Leben, nicht mehr den Mann für's Leben (lachen).«* Es geht ihm nicht so sehr darum, Unwägbarkeiten, wie Überraschungen und Zusammenbrüche, durch Vorsorgemaßnahmen abzufangen und zu neutralisieren, sondern sie als möglichst normal zu akzeptieren. Statt sie zu »glätten« und ein reibungsloses Funktionieren vorzugeben, statt peinlich von ihnen berührt zu sein und sie stillschweigend zu beseitigen, als existierten sie nicht, bekommt die »Unterbrechbarkeit« des Geschehens einen durchaus positiven Stellenwert. *Man ist aufgeschlossen für die Zeitqualität des Wechsels.* Umorientierungen werden nicht länger unter Verschluß gehalten und damit unwirksam und unkenntlich gemacht, sondern man gibt ihnen Raum. Statt sie als Marginalien von sich fernzuhalten, werden sie in ihrer Alltäglichkeit zur Kenntnis genommen und eingebaut.

Nicht die Bestandserhaltung steht im Vordergrund, sondern das Reversibel-halten ist das Gebot dieses Lebensstils. Nach der Substitutionsfähigkeit von Lösungen wird geschaut, weil dies Optionschancen offenhält. Dem »Spieler« geht es dabei nicht darum, Bindungen zu meiden, sondern stets ihre Veränderbarkeit mitzubedenken und sie vor dem Horizont von Alternativen zu sehen. Er fragt etwa, inwiefern eingegangene Verpflichtungen noch »formbar« sind. Besonders angesichts langfristiger Lösungen fragt er, ob sie an veränderte Situationen anpaßbar und noch revidierbar sind. Charakteristisch für den »Spieler«, der sich weigert, sich festzulegen und sich festlegen zu lassen, ist, daß Dauerorientierungen zwar nicht bedeutungslos werden, aber in jeder Situation wieder neu hergestellt werden müssen.

Reversible Lösungen werden bevorzugt, um die schnelle Anpassung an eine Realität zu ermöglichen, die anders ausfallen kann, als man erwartet hat. Das Planen des Nichtplanbaren wird angesichts unvorhergesehener Ereignisse zunehmend zur Normalität. Auf Kompetenzen des Umgangs mit Überraschungen wie Lernfähigkeit und Umschaltenkönnen wird zurückgegriffen. Der »Spieler« entwickelt eine Zeitorientierung, die sich Beweglichkeit für permanente Umorientierungen erhält, die Ungenauigkeiten und Unschärfen bei der Planung zuläßt, die über die ausschließlich dem Effizienz-Gedanken folgende Verwendungslogik von Zeit hinaus zu variablen Modulationen von Zeit führt. Keine sichere Lösung wird angestrebt, sondern man will so handeln, daß man mit den getroffenen Entscheidungen nicht weniger, sondern mehr Möglichkeiten produziert. *»Es ist manchmal ganz schön schwer, sich nicht festzulegen. Keine Diagnosen, keine Ratschläge nach dem Motto: Da biste dann von ab, das ist erledigt, das ist so und nicht anders. Die Herausforderung sehe ich vielmehr darin, abzuwarten, was daraus wird. Oder den anderen einfach 'mal machen zu lassen, ohne immer gleich dazwischen zu funken. Ich weiß doch, wie allergisch ich reagiere, wenn andere mir sagen, was mit mir los ist. Z. B. als ich mir den Computer gekauft habe, hörte ich von allen Seiten nur dasselbe vernichtende Urteil: ›Das hätte ich nie gedacht, wie kannst du nur.‹«*

In ungewöhnlichen Kombinationen, Querverknüpfungen und Vernetzungen von Situationen werden vom »Spieler« neue Perspektiven erschlossen, die ihm einen Zugewinn an Erlebnischancen bieten. Gerade weil er nicht mehr versucht, alle Sachen in den

»Griff zu kriegen«, sie zu ordnen, sie in ein herkömmliches Schema zu pressen, ergeben sich überraschend neue Sichtweisen: *»Ich versuche nicht mehr alles in eine Ordnung zu bringen. Irgendwie ergibt sich immer was. Wenn ich versuche, immer alles genau abzuchecken und zu kontrollieren, dann wird's nur langweilig. Da muß man's gar nicht drauf anlegen, ist eher so, daß mich Sachen anturnen oder eben nicht.«* Mit dieser Orientierung erscheint auch verständlich, warum das typisch moderne Streben nach Aktualität, die Konzentration auf das immer Neue, im Sinne von produzierten Moden, für den »Spieler« keine rechte Bedeutung hat. Neuheit ist für ihn kein Anlaß, sich auf etwas einzulassen oder nicht. Moden als zeitlich begrenzte, in diesen Grenzen jedoch zwingend geltende Meinungen und Gewohnheiten sind dem »Spieler« zu sehr sozial verbindlich, was seinem Interesse an eigenbestimmten und selbstkontrollierten Zeitformen entgegenläuft.

Welche Charakteristika diesen Typus auszeichnen, welche Aneignungspraxis von Wirklichkeit hier erzeugt wird, soll an seiner eigenwilligen Art und Weise, über Zeit zu verfügen, in folgendem Interviewzitat angerissen werden: *»Ja wissen Sie mit dem Zeitsparen ist das so eine Sache. Man spart Zeit ein, natürlich, aber man verwendet sie ja immer wieder, bis zum Schluß eben keine Zeit mehr übrig ist. Der Tag hat eben nur 24 Stunden. Ich nehme mir Zeit. Man muß sich die Zeit nehmen, wie es so gerade kommt. Ist schönes Wetter, setzte ich mich jetzt in den Garten. Nicht warten und erst noch das und jenes fertig machen. Denn wenn man fertig ist und nichts mehr zu tun hat, ist das schöne Wetter vorbei. Aber die Gelegenheit kommt nicht wieder. Man muß sie jetzt wahrnehmen. Morgen kommt zwar vielleicht wieder eine Gelegenheit, aber das ist nicht dieselbe. Das ist eine andere. Ich warte nicht, bis alles getan ist, sondern ich setze mich in die Sonne, wenn noch Arbeit da ist, denn sonst, wenn ich nichts mehr zu tun habe, wird es nach fünf Minuten langweilig. Zum Beispiel Bekannte sagen zu mir, du wohnst jetzt schon drei Jahre in diesem neuen Haus, also müßten viele Arbeiten schon fertig sein. Mich stört das aber überhaupt nicht.«*

In diesem Interviewzitat wird offensichtlich, daß des »Spielers« lebensstilspezifischer Zeitumgang gerade in der Absetzung zu bisherigen, alltäglichen Zeitverwendungsweisen, wie wir sie etwa im »Wellenreiter« beschrieben haben, Kontur gewinnt. Im Gegensatz zu herkömmlichen Zeitverwendungsmustern wird eine individuelle Zeitform ausgebildet. Zeitengpässe werden umgangen, indem man sich den sozialen Zwängen entzieht, aus den fremdgesetzten Zeitstandards ausbricht, die Zeitdisziplin unterläuft und die Zeitroutinen des Alltags verletzt. Mit der *Ausbildung von Eigenzeiten* vollzieht sich nicht nur eine individuellere Ausgestaltung von Handlungszeiten – wie bei den anderen Typen auch –, sondern vielmehr eine grundsätzliche Umorientierung des Zeitverständnisses. Erst wenn man beobachtet, daß die Zeitfrage von der Frage nach verbesserten Handlungschancen abgelöst wird, sieht man, wie weitreichend diese Umstellungen sind.

8.3 Verzeitlichung von Zeit

Seine Freiheiten, Zeit zu gestalten, gewinnt dieser Typus dadurch, daß er Zeit von ihren »Objektivationen« loslöst. Zeit wird nicht länger als eine verstanden, die immer wieder mit anderen Verrichtungen zu füllen ist. Zeit wird nicht als Mittel zum Zweck verwendet, um schon vorweggeplante und genau festgelegte Aktivitäten auszuüben. Zeit wird als »Reservebecken« behandelt und erst einmal frei gehalten. Damit wendet er sich gegen das herrschende zeitökonomische Denkmuster, das Zeit, ähnlich wie Geld, als wertvoll, käuflich, verwertbar und ausnutzbar behandelt. Mit einer sogenannten Entnutzung von Zeit sucht er sich vom Imperativ ihrer permanenten zeitökonomischen Verwendung zu lösen. Er gewinnt so Distanz zu einer von der Geldlogik geprägten Zeitstruktur, in der Zeit als Zeit zum Produzieren, zum Konsumieren, zur Sinnfindung durch immerwährendes »sinnvolles« Tätigsein begriffen wird.

In einem radikalen Sinne geht es dem »Spieler« darum, eine womöglich einsetzende Nutzungsspirale von Zeit erst gar nicht greifen zu lassen. Denn weil man Zeit immer wieder nutzt, weil man sie immer wieder für andere Tätigkeiten einsetzt und sie immer wieder erneut an ihre Nutzung bindet (*»man verwendet sie ja immer wieder, bis zum Schluß eben keine Zeit mehr übrig ist«*), wird eine erfolgreiche Zeitdisposition verhindert: »Ich amüsiere mich im Stillen immer wieder über die Leute, wenn sie mit den ihren dicken Timern ankommen. Termine über Termine. Und das Tragische ist, das schützt sie auch nicht vor dem ganzen Streß.«

»Spieler« verhandeln Zeitprobleme nicht in den Begriffen eines Zuwenig oder Zuviel von Zeit oder in Gegenüberstellungen qualitativ hochwertig oder minderwertig verbrachter Zeit. Bei ihnen vollzieht sich ein Wechsel von der quantitativ ausgerichteten Zeitnutzung (»Wellenreiter«) und der qualitativ sinnvollen Zeitverbringung (»Skeptiker«) hin zur zentralen Problematik, über Zeit flexibel verfügen zu können.

Flexibilität bedeutet dabei aber mehr als die Möglichkeit des Verschiebens und Disponierens von Tätigkeiten innerhalb vorab festgelegter Zeitintervalle. Es ist damit nicht das flexible Verfügen über eine linear bemessene Zeitspanne gemeint, in der spezifische Handlungsabläufe stattfinden können. Diese Form der Flexibilisierung würde an den quantitativ vorhandenen Zeitmengen seine Begrenzung erfahren: »*Der Tag hat eben nur 24 Stunden*«. Die Voraussetzung für eine weitreichende Disposition über Zeit ist, sich Zeit »zu nehmen« (»*Man muß sich Zeit nehmen. Ich nehme mir Zeit.*«). Zeit fungiert als eigenständige Ressource, um das eigene Zeitverständnis zu reflektieren. Zeit haben, um »zeiten« zu können, weist auf einen veränderten Zeitumgang hin. Gemeint ist eine reflexive Orientierung auf Zeit, in der über Zeit nach zeitlichen Gesichtspunkten entschieden wird. Erst wenn man sich die »Zeit« nimmt, um »über Zeit« zu entscheiden, wenn man also aufhört, den gegebenen Zeitordnungen zu trauen und den eingespielten Zeitdiktaten immer nur zu folgen, wenn man also Zeit investiert, um sich eigene Zeitmuster und eigene Zeitstandards zu erwirken, eröffnen sich neue Chancen.

Das Bild eines Zeitflusses, einer Ereigniskette wird verlassen, in der bzw. auf der der Übergang von der Vergangenheit in die Zukunft als eine geordnete Bewegung gedacht ist. Die Zeit wird nicht mehr einlinear und eindimensional gedacht, sondern wird im Sinnbild eines Netzwerkes vorstellbar. Als eine Folge dieser Distanz zur linearen Zeit können jetzt etwa verstärkt Rekurrenzen in den Alltag eingeflochten werden. Im Gegensatz zu der Vorstellung »Ich-kann-nur-dann-und-dann«, und zwar nur genau zu dem und dem Zeitpunkt, bildet sich eine Mentalität des »Ich-kann-immer-wieder« aus. Dies wird besonders von der Schnelligkeit und von dem nahezu handlungslosen Vollzug der technischen Reproduktionsmedien unterstützt: »*Ich finde, das ist ja gerade das Schöne mit dem Computer, aber eben auch etwas, was von vielen Anwendern nicht verstanden wird. Es gibt in dem Sinne nichts mehr Abgeschlossenes. Dadurch, daß man sich ohne viel Aufwand und Umstände ständig neue Änderungen vornehmen kann, ist ein Text nie fertig, sondern immer nur vorläufig fertig.«* Prozesse werden quasi »im stand-by-Modus« in Bereitschaft gehalten, um jederzeit nach Bedarf aktualisiert zu werden.

Weiterhin verschafft der Typus sich durch diese Entlinearisierung eine neue Form von Zeit»elastizität«. Er kann sich von vornherein so verhalten, daß, wenn Ereignisse eine Umstellung der Zeiteinteilung erfordern, Handlungen und Prozesse verändert, ihre Ausführungen unterbrochen, ins Auge gefaßte Zielorientierungen aufgegeben werden können. Entscheidungen werden soweit wie möglich nach der Devise »Bis-auf-Weiteres« vorgenommen und damit in ihrer Vorläufigkeit markiert. Damit wird ihre Austauschbarkeit und Wiederaufhebbarkeit hervorgehoben und als ein relevantes Kriterium von Entscheidungen mitgedacht. Auf diese Art und Weise werden »Spieler« zu Zeitgestaltern in einem komplexeren Sinne, als es die »Wellenreiter« mithilfe von Zeitmanagementtechniken erreichen. Die entwickelte Sensibilität, im Bewußtsein Zeit selbst als Strukturierungsgröße einsetzen zu können, ermöglicht eine hochflexible Zeitpraxis. Diese eigensinnige Form der Verzeitlichung gewinnt an *Variabilität*. Mit der Moderation der Zeithorizonte kann der »Spieler« über unterschiedliche Zeitstile und Zeittechniken disponieren. Es entwickelt sich ein Zeitumgang, dem es in erster Linie nicht darum geht, wie Zeit zu nutzen, zu füllen, sinnvoll zu verbringen ist, sondern darum, die Zeit frei zu halten für ganz unterschiedliche Möglichkeiten. Er will sich nicht mehr festlegen lassen, welche Verzeitlichungsform angemessen ist, sondern er will wissen, daß man stets die Zeit für eigene Dispositionen hat.

8.4 Im Spiegelkabinett der Kommunikation

Dieser Typus hat im Gegensatz zur allgemein herrschenden informationsbezogenen oder personenzentrierten Kommunikationspraxis eine Teilnahme am Kommunikationsgeschehen gewählt, die seinem spezifischen Interesse an situativer Beweglichkeit entspricht. In den Mittelpunkt rücken für den »Spieler« die spezifischen *kommunikativen Anschlußmöglichkeiten* und Vernetzungsleistungen, die der Kommunikation neue Horizonte eröffnen.

Dabei wird sowohl die individuelle Verarbeitung der Kommunikation durch die Empfänger wie auch die *Eigenständigkeit* von Kommunikation selbst hervorgehoben.

Mit diesem veränderten Kommunikationsverständnis erscheinen Personen als Projektionsflächen der Kommunikation, in denen Kommunikationsstränge zusammenlaufen. Auf diese Weise sind sie nicht länger als bloße Träger und Teilnehmer, sondern eher als Adressaten, Beobachter und Agenten eines wie auch immer sich vollziehenden Kommunikationsgeschehens zu verstehen. Durch diesen spezifischen Zugriff auf Kommunikation gewinnt der »Spieler« Freiheiten, sich selbst und andere zu inszenieren.

Im Wechsel kommunikativer Bezüge wird die Reichhaltigkeit von kommunikativen Ereignissen nutzbar für eigenwillige Inszenierungen, was ihm nicht selten Vorwürfe der anderen einbringt. *»Damals hatten wir einen besonders witzigen Text auf dem Anrufbeantworter. ›Wir sind frisch verheiratet, haben Sie bitte Verständnis. Alle Störungen sind unerwünscht.‹ Meine Mutter hat sich darüber fürchterlich geärgert. Sie fand das unverschämt, und wenn wir das nicht sofort ändern, würde sie nicht mehr anrufen.«*

Neue und ungewöhnliche Kombinationen werden möglich, die nicht selten die eingefahrenen und routinisierten Bahnen der Alltagskommunikation verlassen. Im Spiegelkabinett der Kommunikation, in dem von Moment zu Moment andere Themen und andere Figuren in anderen Bedeutungsnetzen, mit anderen Bedeutungszuschreibungen auftauchen, wird für ihn Kommunikation zu einem Abenteuer: *»Das läuft nur immer sehr kurz so 'nen Spruch (auf dem Anrufbeantworter). Ich würd' den nie zwei oder drei Wochen d'rauf lassen. Ich hab gemerkt, das macht enorm viel aus. Einmal hab ich mir jemand geholt, der lupenreines Platt gesprochen hat. Wenn du so eine Ansage auf dem Anrufbeantworter hast, dann werden die Leute animiert. Dann haben die auch Lust d'raufzusprechen, und es ist total aufregend, was da so alles zusammenkommt.«*

Er nutzt die selbsterzeugte, weil so beobachtete Schnellebigkeit der Kommunikation. Das Kommunikationsgeschehen wird als ein frei flottierender Markt von Information behandelt. Der »Spieler« läßt sich faszinieren von der »Selbstbeweglichkeit des Sinngeschehens«, in das er sich einfädelt, durch das er vagabundiert. Er greift im Moment aufscheinende Mitteilungen auf, verfolgt sie, um sie dann auch wieder fallenzulassen, zu ignorieren und als bedeutungslos zu behandeln. Gerade die neuen Techniken bieten dafür ausgezeichnete Gelegenheiten. *»Ausschlaggebend für die Anschaffung eines Videorecorders war eigentlich, daß er eine Fernbedienung hatte. Das hat dann auch ordentlich gequalmt d'rin. Ohne Fernbedienung macht Fernsehen keinen richtigen Spaß. Das heißt nicht, daß ich jetzt mehr gucke oder selektiver auswähle, ich kann jetzt eben das ganze Angebot nutzen und mich durch das Programm klicken. Es ist eben die Vielfalt des TV- Angebots, in der ich so vagabundiere. Je nach Lust und Laune kann ich das sehen, was ich will, das muß schon drin sein.«*

Durch die technisch vermittelte Kommunikation erhält die Kommunikation eine neue *Dynamik*. Unterstützt von den neuen Techniken wird ohne großen Handlungs- und Zeitaufwand ein Zugang zu bisher nicht zur Verfügung stehenden Informationswelten erschlossen. Durch Vernetzung von Kommunikationselementen wird in einem bisher kaum geahnten Ausmaß die Erstellung neuer Sinnwelten möglich. Mit diesen erweiterten Möglichkeiten wird in einem zunehmenden Maße Kommunikation erlebbar als solche, die in einer spezifischen Situation, für bestimmte Bedingungen produziert worden ist. Ihr Konstrukt- und Inszenierungscharakter wird damit unterstrichen.

Ein anderes Resultat dieser Kommunikationsdynamik ist das »Verwischen der bisherigen Grenzziehungen«. Indem man Kommunikationsmöglichkeiten aus öffentlichen und privaten Bereichen vernetzt, hat die Trennung von privater und öffentlicher Sphäre den zentralen Stellenwert verloren. Die jederzeit technisch anschlußfähige und verfügbare »private Zeit« und die neuen Möglichkeiten des Einschaltens in die »öffentliche« Zeit, etwa der Mediennetze, eröffnen dem »Spieler« eine zusätzliche Dimension zur Inszenierung und Präsentation seines Lebensstils. *»Durch die Mailbox habe ich direkt Kontakt zu Leuten, die ich so persönlich so gar nicht kenne, und das geht bis nach Japan und Finnland. Dadurch ist schon richtig was in Gang gekommen. Oder mit meinem Spruch (auf dem Anrufbeantworter). Es haben eine Unmenge fremder Leuten angerufen, nur um ihn abzuhören.«* Die Gefahr des Aufsaugens der Eigenzeit durch die öffentliche Zeit, die Bedrohungen für die jetzt jederzeit anschlußfähige, verfügbare Privatsphäre, sieht er nicht.

Im Gegenteil praktiziert der »Spieler« eine neue *Direktheit*, die gemessen an bisherigen Maßstäben durchaus verletzend, takt- und rücksichtslos wirken mag. Wenn man zu Hause ist, wird z. B. der Anrufbeantworter nicht als Filter in Anspruch genommen. Man benutzt das Gerät nicht, um eine Vorauswahl von Gesprächen vorzunehmen. »*Ich hab den nie an, wenn ich hier bin. Was soll das Hantieren mit diesen Tricks, warten, abhören, rufst'e schnell zurück: ›Gerade nach Haus gekommen.‹ So, ich mein' das is' so'n Ding. Rufst'e bei anderen Leuten an, und dann heißt es: ›Ich bin gerade 'reingekommen.‹ Das stimmt ja in den meisten Fällen nicht. Das weiß doch jeder. Was soll das also? Okay bei mir ist das so nicht drin.*« Er hat keine Scheu, entgegengesetzte Kontexte zu konfrontieren und aufeinanderprallen zu lassen. Er reagiert direkt und auch ohne Umschweife, etwa wenn er das Kommunikationsangebot nicht aufzugreifen gedenkt: »*Das Filtern mit Anrufbeantworter mach' ich nicht, auch nicht, wenn ich wirklich keinen Bock habe auf 'nen Anruf. Dann sage ich das, auch wenn es meterweise lästig ist. Aber na ja, das muß man dann irgendwie regeln.*«

Spiel mit den Differenzen

Dem »Spieler« geht es in erster Linie nicht um ein Mehr an Verständigung oder um Übereinstimmung. Beide würden den Spielfluß unangemessen hemmen. Gerade im Spiel mit abweichenden Meinungen und verschiedenartigen Themen werden kommunikativ erzeugte Differenzen für ihn interessant. Mit Differenzen zu irritieren und zu provozieren, um Kommunikation gerade darüber »auf Touren zu bringen«, fordert ihn heraus. »*Am liebsten unterhalte ich mich auch mit Leuten, die nicht meiner Meinung sind.*«
Wird seine Kommunikationsdynamik blockiert, reagiert er mit Ablehnung und Unverständnis. Diese Art der »Funkstille« ist ihm unerträglich: »*Man erwartet eigentlich immer, wenn man nach Hause kommt, eine Nachricht (auf dem Anrufbeantworter).*« Seine Form der Kommunikation lebt von Spannungsverhältnissen, von Differenzen und Kontrasten, die die Kommunikation anregen und ihr Ende offen lassen. Er schaut darauf, *wie* auf einen bestimmten kommunikativen Beitrag reagiert, *wie* er verarbeitet wird, wobei die Information selbst dabei in den Hintergrund treten kann. Aus verschiedenartigen Sinnkontexten werden neue Kontexte kombiniert. Dabei bedient er sich der *Zitation* aus frem-

den Kontexten: Eigenschaften vom »Wellenreiter« und »Skeptiker« werden als Allüren imitiert und wie Bausteine in die Kommunikation eingeflochten. *»Wissen Sie, neulich hatte ich einen Spruch d'rauf (auf dem Anrufbeantworter), das hat 'ne Menge Leute irritiert, einige haben direkt wieder aufgelegt, weil sie dachten, falsch verbunden, zuerst Vogelgezwitscher, ganz wild romantisch, ne ganze Zeit lang, danach mit stimmungsvoller Musik ein Anfang aus einem Märchen: ›Ich bin mit einer Botschaft in Richtung Wald unterwegs, wenn ihr mich erreichen wollt, ist es jetzt zu spät, dann habt ihr leider Pech gehabt und müßt mit dem Gerät vorlieb nehmen‹.«*

Der Zugriff auf einen verfügbaren Pool von Informationen, die für die Art des »Spielers« zu kommunizieren eine Voraussetzung darstellt, wird durch die modernen Techniken unterstützt. Die technisch gestützte Fernkommunikation sowie die zeitversetzte Kommunikation ermöglichen erst das *Jonglieren* mit Kommunikationselementen. Wenn die Jetzt-Zeit von der unmittelbaren Reaktion entlastet ist, kann der »Spieler« sein Kommunikationsspiel erst voll entfalten.

In der folgenden Ansage auf dem Anrufbeantworter wird mit dieser technisch vermittelten Kommunikationsform gespielt. *»Ich hatte beispielsweise einmal ein simuliertes Gespräch als Ansage (auf dem Anrufbeantworter) draufgehabt. Hier ist soundso, dann Pause. Dann hatte der Anrufer Zeit, was zu antworten. Danach ging die Ansage weiter mit: Ja, hör mal, tut mir leid, ich hab im Moment leider keine Zeit. Du mußt schon mit meinem Anrufbeantworter weiterreden, warte, bis es piepst, und dann kannst du loslegen. Ich habe also einen Dialog simuliert. Das hat einen Heidenspaß gemacht zu sehen, wie die anderen darauf reagiert haben. Viele waren total verblüfft und haben dann gar nichts mehr gesagt, weil das ist nämlich eine Situation mit der wird man nicht fertig von der Erwartungshaltung her. Andere haben sich totgelacht und fanden es total orginell. Einer hat's sogar auf die Reihe gekriegt, er hat prompt reagiert und gekontert mit: Hier ist der Anrufbeantworter von soundso, der nur ausrichten soll, daß usw. Der hat prompt geschaltet und sein eigenes Spiel dann mit mir getrieben.«* Die hier absichtlich hervorgerufene Irritation der Kommunikation basiert darauf, daß der Anrufer verführt wird, sich auf eine Zeitlichkeit einzulassen, die sich im Nachhinein als falsch herausstellt.

Bewußt grenzt der »Spieler« sich ab vom »Skeptiker«. Dessen personenzentrierte Kommunikation, die das Kommunikationsgeschehen immer wieder an die einzelnen Kommunikationsteilnehmer rückzubinden sucht und ständig nach dem in der jeweiligen Kommunikation von der Person übermittelten Sinn fahndet, würde den »Spieler« in seiner Freude an mehr Kombinatorik von Kommunikationsmomenten zu stark binden und einschränken. Fremdsinn zu erschließen, wird ihm zunehmend zur Zumutung. *»Heute ha'ste mehr mit Leuten zu kämpfen, die 'rumlabern. Heute ha'ste ja da viele, die dir die Ohren mit diesem kulturellen Übergesülze volldröhnen. Ich find', das ist auch so 'ne Sache. Da hab' ich's nicht mit, mit diesem ›Beziehungen müssen intensiver‹ und dieses Offensein bla bla bla. Besonders, wenn da Probleme sind, und die sind bei denen immer. Dann geht's um die gegenseitige berühmte ›Bauchnabelschau‹. Die meinen, Darüberreden sei das Allheilmittel schlechthin. Die hören dann auch nicht auf damit, eben weil die Zeit ihnen egal ist.«*
Der »Spieler« fühlt sich bedroht von den »Kommunikationsernsten«, die ihm zu viel *»bedeutungsschwangeres Zeug in immer wieder der gleichen Leier faseln«*, von jenen, die immer alles ausgiebig besprechen und stundenlang ausdiskutieren müssen, in der Hoffnung, das Gemeinte werde, wenn man nur genug Ausdauer und Geduld mitbringt, von allen Kommunikationsbeteiligten verstanden.

Befreiung vom Erreichbarkeitszwang

Die Erweiterung der Kommunikationsmöglichkeiten durch die neuen Techniken wird vom »Spieler« keineswegs nur positiv betrachtet: *»Wenn ich nach Hause komme und da (auf dem Anrufbeantworter) ist so ein dummer Spruch d'rauf, wie: ›Wir müssen uns noch 'mal zusammensetzen. Da müssen wir noch 'mal drüber diskutieren. Ich halte es für wichtig, daß wir noch 'mal darüber sprechen. Ruf' doch mal an.‹ Da bin ich froh, daß ich nicht da war. So ein Scheiß Gelaber. Ganz asozial gedacht ne. So'n Kak. Da wär der Abend gelaufen gewesen (Lachen).«* Er sieht, daß mit der Ausweitung von kommunikativen Möglichkeiten durch die Existenz und Inanspruchnahme neuer technischer Geräte sowohl die Chancen wie auch die Probleme steigen. Mit den neuen Techniken etablieren sich neue Kommunikationsnormen, die für ihn Risiken darstellen, weil sie seine ereignisorientierten Verzeitlichungsformen durchkreuzen. So wird kommunikative Erreichbarkeit mit der Verbreitung der Kommunikationstechniken nicht nur möglich, sondern schnell zu einer neuen Verpflichtung. Für den »Spieler« ist die Kontaktmöglichkeit, ist sie einmal durch das technische Gerät gewährleistet, keinesfalls eine Notwendigkeit, sie auch zu nutzen und zu pflegen. Die Nicht-Inanspruchnahme seines Anrufbeantworters stellt kein Problem dar, über das er sich nicht hinwegsetzen könnte. Er unterbricht Funktionszeiten seines Geräts, für ihn besteht keine Verpflichtung zum Permanentbetrieb, obwohl er weiß, daß er damit die mit dem Gerät auftauchenden neuen Kommunikationsnormen verletzt. Vom Zwang, mit Hilfe des Anrufbeantworters permanent erreichbar zu sein, distanziert er sich: »*Man muß ja überhaupt nicht dasein. Wenn man sagt, ich bin selbstverständlich abends zu erreichen, was heißt das schon? Das heißt doch nicht, ich warte zu Hause! Moment mal! Was ist das für ne Art zu denken: Wenn ich anrufe, haste da zu sein!. Da schwingt doch immer der Vorwurf mit, du warst mal wieder nicht da!*«

Er sieht ebenfalls die Gefahr, daß mit den gestiegenen Möglichkeiten der Konservierung von Informationen eine stärkere Bindung von gegenwärtigen Handlungs- und Entscheidungsstrukturen an die erinnerbar gewordene Geschichte erfolgen kann. Daß der Zeithorizont des gegenwärtig Vergangenen durch den engeren Bezug auf das aktuell Gegenwärtige an Gewicht gewinnen kann, zeigt sich z. B. darin, daß beim Anrufbeantworter quasi eine Verpflichtung zum Rückruf besteht. Der »Spieler« hat keine Probleme, sich von diesen neuen Zeitbindungen freizumachen. »*Man kann schnell in einen gewissen Zugzwang geraten. Die haben ihre Information quitt, und ich soll zurückrufen. Die denken, jetzt hab ich's probiert, dann ist für sie die Sache gelaufen. Da können die noch lange warten. Ich rufe doch nicht jeden Doof zurück.*«

Die Befreiung von der Informationsakkumulation

Dem »Spieler« geht es in erster Linie um die Akkumulation von Möglichkeiten und nicht um die Anhäufung von Informationen zum Zwecke der schnelleren und besseren Verarbeitung. Auch er sammelt Informationen, aber nicht um sie selektiver und rationeller zu bearbeiten, sondern um sie quasi als Möglichkeiten präsent zu halten und sie situativ zu aktualisieren. Er umgeht damit die Risiken, denen der »Wellenreiter« ausgesetzt ist, für den die Vereinfachung des Konservierens von Information immer mit dem Mehraufwand verbunden ist, die gesammelten Informationen auch zu bearbeiten und zu sortieren. Der »Spieler« umgeht die Gefahr, den durch Technik zunächst »vergrößerten Handlungsspielraum« zeitlich wieder zu belasten. *»Hochproblematisch ist, wenn es zum obersten Gebot wird, immer permanent über alles Bescheid wissen zu müssen. So wichtig kann überhaupt gar nichts sein, und meistens ist das auch nicht der Fall. Ich merkte auf einmal, daß so'n Druck von mir gewichen ist. Ich bin entlastet. Ich bin dadurch sehr viel relaxter auf jeden Fall.«*

Die reine Anhäufung von Wissen und Informationen hat für den »Spieler« geringe Bedeutung. Im Gegensatz zum »Wellenreiter« ist für den »Spieler«, der nichts mehr vorbehaltlos bejaht oder ablehnt, das pure Wissen und die reine Information kaum von Interesse. Diese Formen des Informationserwerbs sind für ihn unzeitgemäß, hindern sie ihn doch nur daran, Sachen eben von vielen Seiten zu betrachten – ohne sie genau zu erfassen – und eben Unschärfen, Ungereimtheiten mitzubeobachten.

Die Pole des Aufklärens und Nichtaufklärens verlieren an Bedeutung. *»Wissen Sie mit dem Wissen ist das so eine Sache. Es ist vergleichbar mit einem Kreis. Vergrößert sich das Wissen, vergrößert sich der Kreis und damit auch die Grenzen des Kreises, damit auch das Nichtwissen.«* Er weiß um die nicht mehr zu integrierende Themen- und Meinungsvielfalt. So verschafft er dem *Kleinen* Rang und Namen und setzt sich Versuchen der Verallgemeinerung von Prozessen zur Wehr. Sein *Pluralismus von Leitlinien* erlaubt keine ordnenden Metaebenen, die die Welt in einen sinnstiftenden Zusammenhang zu stellen versprechen. Derjenige, der klassifiziert, klassifiziert in erster Linie sich selbst. *»Ich will nicht über andere reden. Man kann nicht mehr sagen, das ist schlecht und das ist gut für jemanden. Das muß jeder selber für sich ent-*

scheiden. Einheitsdenken ist nicht mehr möglich. Alles hat mindestens zwei oder drei Seiten außer das Möbiusband.«
Der Orientierungsmaßstab dieses Typus ist das *Irritationspotential*. Seine Auflehnung trifft in erster Linie nicht die herrschende Realität, sondern diejenigen, die zu wissen glauben, »wo es lang geht«. Ziel seiner Irritationen ist es, nicht zu irritieren, sondern sich die Freiheit zu nehmen, möglichst unabhängig von tradierten Wert- und Orientierungsvorstellungen am Spiel und im Spielen an sich Spaß zu haben.

8.5 Entpathetisierte Technik und ihre inszenierte Selbstverständlichkeit

In diesem Lebensstil ist Techniknutzung an einem Technikverständnis orientiert, das Technik als *Projekt* begreift. Technische Geräte sind in seinem Spiel eine Art Würfel, über die weitere spannende Erlebnismöglichkeiten zu verwirklichen sind. Dies steht in krassem Gegensatz zu herkömmlichen Technikbildern, die auf die Planbarkeit, Regelmäßigkeit und Beherrschbarkeit von Technik abstellen. *»Ich habe gemerkt, es ist das Zufällige daran, was ich so schätzen gelernt habe. Daß man nicht weiß, was dann und dann genau passiert, daß man sich spontan auf 'ne Situation einlassen muß und sie auch gemanagt kriegt und sich oft daraus höchst ernstzunehmende Chancen ergeben. Eine absolute Sicherheit, die absolute Kontrolle darüber, wer mit mir in Kontakt treten kann, will ich gar nicht anstreben.«* Das instrumentalistische Technikbild, das die Präzision, Perfektion und Effizienz zumindest einer funktionierenden Technik unterstellt, wird hier sozusagen in sein Gegenteil verkehrt. Mit den gestiegenen Sensibilitäten für die Normalität technischer Unzulänglichkeiten, der mitproduzierten Risiken, ihres Nichtfunktionierens, wird Technik nicht länger als Verkörperung von Naturgesetzmäßigkeiten, als technische Rekonstruktion einer ihr vorausliegenden Realität betrachtet. Die technischen Artefakte werden als eine Art *Zufallsgenerator* geschätzt. Daß sie Unregelmäßigkeiten, Unbestimmtheiten, Unplanbarkeiten in den Alltag bringen, wird nicht als unangenehme Störung und Ablenkung betrachtet, sondern wird erwartet, ist geradezu gewollt.

Wird Technik in diesem Sinne als Projekt verstanden, so ist es dementsprechend kaum verwunderlich, daß die Motive, Techniken zu erwerben, beim »Spieler« von einer auffallenden, aber äußerst typischen *Unbestimmtheit* sind. Die Anschaffung neuer Techniken wird etwa in folgenden Worten beschrieben: *»Man schaut mal, was so dabei rauskommt«*, *»es macht doch Spaß«*, man verfährt nach der Devise: *»wieso denn nicht!«*. Betrachten wir diese Veralltäglichungsprozesse, so stellen wir fest, daß hier keine Begriffe verwendet werden, die ein bestimmtes Ziel oder einen speziellen Zweck beschreiben, die auf einen spezifischen Nutzen hinweisen oder auf ein zu behebendes Problem, das mit Hilfe der Technik zu lösen ist. Der Kauf von Techniken erfolgt aus keinem gegenwärtig akuten Problemlösungsdruck. Er ist vielmehr dem Umstand geschuldet, daß der Alltag in seiner gesteigerten *Kontingenz* wahrgenommen wird, in dem man sich zunehmend mit Möglichkeiten, Zufällen und Eventualitäten konfrontiert und auseinandersetzt. *»Da ja vielleicht doch das eine oder andere Mal irgendwelche Anrufe kommen, die interessant sein könnten«*, kauft man sich einen Anrufbeantworter. *»Da ja man doch mal in die Verlegenheit kommen könnte, die ein oder andere Sendung aufzuzeichnen, stellt man sich ein Videogerät hin.«* Am Kauf des Computers zeigt sich die Unschärfe in den zugeschriebenen Motiven am prägnantesten: *»Den Computer habe ich schon seit längerem. Ich bin noch nicht dazu gekommen, mich damit intensiver zu beschäftigen. Ich finde es einfach spannend, auszuprobieren. Es wird sich zeigen, was man damit machen kann.«*
Eine konkret vorgestellte Verwendung der Technik ist kaum angepeilt. Man stellt ab auf die Erschließung und Produktion von Möglichkeiten, von denen man noch gar nicht weiß, um welche es sich dabei handeln könnte. Sich die Aneignungsform von Technik bewußt offenzuhalten, entspricht dem Bedarf, über *»Noch-nicht-Ereignisse«* verfügen zu können. Man will sich möglichst nicht festlegen. Diese Form der Zeitpraxis, Eigenzeiten zu gestalten, indem man sich vorbehält, die Geräte auch in zeitlicher Hinsicht individuell anzueignen, wird gerade von den neuen Techniken unterstützt.
Der »Spieler« betrachtet die neuen Techniken in seinem Lebensstil als funktionsoffen und entscheidet erst im Prozeß der Aneignung,

welche kulturelle Ausweitung und Überformung der im Gerät inkorporierten Funktionsidee stattfindet und welche Bedeutungszuschreibungen das Gerät erfährt. Technische Geräte betrachtet er eben nicht als fertige Produkte, die entsprechend der vom Hersteller mitgelieferten Gebrauchsanweisung zu bedienen sind, sondern als »auszugestaltende« Medien, deren Potenzen erst in der Anwendung erzeugt und in Form gebracht werden. »Die Technik an sich gibt es ja eigentlich gar nicht. Wie man mit der Technik umgeht, in welcher Form man die Technik einsetzt, ist wichtig.« Erst im Umgang mit ihnen werden unterschiedliche Sinnzuschreibungen und Zielsetzungen ausgeprägt. Der »Spieler« setzt die Technik vielfältig ein. Die Palette seiner Veralltäglichungsformen von Technik ist breit gefächert. So werden Anrufbeantworter etwa als eine Art »akustischer Brief« genutzt. Daß der Adressat nicht mithört, nicht die aktuelle Gegenwart teilt, wird hierbei keineswegs als Verarmung der Kommunikation gesehen, sondern ist gewünscht und wird bewußt angestrebt. Der Kommunikationspartner soll erst später die Nachricht empfangen und nicht sogleich eingreifen können. Die Übersendung »tagebuchähnlicher Stegreifreflexionen« etwa mithilfe des Anrufbeantworters ist eine ungewöhnliche Form der Inszenierung und Präsentation seiner selbst. Der Nutzer bedient sich des technischen Geräts in einer Art und Weise, die nicht die dialogische Auseinandersetzung sucht. Dabei plaudert man durchaus auch über »Unwesentliches«, der Anrufbeantworter wird »vollgetextet«, man »sabbelt auch mal irgendwelchen Müll drauf.« Auf die herkömmlichen, konstitutiven Bedingungen einer face-to-face-Kommunikation, wie das Herstellen von Intersubjektivität und die Verständnisabsicherung durch non-verbale Kommunikation (Gestik, Tonfall, Mimik), wird hier bewußt verzichtet. Anstelle von dialogischen Auseinandersetzungs- und Aushandlungsprozessen rückt die Selbstinszenierung, das »Sich-selbst-Präsentieren« in den Vordergrund.
Formen des spielerischen Umgangs mit Technik entfalten einige der Nutzer von Anrufbeantwortern, indem sie immer größere Ambitionen zur Gestaltung der Ansagen aufwenden. Diese Form der Nutzung verweist auf eine experimentelle Seite mit technisch möglichen Kommunikationsformen. Nicht selten wird gerade hierbei darauf abgestellt, Kommunikation bewußt zu stören und zu irritieren, indem Kommunikationsmittel eingesetzt werden, um Kommunikation zu blockieren: »Als ich 'mal nicht zu Hause

war, hat mir 'ne Bekannte ein Stück auf den Anrufbeantworter
gespielt, wo man im Hintergrund Punkmusik hört und eine keifige
Frauenstimme: ›Seit zwei Stunden hör' ich Ihre Musik. Wenn Sie
diese Musik nicht leiser machen, zeig' ich Sie an!‹«

Das »Zeiten« der Technik

Technische Geräte werden auch in zeitlicher Hinsicht vom »Spieler« als funktionsoffen betrachtet. Ihnen werden keine spezifischen Zeitfunktionen, keine inkorporierten Zeitlogiken zugeschrieben. Man begreift sie vielmehr als »temporal entgrenzte« Medien, die nicht nur in sachlicher, sondern auch in zeitlicher Hinsicht anzueignen und »auszugestalten« sind. Typisch für den »Spieler« ist eine Kombination zeitlicher Nutzungsformen. Technik kann sowohl als Erinnerungstechnik, als technische Spielerei zum Zeitvertreib, als zeitsparende Datenverwaltung, als Inszenierung von Erlebniszeiten dienen. Eine zeitökonomische Nutzung, etwa zur komprimierten Informationsübermittlung oder zur schnelleren Kommunikationsabwicklung, steht keinesfalls im Vordergrund. Neben der Verwendung zur Beschleunigung oder der Nutzung im Sinne der Zeitausfüllung treten neue Verzeitlichungsformen von Technik. Für sie besonders interessant ist die Form der *reversiblen Fixierung* von Information mit Hilfe der Computertechnik, der Videotechnik, der Mailbox usw. Die »aufbewahrte« Information kann bei ihrer situativen Vergegenwärtigung in veränderter Form neu entstehen.

Weiterhin werden besonders neue Techniken als *Unterbrecher* von Kontinuitäten eingesetzt. Dabei werden sogenannte unordentliche Zeitverhältnisse wie Unabgestimmtheiten, das Aufeinanderstoßen unterschiedlicher Zeitkulturen, das Auftreten von Brüchen mit Hilfe der neuen Techniken bewußt hergestellt. Die vom »Spieler« bevorzugte Form des »Rumblätterns«, »Mit-Lükken-gucken« ist nicht länger auf Informationsakkumulation gerichtet, sondern orientiert sich vielmehr an einer handelnd erzeugten, zufälligen Diskontinuität. Den auf diese Weise »ent«programmierten und »re«montierten Sequenzen wird ein eigener Sinn, eine eigene Zeitstruktur zugeschrieben. Mit seiner Offenheit, vorgegebene Verläufe abzubrechen, eingespurten Zeitformen nicht zu folgen, verschafft er sich das Erlebnis von Überraschungen. »*Das ist ebenso wie beim Lesen der Zeitung. Man pickt sich Sachen eher spontan und zufällig heraus. Etwas gründlich von vorne bis hinten durchzulesen, passiert kaum mehr. Das ist eben auch bei Bildmedien normal geworden. Wer orientiert sich schon noch an der Programmzeitung. Wenn ich nach Hause komme, mach' ich den Kasten an und klitsche mich durch die Kanäle. Da kann es auch passieren, daß ich nach 10 Minuten das Fernsehen ausschalte. Da hab' ich so die Schlagzeilen des Tages mitgekriegt, in eine Talkshow 'reingeguckt. Wenn ich dabei in einen interessanten Film 'reingerate, freue ich mich und gucke den zu Ende.*«

So wird es etwa durch den Videorecorder möglich, sich aus dem irreversiblen Kontinuum des Fernsehprogramms herauszulösen, die Zeitbindung durch die Programme aufzuheben und Filmelemente reversibel und diskontinuierlich zu rezipieren. Dies zielt keinesfalls darauf ab, etwa Werbeblöcke zu vermeiden, um die Filminformation zu verdichten. Es geht darum, sich in dramaturgischer »Konstruktion« ein spezifisches eigenes Programm zusammenzustellen, über das nach eigenen zeitlichen Vorstellungen und Ansprüchen verfügt werden kann. Dabei steht das Reduzieren der Linearität des Filmverlaufs durch Überspringen, Verlangsamen, Verschnellern von Sequenzen und das Umschalten in andere Programme im Vordergrund. Indem man sich auf bestimmte Sequenzen konzentriert, wird sozusagen der eigene individuelle »Clip« in einer neuen, zeitlich selbstbestimmten Anordnung erstellt.

Wird Technik in derart vielfältiger Form »gezeitet«, führt dies auch zu einer gesteigerten Sensibilität für verschiedene Zeitstile. Die Zeitlichkeit der mitgeteilten Information erhält auf diese Weise für den »Spieler« selbst Mitteilungscharakter. So kann etwa bei komplizierten Aushandlungsprozessen – wie der Anbahnung von Vorstellungsgesprächen, in denen die Feinregulierung der Bedeutungszuschreibungen als ein wichtiges Moment erachtet wird – die Benutzung von Technik sogar bewußt vermieden werden. In diesem Fall sieht man es als erfolgversprechender an, wenn man unter der Bedingung der Gleichzeitigkeit kommuniziert. Unter anderen Umständen kann die face-to-face-Situation bewußt vermieden werden, ohne diese als Defizit oder Verarmung anzusehen.

Technik als Projekt zu begreifen, bedeutet, Technik nicht länger ausschließlich im Zweck-Mittelschema zu denken. Damit bricht die Differenz des Beherrschtwerdens und die des Beherrschens, des Kontrolliertwerdens und des Kontrollierens zusammen. »*Also die elektronische Nabelschnur, von der man angeblich abhängig ist, daraus muß man keinen postmodernen oder feministischen Kaffee machen. Es ist eben so: Entweder bediene ich mich der Technik oder nicht. Das ist durch den Anrufbeantworter auch nicht besser oder schlechter geworden. Ich bin doch nicht verpflichtet, den anzuhaben. Vielleicht entgeht einem was Tolles. Na und? Daß manche Leute den immer anhaben müssen (ironisierend), weil sie denken, sie müßten immer erreichbar sein, aber das ist natürlich Quatsch, weil den Anschaltknopf betätige ich.*«
Die technischen Geräte, die man einsetzt, um die Möglichkeit einer bestimmten Wirklichkeitserschließung zu nutzen, verändern gleichzeitig die Art des Denkens, Wahrnehmens und Fühlens und schließlich einen selbst. »*Die technischen Möglichkeiten, die eben so'n Film bietet, 'ne perfekte Illusion zu schaffen, find' ich einfach sehr faszinierend. Na dann läuft's ja bei mir selber ab, ja durch den Einsatz von Video werden Gefühle erzeugt, Emotionen, Angst, Freude und Trauer, und das ist eben bei den Filmen ganz extrem ... In die Erzeugung von Wirklichkeit wird man so involviert, daß man selber auch 'n Teil davon ist.*« Den technischen Geräten wird auf der einen Seite eine Akteursrolle zugeschrieben. So läßt man sich von dem technikvermittelten Spiel verführen und forttragen. Anderseits betätigt man sich selbst als Konstrukteur, dem es nicht mehr um eine Einfühlung in die möglichen filmischen Identifikationsmomente geht, sondern vielmehr darum, bereits Interpretiertes nach eigenen Interessen neu zu mischen. Die ursprüngliche Filmintention wird in der Art verformt, daß sie nur noch das Rohmaterial bietet, um die spezifisch eigenen Interessen auszubilden. Der Film wird unabhängig von seiner erzählten Geschichte neu »gelesen«, man schafft sich seine eigene individuelle Filmwirklichkeit: »*So 'nen guten Film den hätte man gerne auf Video, um ihn sich nochmal anzugucken, genauer anzugucken, vorzuspulen und zurückzuspulen, bestimmte Filmsequenzen oder den Aufbau ... so'n Film eben genau zu analysieren, sich anzugucken, oder wenn man leichte Fehler entdeckt, das mach ich auch*

sehr gern, irgendwie wenn ich von den Leuten im Western einen auf einmal mit der Armbanduhr 'rumlaufen sehe, und da hat man beim Video die Möglichkeit, das spulst du eben einfach zurück, das guckst du dir so oft an, bis du 's begriffen hast.« Man verfügt über Technik, ohne über sich verfügen zu lassen. Auf technisch begrenzte Möglichkeiten antwortet man mit Erfindungsreichtum: *»Ja ich habe telefoniert. Der Anrufbeantworter springt an und dann kommt: Sprechen Sie nach dem Piepston! Dann habe ich gesprochen, bis der eine Piepston kam. Dann habe ich wieder aufgelegt. Dann habe ich neu angewählt, und von da an habe ich wortmäßig weitergesprochen und das gleiche nochmal, und beim drittenmal war ich dann fertig mit dem, was ich sagen wollte. Ist doch cool ne. Direkt dreimal hintereinander anrufen und fast nahtlos in dem Satz weiterkommen. Mich stört der Anrufbeantworter überhaupt nicht. Ich lasse mich nicht von der Technik verumständen.«*

Der »Spieler« erzeugt ein Bild von Technik, das sich deutlich sowohl von der verbreiteten Technikeuphorie eines »Wellenreiters« als auch von dem Technikpessimismus des »Skeptikers« absetzt. *»Man muß Technik nutzen, man kann auf Technik nicht verzichten, warum denn, zwischen Verweigerung und Ausnutzung gibt es Graustufen.«* »Spieler« denken nicht so sehr in Entweder-Oder-Kategorien, wie es für die aktuelle Diskussion um die Konsequenzen der Informatisierung typisch ist, sie rechnen nicht die positiven oder negativen Momente einseitig hoch, sie nutzen Technik, und zwar möglichst in der Form einer *ironisierenden* und entpathetisierten Art und Weise, die in folgenden Worten zum Ausdruck kommt: *»Der Computer ist wie ein Staubsauger, und der kommt genauso aufs Klo, wenn ich ihn nicht mehr brauche.«* Man macht sich lustig über die Aufmerksamkeit, die die neuen Techniken auf sich ziehen, sowohl über die ungeteilte Faszination wie auch über die Dramatisierungen bedrohlicher Technikfolgen. Mit der überspitzten und provokanten Gleichsetzung von Computer und Staubsauger will man beide Lager irritieren. Man will aufzeigen, daß die den neuen Techniken zugeschriebene Rolle, ihre Identifizierung als neue Qualität, als neue Stufe in der Technikentwicklung, nicht per se den technischen Artefakten zukommt, sondern sich vielmehr erst in ihrer Aneignung zeigt.

Generell läßt sich sagen, daß die neu angeschaffte Technik wie ihre eigensinnige Aneignung beim »Spieler« kaum Resonanzen erzeugen. Er stilisiert geradezu die Selbstverständlichkeit, mit der er sie im Alltag eingebunden hat. Für ihn ist eine funktionierende Technik eine Voraussetzung, ohne die er seine spielerischen Ambitionen nicht entfalten könnte. Es ist geradezu charakteristisch, daß neue Techniken in ihrer Bedeutung für die Lebensführung von den Spielern explizit zurückgewiesen werden: *»Nein, verändert hat sich überhaupt nichts. Ich mein', was soll sich schon verändert haben. Das ist erst 'mal so 'ne Hilfe wie eine Waschmaschine auch, und durch die gibt's ja auch keinen Einschnitt im Leben.«* Die Technik erscheint den »Spielern«, und das obwohl sie hochindividuell angeeignet ist, eher als ein *randständiges Phänomen*. Das neue Gerät ist eine *»angenehme und praktische Ergänzung«* in ihrem Spiel mit den Möglichkeiten. *»Man kann mit der neuen Technik eigentlich ganz gut leben«*. Solange die Technik funktioniert, wirkt sie, ohne Aufmerksamkeit zu erlangen. Man spürt sie nicht; die Rolle, die sie spielt, ist *entproblematisiert*.

Für den »Spieler« ist auch die Technikentwicklung keine ausgewiesene Orientierungsgröße, auf die hin man sich zu profilieren hat, weder in dem Sinne, daß man sich immer auf den neuesten technischen Stand bringen will (vgl. »Wellenreiter«), noch daß man sich in negativer Weise quasi getrieben fühlt, mit der technischen Entwicklung mitzuhalten (vgl. »Skeptiker«). *»Was heißt hier, man kommt nicht d'rum herum (um die neue Technik). Man muß ja nicht auf den Anrufbeantworter sprechen. Man muß sich ja nicht so'n Ding kaufen. Man kann (mit Nachdruck) sich so'n Ding kaufen. Man kann auf so'n Ding sprechen, und dann ändert sich für einen auch nichts. Das ist genauso wie mit dem Telefon damals. Die Leute haben auch behauptet, Telefon würd' die Kommunikation killen oder sonst was. Mittlerweile kennen wir das gar nicht mehr anders. Telefonieren gehört absolut dazu.«* Vielmehr partizipiert der »Spieler« – ohne sich darüber viel Gedanken zu machen – an der allgemeinen Verfügbarkeit von Technik, am gegebenen hohen technischen Niveau, dem immer schon vorhandenen technischen Standard, an der Vielfältigkeit technisch realisierbarer Möglichkeiten. Das derzeit verfügbare technische Equipment bietet ihm, in der Weise wie er es nutzt, immer schon genügend Möglichkeiten. Er ist weder an der Erweiterung seiner derzeit verfügbaren technischen Anlagen interessiert, noch dezidiert an technischen Neuheiten und Raffinessen. Er vertritt gegenüber einer weiteren Technisierung des Alltags das Motto: *»es reicht«*, dies aber eher in einer gelassenen und keinesfalls abwehrenden Technikhaltung. *»Ich werde meinen Computer nicht aufrüsten, wofür denn. Für meine Sachen reicht der (Computer) ohnehin. Also außerdem müßte ich dann die ganzen Programme umschreiben. Früher war das immer mit den Lautsprecherboxen, wieviel Watt Leistung bringen die? Heute ist das das gleiche mit dem Speicherplatz. Bis jetzt hab ich es nicht geschafft, mit meinen Programmen den Speicherplatz zu füllen.«* Durchaus vorstellbar ist ihm auch ein zeitweiliger Verzicht auf Techniknutzung. Ebenso wie er die Technikanschaffung kaum als einschneidende Veränderung wertet, bedeuten ihm Phasen, in denen er Technik nicht in Anspruch nimmt, keine Einbuße an Lebensqualität. Denn ein solcher Lebensstiltypus demonstriert eine neue Gelassenheit gegenüber »großen Entwürfen«, wie Technik und Kommunikation, und sucht seine Abenteuer eher im Innern dieser Netze von Abhängigkeiten: *»Es gibt Grenzen für alles. Man muß in den Grenzen, die einem gegeben sind, sich seine Freiheiten nehmen. Sich zwischen den Grenzen seine Freiheiten suchen.«*

8.6 Dilemma einer Möglichkeitsorientierung: Neue alte Zeitverstrickungen

Indem der Umgang mit Zeit in diesem Lebensstil als zentraler Kristallisationskern ausgebildet ist, hat der »Spieler« die Chance, eine neuartige Sensibilität für Zeit auszubilden. Er entwickelt eine neue Form, mit Zeit umzugehen, die – jenseits der Zeitmanagementtechniken und den Diskussionen um eine sinnvolle Zeitverbringung – Zeit als Spielraum möglichst disponibel hält. Situative Verzeitlichungspraktiken, wie: flexibel zu terminieren, ad hoc umzuschalten, Prozesse reversibel zu halten, erweitern die Moderation von Eigenzeiten. Statt sich durch umfängliche Planungs- und Vorsorgemaßnahmen weithin abzusichern, können die schon längst nicht mehr genau kalkulierbaren, aber immer häufiger auftretenden Eventualitäten und Unwägbarkeiten als schiere Normalität einbezogen werden. Aus dieser besonderen Zeitpraxis erschließt sich ein eigenwilliger Umgang mit Kommunikation, der die Dynamik der Kommunikation betont. Kommunikation wird als Kombinatorik von Sinnverknüpfungen verstanden, in der immer wieder andere Themen auftauchen, in der aufscheinende Mitteilungen verfolgt werden, um sie bald wieder fallenzulassen. Dieses Jonglieren mit Kommunikationselementen und ihre Verknüpfung zu neuen Sinnkontexten eröffnen einerseits neue Freiheiten, sich selbst und andere zu inszenieren. Auf der anderen Seite löst man sich von der Verpflichtung zur face-to-face-Kommunikation wie dem Zwang zur Informationsakkumulation, die eine ereignisorientierte Verzeitlichung durchkreuzen würden. Entscheidend ist weiterhin, daß neue Technik zwar intensiv genutzt, ihr aber gerade keine hohe Bedeutsamkeit zugeschrieben wird. Auf Grund dieser entdramatisierten und »entpathetisierten« Rolle ist eine Offenheit in der Technikaneignung möglich, die sich durch »vorgeschriebene« Verwendungsweisen möglichst nicht disziplinieren läßt. Ein zur Verfügung stehendes Reservoir an Techniken wird je nach Bedarf aktualisiert und vielfältig genutzt. So fungieren technische Alltagsgeräte dann nicht länger als Kontroll- und Beherrschungsinstrumente, sondern eher als »Möglichkeitsgeneratoren«, die dem gestiegenen Bedarf, über Noch-nicht-Ereignisse zu verfügen, zunehmend entsprechen.

Über die hohe Wertschätzung der Zeitflexibilität stellt der »Spieler« routinemäßig Alltäglichkeit her. Um Lösungen für Engpässe zu entwickeln, setzt er vorrangig auf flexible und disponible Zeitarrangements. Sein situationsspezifisches Reagieren wird mit Innovationspotentialen assoziiert und zu Fähigkeiten hochstilisiert, denen in diesen Zeiten hohe Akzeptanz zukommt. Dabei ahnt der »Spieler« selbst, daß diese weitgetriebene Form der Verzeitlichung, in der von Moment zu Moment alles anders sein kann, dazu führen kann, sich in den selbstgeknüpften Verweisungsnetzen zu verstricken. So deutet ein Vertreter dieses Lebensstils auf problematische Aspekte, die mit der Möglichkeitsorientierung verbunden sind. Er sieht sie in erster Linie in der nie endenden Palette an Möglichkeiten und in der Vielfalt der sich immer wieder neu erschließenden Welten: »*Gerade der Anrufbeantworter hat mir vor Augen geführt, mit wieviel Möglichkeiten überhaupt man so tagein tagaus konfrontiert ist und angesichts derer man sich entscheiden muß. Immer wieder diese Menge an Angeboten, sich zu treffen und was zu unternehmen. Ich weiß nicht, wer was vorschlägt, was man alles machen könnte, wo man überall hin fahren könnte, und was man sich alles angucken könnte. Das würde ich erstens gar nicht 'runterkriegen, aber auch nicht 'run-*

terkriegen wollen, weil es wieder einfach zu so'm Zwang wird,
alles mögliche machen zu wollen.«

Die hochdynamische Form der Kommunikation des »Spielers«, die darauf abstellt, immer neue Sinnwelten zu erschließen, kann dazu führen, sich im faszinierenden Spiel der in der Kommunikation neu auftauchenden Kombinationsmöglichkeiten zu verlieren. Man geht den sich immer wieder bietenden, endlosen Verweisungen nach und hat – weil ja eben nahezu alles möglich ist – enorme Schwierigkeiten, noch Relevanzen zu erkennen, Bedeutsamkeiten im Auge zu behalten. Des »Spielers« Probleme sind: sich selbstbezüglich Grenzen zu setzen, Sachen auch wieder loszulassen, eigene Stoppregeln zu entwickeln, etwas als beendet auszuweisen, d. h. Fakten und Bestände, die ja nicht mehr per se »bereitstehen«, selbst zu konstruieren und als solche auszuweisen.

Da der »Spieler« Zeitbindungen ablehnt, ist das Einlassen auf bestimmte Standardzeiten für ihn ein enormes Problem. Dabei verliert er schnell aus dem Blick, daß die Zeitflexibilität auf das Funktionieren von Alltagszeiten angewiesen bleibt. Die temporale Dynamisierung, in der alles unter Variationsgesichtspunkten betrachtet wird, erfordert aber geradezu auf der anderen Seite die Setzung von harten und rigiden Markierungen, über die Bestände ausgewiesen und gesichert werden. Situativität ist nur eine Chance zur komplexeren Zeitgestaltung, wenn gleichzeitig noch ausgewiesen werden kann, was als die Situation überdauernd gehandhabt werden soll.

Schnell sieht der »Spieler« sich mit einer ins Unendliche wachsenden Vielzahl von interessanten Gelegenheiten konfrontiert, für deren Abarbeitung aber immer weniger Zeit zur Verfügung steht. Eine ehemals Sicherheit bietende, andauernde Gegenwart präsentiert sich nun als auf einen Moment zusammengezogen, der im nächsten Moment schon wieder anders sein kann. Es entstehen prekäre Situationen: Man muß sich entscheiden, ohne die Sicherheit, aus den Erfahrungen der Vergangenheit wirklich lernen zu können und ohne jede Gewißheit, die Zukunftsvorstellungen bestätigt zu finden. Diesen Widersprüchen muß der »Spieler« standhalten, wenn er sie als eine Herausforderung betrachten will, kreative, ungewöhnliche Orientierungen auszubilden.

9. Auf der Suche nach einer neuen Kultur der Zeit

Die in unserer Untersuchung dargestellten Zeitpraktiken sind als je spezifische Möglichkeiten zu verstehen, die Zeitprobleme der Spätmoderne zu bewältigen. Es wird geschildert, wie die Auseinandersetzung mit der Zeit einen Schwellenwert erreicht hat, der bisherige Zeitpraktiken massiv unter Druck setzt. Mit dem Brüchigwerden von Fortschritts- und Tempoideologien schwindet das Vertrauen in den Chronos. Wachsende Skepsis macht sich breit. Die Zukunft wird in zunehmendem Maße als unsicher, ungewiß und riskant erfahren. Zukunft kann nicht mehr umstandslos als Projektionsfläche für Problemlösungen dienen. Andererseits sind auch die angestrengten Gegenentwürfe zur Entschleunigung der Lebensverhältnisse problembehaftet. Die Hoffnungen, alles ließe sich doch in vernünftiger Weise planen und regeln, wenn man den Dingen und Entwicklungen nur genügend Zeit läßt, erfüllen sich nur in Ansätzen. Auch diese Ambitionen, Zeit in den Griff zu bekommen, stoßen auf etliche Schwierigkeiten. Sich das Lebenstempo nicht aufdiktieren zu lassen, sondern Zeit sinnvoll und sorgfältig zu gestalten, stellt sich als ein seinerseits sehr zeitaufwendiges Unterfangen heraus. Angesichts der in der Spätmoderne vielfältigen Zeitstile, die immer weniger unter einen Hut zu bringen sind, erweisen sich diese Strategien allzuleicht als behäbig und unflexibel. Diese beiden vorherrschenden Zeitpraktiken laufen Gefahr, die anstehenden Zeitprobleme nicht mehr ausreichend bearbeiten zu können, u. a. weil sie zu starr und zu engstirnig an einer bevorzugten Verzeitlichungsform festhalten. Diese Umgangsweisen mit Zeit als Strategien der Problembearbeitung werden durch die spätmodernen Zeitverhältnisse immer heftiger attackiert in dem Sinne, daß unsere unbeständige Zeit mit einem Potential an Wechselfällen, Überraschungen, Umbrüchen und Verkehrungen aufwartet und sich Veränderungen nicht mehr nur auf *einer* Zeitachse abtragen lassen, sondern sich in sprunghaften, diskontinuierlichen Verschiebungen ausdrücken.

Auf der Suche nach einer Neuorganisation der Zeit kündigt sich eine neue, variablere Zeitgestaltung an, die in eine neue Kultur der Zeit münden könnte. Diese Kultur zeichnet sich dadurch aus, daß in ihr die Zeit selbst als Spielraum interpretiert wird, der erlaubt, über Zeit disponieren und verfügen zu können. Die Zeitdimension wird hier auf ihr eigenes Problembearbeitungspotential hin reflektiert. In einer Zeit, in der sich vieles in relativ kurzer Zeit ändert, erweist es sich als angemessener, je nach Situation über unterschiedliche Zeitmuster zu verfügen, sich somit in einer nach vorne wie hinten offenen Zeitlichkeit über selbsterzeugte Zeitbezüge Orientierung zu verschaffen, also Vergangenheiten »auszuwechseln«, Zukünfte zu variieren, Gegenwarten zu verformen usw. Mit dieser Form der Verzeitlichung wird die jeweilige Gegenwart in ihrer Bedeutung hervorgehoben: Man weiß zwar, daß Vergangenes geschehen ist, aber wie es jeweils ausgelegt und ausgedeutet wird, ist von der aktuellen Gegenwart abhängig. Vergangenheit und Zukunft stellen damit nicht länger vorgegebene, feststehende Qualitäten auf einer Zeitachse dar, sondern werden als veränderbar begriffen.

In dieser Zeitpraxis steigen nicht nur die Chancen zur flexiblen Zeitgestaltung; es sind damit auch neue Risiken verbunden. Einerseits gewinnt diese Zeitpraxis die in der Spätmoderne erforderliche Variabilität und Ereignisoffenheit. Indem man sich Dispositionsmöglichkeiten in der Zeit über die Zeit offenhält, ist man in der Lage, Ereignisse miteinander zu verknüpfen, neue zeitliche Arrangements herzustellen, sich für Gelegenheiten und unerwartete Kontexte bereit zu halten. Eine solche Form der Zeitpraxis wird sensibel für die Irritierbarkeit langfristiger Festlegungen. Anderseits bedürfen die in der Zeit changierenden zeitlichen Bestimmungen von Zeit als »erzeugte« und eben nicht »vorliegende« teilweise aufwendigerer Interpretation. Wenn die Gestaltungsmöglichkeiten der Zeit steigen, ist mit einer erheblich wachsenden Variation der Zeitmuster, der Zeitstile und Zeitarrangements zu rechnen. Nicht nur, daß jeder seine je eigenen Zeithorizonte variabel gestalten kann und muß, auch die Zeithorizonte der jeweils anderen, mit denen man nicht zuletzt dank der neuen Techniken in eine gemeinsame Gleichzeitigkeit tritt, fallen je unterschiedlich aus und erzwingen zeitaufwendige Abstimmungsarbeiten.

Indem diese neue Kultur der Zeit die *Gegenwart* als entscheidend für die Zeitstrukturierung hervorhebt, eröffnet sie sich im Vergleich zu bisherigen Zeitpraktiken weitergehende Gestaltungschancen. Entgegen dominierenden Zukunfts- und/oder Vergangenheitsorientierungen wird die Gegenwart als jene Zeitstelle betont, in der nicht nur permanent ausgewählt werden muß, sondern in der sich Zukunft wie auch Vergangenheit »ereignen«. Eine derart aufgeladene Gegenwart bürgt einerseits für ein hohes Maß an Sensibilität gegenüber immer ereignisreicher werdenden Zeitverhältnissen, andererseits wird sie aber auch zum zentralen Problemort. Die Gegenwart präsentiert sich nun nur noch als ein Moment, der im nächsten Augenblick schon wieder anders sein kann. Die kurzphasige Entscheidungs»stelle« Gegenwart konfrontiert uns mit einer Vielzahl von Möglichkeiten und mit immer häufiger auftretenden Unerwartbarkeiten, Überraschungen und Zufälligkeiten, für deren Bearbeitung aber immer weniger Zeit zur Verfügung steht. Wir sehen uns vor das Problem gestellt, immer mehr entscheiden zu müssen, obgleich wir immer weniger entscheiden können. Da permanent damit zu rechnen ist, daß alles anders gewesen ist bzw. daß alles anders sein wird als erwartet, erweisen sich Bindungen und Festlegungen als zunehmend konfliktträchtig. Das immense Veränderungspotential macht es problematisch, sich festzulegen. Die Differenzen zum Vergangenen wie zum Zukünftigen werden immer einschneidender. Angesichts dieser »Zeit des permanenten Wechsels« muß jede Dauerorientierung immer wieder neu beschlossen und begründet werden. Jede Konstanz, jede Kontinuität, jeder Bestand muß mühsam hergestellt werden. Diese in der Spätmoderne auftretende Diskontinuierung als Normalität zu handhaben, wird zur dauerhaften Herausforderung. In einer reflexiven Zeitpraxis wird man mit der paradoxen Situation konfrontiert, sich auf Vergangenes wie Zukünftiges hin festlegen zu müssen, ohne die Sicherheit, aus den Erfahrungen der Vergangenheit lernen zu können und die Zukunftsvorstellungen bestätigt zu finden. Wenn mit Sicherheit nur noch Veränderungen erwartet werden können, muß man lernen, Nichtplanbares, Nichtvorhersehbares einzuplanen. Mitunter entstehen dann Situationen der Unentscheidbarkeit, die sich in unlösbaren Konflikten zusammenballen, aber ebenso zu einem kreativen Umgang mit Differenzen anregen können, indem sie Sichtweisen in Bewegung setzen und neue Vorstellungen provozieren. Wenn wir nur noch mit Sicherheit erwarten können, daß Erwartungen enttäuscht werden können, müssen wir uns die Einsicht zu eigen machen, daß nur in der Zeit über Zeit verfügt werden kann.

Unsere Untersuchung neuer Techniken in einer neuen Zeit zeigt Veränderungen und Entwicklungen auf, die im alltäglichen Umgang mit neuen Techniken Kontur und Gestalt gewinnen. Diese Veränderungen haben wir als bereits veralltäglichte Prozesse einer eigensinnigen Technikaneignung aufgespürt, die sich »in aller Stille«, ohne größere Friktionen und ohne größere Spannungen und Krisen zu erzeugen, in den Alltag eingenistet haben. Gerade beim Umgang mit neuen Techniken erfolgen »stille« Prozesse der Eingewöhnung und Normalisierung, die auf weitgehende Eigenständigkeit und Eigenwilligkeit der Techniknutzer, kurz: auf ihre Autonomie im Umgang mit Technik verweisen.

Die Studie hat sich der Komplexität der Veränderungen gestellt, indem sie bedeutsame Figuren der Aneignung neuer Kommunikationstechniken entfaltet und gegeneinander profiliert. Sie zeigt, wie in den einzelnen Lebensstilfiguren verschiedene Umgangsweisen mit technischen Artefakten ausgeformt und auf unterschiedliche Art und Weise mit den Sinndimensionen »Zeit« und »Kommunikation« verknüpft werden: der »Wellenreiter«, der gemäß seiner begeisterten Techniknutzung eine dezidiert zeitökonomische Praxis und eine auf Informationsübertragung zentrierte Kommunikation ausbildet; der »Skeptiker«, der sich in einer technikabwehrenden Haltung übt, die sich aus seinem idealistisch aufgeladenen Kommunikationsverständnis speist, und schließlich der »Spieler«, der entsprechend seines ereignisorientierten Zeitumgangs Technik als Möglichkeitsgenerator ausformt.

Allein die unterschiedliche Gewichtung und Ausformulierung der drei Netze von Praktiken verweist darauf, daß die von Herstellern und Betreibern in die Technik hineingelesene Logik im Alltag keine 1 : 1-Abbildung erfährt, sondern daß in der alltäglichen Übersetzung eigensinnige Ausformulierungen hervorgebracht werden. Dies unterstreichen erst recht die Figuren mit ihrer eigenwilligen Kombinatorik von Technik-, Kommunikations- und Zeitumgang. Jede der Figuren hat es für sich geschafft, ein eigenes Funktionieren von Technik im Alltag zu gewährleisten. Jede hat sich ein eigenes Profil geschaffen, das sie selbstbewußt gegenüber den anderen »auslebt«.

Funktionierende Technik-, Kommunikations- und Zeitverhältnisse werden jeweils für sich normalisiert und machen sich für einen Betrachter in gewissem Sinne unsichtbar. Ihre Besonderheit liegt deshalb darin, daß sie tendenziell im alltäglichen Gebrauch in einer Zone der Nicht-Beachtung verschwinden. Unsere Aufgabe war es, das Nichtbedeutsame zu problematisieren, die Prämissen »natürlich«-lebensweltlichen Erlebens quasi »aufzuheben«, die gängigen und alltäglich gewordenen Perspektiven aus einem fremden Blickwinkel zu betrachten, um sie so in ihrem selbstverständlichen Funktionieren kenntlich zu machen. Statt in die »Problematisierungsfalle« der bisherigen Technikforschung zu geraten und nur noch den Lärm zu registrieren, den man selber macht, erlaubt es diese Sicht, sowohl die gängigen und bereits bekannten, wie auch die neuen, von ihrer Normalität verdeckten Formen der Aneignung und Gestaltung von Technik-, Kommunikations- und Zeitverhältnissen in ihrem alltäglichen Zusammenhang zu erfassen.

9.2 Konstruktive Dynamik des Unspektakulären

Das bisherige Reden über neue Techniken, über ihre Implikationen für die Kommunikations- und Zeitverhältnisse verstellt mit seinen eingespielten Interpretationsschemata und Denkschablonen den Blick auf unspektakuläre Nutzungsweisen und verhindert damit, ein Gespür für deren Bedeutsamkeit zu entwickeln. Vorschnelle Verknüpfungen unterstellen der Technik spezifische Kommunikations- und Zeitfunktionen, lesen spezifische Implikationen und Effekte in die Technik hinein und vermögen so letztlich nur noch aus einer engen, technikzentrierten Perpektive nach Veränderungen zu fragen. Was nicht registriert wird, sind die eigenständigen Verknüpfungen, wie sie im Alltag entwickelt und funktionsfähig gemacht werden. Obgleich die Technikforschung mit der »kulturtheoretischen Wende« technikdeterministische Thesen verabschiedet hat und eine neue Sensibiliät für die Vielfalt der unterschiedlichen Technikausformungen ankündigt, greift sie bisher nicht genügend auf die sich im Alltag bereits konstituierenden Stilvarianten durch. Sie aber liefern erst deutliche Hinweise auf Verständnisumbrüche und Verhaltensänderungen.

Für die reflexiv gewordene Moderne kündigen sich gerade im Unauffälligen und Unspektakulären die typischen Unschärfen, Ambivalenzen und Uneindeutigkeiten an. Diese sich der Wahrnehmung nicht gerade aufdrängenden Formen sind alles andere als nichtssagend und »uninformativ«. In ihrer Unbestimmtheit bergen sie bisher kaum beachtete Potentiale. Ihre Bedeutsamkeit stellt unsere Untersuchung in zweifacher Hinsicht heraus:

Erstens wird in jeder der von uns beschriebenen Figuren deutlich, daß sie einen gewissen Anteil ihrer Konstruktionsmaterialien »abblenden« und in den Bereich des Unspektakulären verweisen. Gerade aber in Problem- und Belastungssituationen hat dieser Anteil die ganze Last des Lebensstils zu tragen. Hier entscheidet sich, inwieweit Störungen und Abweichungen abgearbeitet und aufgefangen werden.

So kann der »Wellenreiter« seine Faszination für Technik als effektive Leistungsressource nur ausbilden, weil er Kommunikation auf Informationsaustausch reduziert und das komplexe Kommunikationsgeschehen ausblendet. Technik zu einem leistungsstarken Instrument zu stilisieren, ist ihm nur möglich, weil er aus dem Blick verliert, daß er mit der Konzentration auf Information von den sich verändernden sozialen und zeitlichen Kontexten der Kommunikation abstrahiert. Erst mit dieser Zuspitzung auf eine standardisierbare, formalisierbare und quantifizierbare Form wird unterstellbar, Informationen über Raum- und Zeitdifferenzen hinweg verlustlos akkumulieren und übertragen zu können.

Der »Skeptiker« kann sich seinen »Kommunikationsluxus«, seine hohen Ansprüche auf eine offene, authentische Kommunikation nur leisten, weil er Zeitfülle unterstellt und keine Bilanzierung von Zeitgewinnen und -verlusten vornimmt. Der Orientierungsprimat einer face-to-face-Kommunikation ist auf eine Zeitpraxis angewiesen, die Zeit letztlich wie eine Ressource behandelt, die immer in ausreichendem Maße vorhanden ist und in der man, selbst wenn sie knapp ist, so tut, als sei sie »eigentlich« nicht knapp.

Der »Spieler« kann sich seine ereignisorientierte Zeitpraxis nur leisten, weil er sich von der vermeintlichen Bedeutungsmacht der Technik wie auch der Kommunikation löst und gegenüber der technischen Entwicklung eine »laisser-faire«-Haltung einnimmt.

Zweitens zeigt sich, wenn wir nicht nur eine Figur, sondern das Zusammenspiel der Figuren betrachten, auch auf dieser Ebene die Relevanz des Abgeblendeten. Das Unspektakuläre ist in einer allgemeineren Hinsicht bedeutsam: Die technologische Szenerie, wie sie sich im gängigen Diskurs präsentiert, lebt im Grunde von der Ausblendung der dritten Figur. »Wellenreiter« und »Skeptiker« wollen den »Spieler« nicht ernstnehmen, sie grenzen ihn als »versponnen« oder gar »gefährlich« aus. Sie übersehen dabei, daß gerade er ihre eigenen Begrenztheiten, Eingefahrenheiten und Starrheiten durch seinen Einfallsreichtum und seine Respektlosigkeiten gegenüber »Immer Neuem« und »Eigentlich Eigentlichem« zu überwinden vermag. Die dominanten, gängigen Formen der Technikaneignung haben das Aufkommen eines neuen Lebensstils verdeckt. Diese bisher unbeachtete, aber nicht minder bedeutsame Figur übernimmt in der Situation des Umbruchs womöglich die Last der Alternativen. So wie die Manövrier- und Funktionsfähigkeit einer Lebensstilfigur durch das »Abgeblendete« gesichert wird, so werden Umbrüche von einer neuen Figur aufgefangen und abgefedert.

Eine Untersuchung, die die Relevanz des Abgeblendeten in Rechnung stellt, kann, so sehr sie um die Bedeutsamkeit eines neuen Typus weiß, keine der Figuren als dominante Leitfigur der gesellschaftlich-technischen Entwicklung mehr ausweisen. Keine Figur ist als »Trendsetter« zu verallgemeinern. Wir haben deshalb die Figuren in ihrem Spiel wechselseitiger Differenzierung und Distinktion vorgestellt. Wir haben gezeigt, wie sie sich aneinander abarbeiten und wie sie in der wechselseitigen Auseinandersetzung Kontur gewinnen. In dieser Konstellation ist eine neue Form als eine Art »variety-pool« zu verstehen. Der »Spieler«, der weder der Technikfaszination erliegt noch der Technikskepsis verhaftet ist, markiert quasi einen dritten Weg. Mit ihm zeichnen sich bisher kaum beachtete Veränderungspotentiale und Möglichkeitsräume ab. In ihm werden bisher ungesehene und ungenutzte Chancen zur Veränderung und Neubestimmung von Technik im Alltag aufgemacht. Er eröffnet andere Perspektiven und neue Horizonte. Aber all dies kann und soll nicht darüber hinwegtäuschen, daß der »Spieler« durch seinen Beitrag nicht die Beiträge des »Wellenreiters« und des »Skeptikers« ersetzen kann.

9.3 Ereignisoffener Technikumgang

Mit dem »zeitjonglierenden Spieler« haben wir eine auf den ersten Blick recht peripher erscheinende Umgangsweise mit Technik erschlossen, die auf den zweiten Blick von nicht zu unterschätzender Bedeutung ist. Die »Spieler«, die weder von der Technik als effektive und kontrollierbare Leistungsressource fasziniert sind, noch sie ständig skeptisch unter Verdacht stellen, haben hinter dem Rücken der den Technikdiskurs beherrschenden Stilvarianten ihren Platz in der technologischen Szene bereits eingenommen. Sie sind Vorboten von Umbrüchen, die nicht nur den traditionellen Zugriff auf Technik, sondern auch die Rolle der Technik hinsichtlich der Kommunikations- und Zeitverhältnisse verändern. Sie konnten sich recht unbemerkt etablieren, weil sie bezüglich materieller wie sozialer Ressourcen wenig raumgreifend sind. »Spieler« plazieren sich in den Nischen, abseits von den Feldern hohen materiellen und sozialen Aufwands. Sie brauchen weder die teuerste noch die neueste Technologie. Ebenso können sie sich mit reduzierten Ansprüchen an Kommunikation und Gemeinschaft zufrieden geben. Kurz: Gerade weil sie den herrschenden Varianten ihre Anspruchsfelder nicht streitig machen, gerade weil sie deren Ressourcen so wenig strapazieren, konnten sie sich ungehindert etablieren und unbehelligt entfalten. Im Schutz der Nichtbeachtung kann der »Spieler« seine eigenen Relevanzen ausprägen und seine eigenen »Werte« sammeln. Seine Unauffälligkeit – die Blindheit der »Wellenreiter«, die ihren Blick zu sehr auf die Apparaturen fixieren, sowie der »Skeptiker«, die zu distanziert, streckenweise ignorant der gesellschaftlichen Entwicklung gegenüberstehen – vermittelt ihm Freiräume. Mithin kündigen sich hier die neuen Relevanzen der informationsorientierten und vernetzten Gesellschaft an, in der die Teilnahme an Gesellschaft weder an die Verfügungsgewalt über große materielle Ressourcen noch über umfangreiche interpersonale Beziehungsnetze gebunden ist.

»Spieler« lassen sich weder durch eine sogenannte technikimmanente noch durch soziale, in die Technik »hineinkonstruierte« Verwendungsweisen disziplinieren. Sie schreiben sich ihr »Drehbuch«, wie Technik zu nutzen ist, selbst. Dies führt weder zu einer funktional spezifisch zugeschnittenen noch zu einer Kommunikationschancen und -möglichkeiten vertiefenden und erweiternden Techniknutzung. Der »Spieler« moduliert Technik unter dem Primat flexibler Ereignisoffenheit und situativer Zeitgestaltung. Widerspricht die Technik diesem Primat, verzichtet er auf ihren Einsatz, stützt sie das Prinzip, greift er auf sie zurück. Seine Techniknutzung ist daher vielfältig und je nach Situation variabel ausgeformt. Technische Apparate können ihm sowohl »Gesprächspartner« sein, wie auch Mittel zur Anregung und Eröffnung von Kommunikation. Manchmal dienen sie ihm auch als eine Art Spielwiese für unkonventionelle, sozial kaum kontrollierbare, »ver-rückte« Arten von Kommunikation. Sein »entpathetisiertes« Technikverständnis ermöglicht ihm auch einen »entpathetisierten«, experimentellen Umgang mit technisch bereitgestellten Kommunikationsformen. So gewinnt nicht nur sein Zugriff auf Technik, sondern auch seine Art und Weise der Kommunikation Ereignischarakter. Die Formen des Kommunizierens wie des »Technisierens« werden bewußt offengehalten, um so dem selbstgesteckten Primat der Flexibilität, des selbst auf unerwartete Ereignisse Einsteigenkönnens, zu folgen. Mit solchen, nur lose an die Technik- und die Kommunikationsverhältnisse gebundenen Formen, entledigt sich der »Spieler« vorgegebener Zeitzwänge, Zeitbindungen und Zeitimperative, die üblicherweise in die Technik und in die Kommunikation hineingelesen werden. Er moderiert und moduliert seine eigenen hochsituativen Eigenzeiten. Mithin reflektiert der »Spieler« in seiner Orientierung die wachsende Dynamik und Komplexität einer Gesellschaft, die in der Flut von Ereignissen ihre eigene Identität zunehmend nur noch in momenthaften Situationsbeschreibungen einfangen kann.

9.4 Grenzen gängiger Zeitpraktiken und neue Chancen der Zeitmoderation

Die Studie beschränkt sich nicht darauf, einen neuen und deshalb vielleicht schon besonderen Typus zu beschreiben. Sie kontrastiert den »zeitjonglierenden Spieler« mit zwei anderen Varianten des alltäglichen Technik- und Zeitumgangs, mit dem »Wellenreiter« und dem »Skeptiker«. In dieser Gegenüberstellung von neuen und alten Formen gewinnen wir Aufschlüsse über die Problematik bisheriger Technik- und Zeitnutzung.

Es wird aufgezeigt, wie die mittlerweile klassisch zu nennende instrumentelle Technik- und Zeitnutzung des »Wellenreiters« angesichts der komplexen, multiplen Zeitverhältnisse an ihre Grenzen stößt. Seine Rolle als Trendsetter, die der »Wellenreiter« einmal eingenommen hat und woran sich die Kritiker gestoßen haben, erscheint als vielfach gebrochen. Gerade weil die Etablierung einer Fortschrittsdynamik gelang, gerade weil die Tempoideologien sich recht konsequent installieren ließen, gerade weil Operationen in kaum wahrnehmbaren Zeitintervallen durchgeführt werden können, wird der Nutzen rein quantitativer Zeitgewinne zusehends marginal. Angesichts einer Fülle von Alternativen wird es immer aufwendiger und angesichts einer Fülle an Unwägbarkeiten auch immer riskanter, eine strenge Zeitdisziplin und zeitökonomische Kontrolle mittels Technik durchhalten zu wollen. Mit den Informations- und Kommunikationstechniken ist eine Informationsdichte und -vielfalt präsent, mit der sich auch die Beschreibungsmöglichkeiten von Sachverhalten vervielfältigen. Je mehr Informationen gespeichert, je schneller Informationen übertragen werden, desto schwieriger wird es, ihre Bedeutungen eindeutig zu machen, festzuschreiben und »über die Zeit zu retten«. Ob Informationen anschlußfähig sind, ob sie überhaupt eine Information darstellen, muß immer erst festgestellt werden. Der Auswertungs- und Interpretationsbedarf von Informationen wird immer zeitaufwendiger. Der Widerspruch, daß wir uns trotz eines wachsenden Technikparks in Zeitrastern und Zeitgefügen verfangen, tritt deutlich zu Tage.

Demselben Schicksal unterliegt der mithin von der kritischen Sozialwissenschaft »gefütterte« und bestätigte skeptische Typus, den wir in der Figur des »kommunikationsbesorgten Skeptikers« beschreiben. Er weist immer wieder und unermüdlich, von seinen Ansprüchen auf eine gelungene menschliche Kommunikation getragen, auf die Risiken und die Gefahren von Technik hin. Er repräsentiert den Gegenentwurf zur Figur des »Wellenreiters«. Für ihn ist, gestützt durch die lebhaft geführten Diskussionen über die Risikotechnologien, das überhöhte Bild einer störungsfrei funktionierenden Technik mächtig getrübt. Gleichzeitig verlieren für ihn die der Technik zugeschriebenen Zeitfunktionen an Eindeutigkeit. Er hebt hervor, daß nicht nur die Großtechnologien, sondern auch die alltäglich verwendeten (Klein-)Techniken »vorgegebene« Ziel- und Zwecksetzungen verfehlen. Die Alltagstechnik gerät in den Verdacht, unbeabsichtigte Folgen und Effekte mitzuproduzieren: Technik garantiert nicht mehr, sondern gefährdet vielmehr durch ihre Potentiale die Zukunftssicherung. Sie attackiert damit auf das heftigste das für die Moderne grundlegende, weithin ungebrochene Vertrauen des linearen Fortschreitens in eine als offen vorgestellte Zukunft, die die Projektionen des Wünschenswerten und des Zubewirkenden aufnehmen konnte. Zukunft kann für den »Skeptiker« nicht mehr in eindeutiger Weise mit Fortschritt gleichgesetzt werden. Sie wird riskant. Damit wird der Technik nicht nur ihre Rolle beim Kampf mit der Zeit abgesprochen, sondern sie wird – quasi diametral entgegengesetzt – zum Verhinderer funktionierender sozialer Zeitverhältnisse. In diesem Gegenentwurf zur klassischen zeitökonomischen Techniknutzung wird Technik zum Störer sinnvoller Zeitverbringung, den es zu bändigen, zurückzudrängen und zu domestizieren gilt.

In seinem ständigen Abwägen von Technikeinsatz und gelungenen Sozialverhältnissen bleibt der »Skeptiker« angewiesen auf spezifische Zeitpraktiken. Seine Form der Kommunikation, die auf Anwesenheit und Verständigung setzt, ist sehr zeitaufwendig. Die eigensinnige Form, Zeit für kommunikative Aushandlungsprozesse besonders extensiv einzusetzen, ist ihm so selbstverständlich geworden, daß er die von seinem Lebensstil geforderten Zeitkosten kaum mehr in Rechnung stellt. Gelassenheit und Tempodiät werden trotz aller damit verbundener Schwierigkeiten praktiziert, denn schließlich gilt es, der modernen Informationsgesellschaft, in der Hetze, Geschwindigkeitswahn und Aktualitätsfanatismus herrschen, den Spiegel vorzuhalten. Zeit zu »entschleunigen«, »sich Zeit zu nehmen«, ist dem »Skeptiker« äußerst bedeutsam, weil dieses Motiv ein Teil seiner Kritik geworden ist. Je selbstverständlicher aber diese kritisch gemeinten Strategien angewendet werden, desto mehr laufen sie Gefahr, zu einer Art »Kritikroutine«, zu werden. Kritisch zu sein und es »anders-machen-zu-wollen« als die »unkritischen« Anderen, ist für den »Skeptiker« eine nicht mehr zu kritisierende Praxis. Der »Skeptiker« ist in paradoxer Weise abhängig geworden: Den Gegenstand seiner Kritik ablehnend, kann er ihn nicht mehr verabschieden. Daß dies die eigene und womöglich auch noch die Zeit der anderen kostet, taucht in der Sinnbilanz dieses Typus nicht mehr auf. Vorgestellt als die einzig richtige, weil »beste« Lösung, entwickelt die generalisierte Gegenposition affirmative Züge. Sie wird – entgegen seinen Absichten – zu einer eingespielten, den Status quo bestätigenden und verstärkenden Haltung, die ähnlich wie die zeitökonomischen Intensivierungsstrategien des »Wellenreiters« durchgehalten werden muß. Der »Skeptiker« verliert damit andere Zeitpraktiken aus dem Blick.

Der »Skeptiker« stößt, trotz seiner hohen Ansprüche, Zeit »sinnvoll« zu verwenden, an Grenzen. Zwar hebt er die Qualität der Zeitverbringung besonders hervor, aber die radikalere Frage nach der Eigenqualität der Zeit stellt er nicht. Zeitfragen diskutiert er als Fragen nach der sinnvollen Verwendung von Zeit. Den Mittel- und Ressourcencharakter der Zeit überwindet er nicht. Indem er auf diese Weise die Qualitätssteigerung von Zeit mit der Steigerung von Handlungsmöglichkeiten identifiziert, also die Qualität der Zeit an den Handlungsinhalten mißt, kommt ihm Zeit selbst als hinterfragbare Größe nicht in den Blick. Der eigenständige Charakter von Zeit wird nicht erkannt, ihre Kapazitäten als eigenständige Problemlösungsdimension bleiben bloß geahnt.

So zeigen die Figuren des »Wellenreiters« und des »Skeptikers« auf, wie uns die technischen Geräte, die uns eigentlich zeitlich entbinden sollten, nicht selten in immer neue Zeitnöte verwickeln. Derartige Verwicklungen können allerdings nicht der Technik zugeschrieben werden. Eher sind sie den Relevanzsetzungen beider Figuren zuzuschreiben, die auf je eigene Art und Weise bestimmte Zeitbezüge nicht loslassen können oder wollen. Der »Wellenreiter« gibt den Glauben an die Problemlösungskompetenz der Technik nicht auf; dies bindet ihn ans Gerät und verwickelt ihn in dessen Programme. Der »Skeptiker« trägt seine Kommunikationsideale auch noch in die Welt der technischen Geräte und bleibt damit trotz aller Technisierung an seine alten Zeitprobleme gebunden.

Der »Spieler« bringt die Verunsicherungen im Zeitumgang, die die Einführung neuer Techniken begleiten, anders in Form. Die Suche nach einer Neuorganisation der Zeit, nach einer neuen Zeitorientierung ist in dieser Figur am radikalsten durchgeführt. Bei ihm wird die Zeit von den Imperativen der Technik wie auch von den Idealen zwischenmenschlicher Kommunikation »gelöst« und kann so zu einer eigenständigen Problemlösungsdimension ausgeprägt werden. Seine Zeitformen sind weder an eine bestimmte Technik noch an eine der Technik »implizite« Logik gebunden. Daraus resultieren Zeiteffekte, die weit über die Strategien des Zeit-Einsparens und des Zeit-Beschleunigens hinausgehen. Das

gängige Reden über Zeit, das Zeitfragen immer in einen Knapp-
heits- und Verwendungszusammenhang stellt, wird erweitert
durch eine Beschreibungsversion, die Zeit als einer eigenständigen
Größe Rechnung trägt. Im Gegensatz zu den bisher vorherrschenden Versuchen, sich *in* der Zeit zu orientieren, praktiziert
der »Spieler« eine Ordnung *durch* die Zeit: Zeit wird »freigelegt«
und als Dispositionsraum in Anspruch genommen. In diesem
Zeitumgang geht es nicht mehr um die Inhalte der Zeit, nicht
mehr darum, wie Zeit zu nutzen, zu füllen, sinnvoll zu verbringen
ist, sondern darum, selbst über die Zeit zu disponieren, Zeit für
ganz unterschiedliche, situativ variable Anschlußmöglichkeiten
offen zu halten.

In einer nach vorne und hinten offenen Zeitlichkeit verschafft sich
der »Spieler« durch selbsterzeugte Zeitbezüge seine Orientierung.
Von jedem jeweils gegenwärtigen Zeitpunkt aus lassen sich immer
wieder neue, womöglich widersprüchliche Horizonte entwerfen.
Die Erfahrungen und Erinnerungen, wie die Pläne, Ziele, Hoffnungen, Prognosen, werden als gegenwärtige Entscheidungen
entlarvt. In einer solchen Zeitorientierung wird bewußt, daß die
in der Zeit changierenden Zeithorizonte nicht vorgegebene, sondern »gemachte« sind. Der »Spieler« will sich nicht mehr vorschreiben lassen und sich selbst nicht mehr vorschreiben, was,
wann, wie schnell und warum und wozu zu geschehen hat. Er will
sich nicht mehr festlegen, welche Verzeitlichungsform wann angemessen ist, sondern will wissen, daß er stets die Zeit für eigene
Dispositionen hat.

Die ungelösten Schwierigkeiten und Probleme, mit denen sich die
klassische Zeitökonomie konfrontiert sieht, werden ihm zum Anlaß, die Orientierung am Ideal einer kontinuierlich und stetig ver-
laufenden Zeitlinie aufzugeben. Um den ersehnten Zeitwohlstand
zu erreichen, werden neue »entlinearisierte« Zeitformen ausgebildet, die die gängigen Leitbilder von Zeit verabschieden. Nicht
länger werden die »unordentlich« gewordenen Zeitverhältnisse
beklagt. Der »Spieler« versucht, »Störungen«, wie zeitliche Unsicherheiten, Ungleichzeitigkeiten, Unabgestimmtheiten, Aufeinanderstoßen unterschiedlicher Zeitkulturen, das Auftreten von
Brüchen, nicht als Anomalie zu sehen, sondern als Normalität in
die gängige hochsituativ ausgerichtete Zeitpraxis einzubeziehen.
Der »Spieler«, der nicht länger die Sachaspekte der Technik, wie
ihre Funktionstüchtigkeit und Leistungsfähigkeit, in den Vorder-

grund stellt, der ebenfalls nicht länger Technik in ihrer Konkurrenz zu sozialen Verhältnissen zum Thema macht, vermag sich in einer anderen Art und Weise auf die zeitlichen Aspekte zu konzentrieren und neue Perspektiven hinsichtlich der komplexen Beziehungen von Technik- und Zeitverhältnissen zu erschließen.

Im Gegensatz zu den gängigen Zeitpraktiken wird eine lose gekoppelte Verknüpfung von Technik und Zeit praktiziert, in der technische Geräte neue Ausgestaltungsmöglichkeiten und -notwendigkeiten von Eigenzeiten erzeugen. Für den »Spieler« sind die neuen Techniken ein wie selbstverständlich zur Verfügung stehendes Reservoir, das sich entsprechend seiner »Ereigniskultur« je nach Situation aktualisieren läßt. Technik ist ihm ein unproblematisches und entpathetisiertes Medium, mit dem eine immer raschere »Verzeitlichung von Zeit« möglich wird.

Damit wird die bisher bedeutungsmächtige Technik in ihrer Rolle relativiert. Der »Spieler« emanzipiert sich von den großen aufgeladenen Technikentwürfen, die entweder die technische Aufrüstung oder einen radikalen Verzicht von Technik einfordern, um die Zeit in den Griff zu bekommen. Dennoch bleibt diese neue Art und Weise, Zeitprobleme zu bearbeiten, auf Technik angewiesen, wenn auch in einer anderen, quasi »abgeklärten« Form. Die Technik bleibt eine Quelle unter vielen, die ihm mit großer Dynamik und Schnelligkeit die Dichte und Vielfältigkeit der Ereignisse zuspielt und ihn in seinem Spiel mit Möglichkeiten begleitet.

Unsere Studie zeigt, daß unter spezifischen Voraussetzungen mit den neuen Techniken neue Ausgestaltungsmöglichkeiten der Zeit einhergehen. In dem Maße, in dem wir uns von einer in die Technik hineingelesenen Zeitlogik lösen und Techniken als temporal uneindeutige Medien verstehen, ermöglichen Techniken die Etablierung selbstorganisierter Eigenzeiten. So hat unsere Analyse der Veralltäglichungsprozesse neuer Techniken und ihrer zeitlichen Implikationen deutlich gemacht, daß die Aneignungsformen von neuer Technik im Alltag vielfältiger sind, als es uns gängige Unterstellungen glauben machen wollen. Eine gezielt zeitökonomische Nutzung, etwa zur komprimierten Informationsübermittlung oder zur zeitsparenden Datenverwaltung, entpuppt sich angesichts empirischer Evidenzen als nur eine mögliche Variante. Gleichzeitig wird deutlich, daß die Chancen, mithilfe der Technik letztlich die Herrschaft und Kontrolle über die Zeit zu

erlangen und den Kampf mit der Zeit zu gewinnen, an immer voraussetzungsvollere Bedingungen geknüpft sind. Die sich abzeich-
nende wechselseitige Beziehung zwischen den gewandelten Zeitverhältnissen und modernen Techniken generiert neue Möglichkeiten, aber letztlich bleibt auch hier die Rolle der Technik im
Kampf mit der Zeit widersprüchlich.

Mit der Installation der neuen technischen Geräte ist kommunikative Erreichbarkeit nicht lediglich in erweiterter Form gegeben,
sie wird auch in zunehmendem Maße vorausgesetzt, sprich: zugemutet. Die »unerträgliche Leichtigkeit der Kommunikation« setzt
das Nichtbenutzen von Kommunikationstechnik unter massiven
Erklärungs- und Begründungsdruck. Unterbrechen wir die Funktionszeiten der Geräte, dann verletzen wir neue Kommunikationsnormen und lösen neue Konflikte aus, deren Bearbeitung
u.U. wiederum sehr viel Zeit kostet. Zwar erweitern Techniken als
»Archive der Information« das Gedächtnis und erlauben, Daten
zu lagern, um sie sich bis zu ihrer Bearbeitung verfügbar zu halten. Mit dem Anwachsen der verfügbaren Information entsteht
aber zugleich ein »Berg von Datenmüll«, respektive ein Mehraufwand an Zeit, um ihn zu sortieren. Die Möglichkeit, Kommunikation unabhängig von der gemeinsamen, aktuellen Anwesenheit
der Kommunikationspartner stattfinden zu lassen, erfordert,
Zeitangaben mitzuliefern, um den Inhalt der Kommunikation
verstehbar zu machen. Der Bezug auf einen gemeinsamen Zeitkontext muß erst hergestellt werden. Dies ist nicht nur zeitaufwendig, sondern auch in zunehmendem Maße konfliktträchtig, da
es angesichts der Vielzahl auftretender Veränderungen unter Umständen nicht mehr ausreicht, sich über die reine Datumsfeststel-
lung zu synchronisieren.

Wir sind in zunehmendem Maße mit einem *grundsätzlichen Problem aller Verzeitlichung* konfrontiert, daß wir nämlich im aktuellen Moment über etwas, das nicht gegenwärtig ist, verhandeln
müssen. In dieser Form der Zeitpraxis muß man lernen, mit Widersprüchen und Ambivalenzen umzugehen. Es wird immer not-
wendiger, Nichtplanbares, Nichtvorhersehbares, Nichtentscheid-
bares bereits einzuplanen und zu entscheiden. Mit anderen Worten: Vergangenes wie Zukünftiges kann immer weniger, muß aber
immer häufiger *jetzt* formuliert werden.

Durch die erweiterten Spielräume, mit Hilfe von Kommunikationstechniken Eigenzeiten zu moderieren, werden einerseits

Zeitumbrüche neu in Form gebracht. Andererseits ist zu erwarten, daß mit den wachsenden Umsetzungen von Eigenzeiten die Probleme des ungleichen Zugriffs auf Zeit steigen werden. Ein vermehrtes Moderieren von Zeit läßt neue zeitliche Ungleichheiten entstehen. Die ungleiche Verfügbarkeit von Eigenzeiten, der verschiedenartige Umgang mit Zeit, die unterschiedlichen Vorstellungen von Zeit erlangen ein größeres Gewicht und wirken sich prägend auf neue Lebensformen aus. Aber vielleicht werden ja bald Techniken entwickelt, die die neuen alten Zeitkonflikte ......

Literatur

Adorno, T. W. (1966), Negative Dialektik, Frankfurt am Main

Ahrens, D./A. Gerhard/K. H. Hörning (1994a), Die Umkehrbarkeit der Zeit, in: Noller, P./W. Prigge/K. Ronneberger (Hg.), Stadt-Welt. Über die Globalisierung städtischer Milieus, Frankfurt am Main/New York, S. 170-179

Ahrens, D./A. Gerhard/K. H. Hörning (1994b), Neue Technologien im Kampf mit der Zeit, in: Beckenbach, N./W. van Treeck (Hg.), Umbrüche gesellschaftlicher Arbeit, Soziale Welt, Sobd. 9, Göttingen, S. 227-240

Altmann, N./M. Deiß/K. Döhl/D. Bauer (1986), Ein ›Neuer Rationalisierungstyp‹ – Neue Anforderungen an die Industriesoziologie, in: Soziale Welt 37, S. 191-207

Andersen, P. B./B. Holmqvist/J. F. Jensen (1993) (Hg.), The Computer as Medium, Cambridge/New York

Assmann, A. (1992), Zeit-Strategien. Einige Querverbindungen zwischen Systemtherapie und Kulturtheorie, in: Fischer, H. R./A. Retzer/J. Schweitzer (Hg.), Das Ende der großen Entwürfe, Frankfurt am Main, S. 147-156

Bardmann, T. M. (1986), Die mißverstandene Freizeit. Freizeit als soziales Zeitarrangement in der modernen Organisationsgesellschaft, Stuttgart

Bardmann, T. M. (1990), Wenn aus Arbeit Abfall wird – Überlegungen zu einer Umorientierung der industriesoziologischen Sichtweise, in: Zeitschrift für Soziologie 19, S. 179-194

Bardmann, T. M. (1994), Supertheorie und Supervision 1: Zeit – Ein blinder Fleck in der systemischen Supervision? Vortrag zu den Freiburger Supervisionstagen am 11.-14. Mai 1994, Mönchengladbach

Bardmann, T. M./K. Dollhausen/B. Kleinwellfonder (1992), Technik als Parasit sozialer Kommunikation. Zu einem konstruktivistischen Ansatz sozialwissenschaftlicher Technikforschung, in: Soziale Welt 43, S. 201-216

Baudrillard, J. (1978), Agonie des Realen, Berlin

Baudrillard, J. (1982), Der symbolische Tausch und der Tod, München

Baudrillard, J. (1987), Das Andere selbst, Wien

Bauman, Z. (1994), Vom Pilger zum Touristen, in: Das Argument 205, S. 389-408

Beck, K. (1994), Medien und die soziale Konstruktion der Zeit. Über die Vermittlung von gesellschaftlicher Zeitordnung und sozialem Zeitbewußtsein, Opladen

Beck, U. (1983), Jenseits von Stand und Klasse? Soziale Ungleichheiten, gesellschaftliche Individualisierungsprozesse und die Entstehung neuer sozialer Formationen und Identitäten, in: Kreckel, R. (Hg.), Soziale Ungleichheiten, Soziale Welt, Sobd. 2, Göttingen, S. 35-74

Beck, U. (1986), Die Risikogesellschaft, Frankfurt am Main

Beck, U./E. Beck-Gernsheim (1993), Nicht Autonomie sondern Bastelbiographie, in: Zeitschrift für Soziologie 22, S. 178-188

Beck, U./Beck-Gernsheim, E. (1994), Individualisierung in modernen Gesellschaften. Perspektiven und Kontroversen einer subjektorientierten Soziologie, in: dies. (Hg.), Riskante Freiheiten, Frankfurt am Main, S. 10-38

Bell, D. (1976), Die nachindustrielle Gesellschaft, Frankfurt am Main/New York

ıenjamin, W. (1963), Das Kunstwerk im Zeitalter seiner technischen Reproduzierbarkeit. Drei Studien zur Kunstsoziologie, Frankfurt am Main

Benthaus-Apel, F. (1995), Zwischen Zeitbindung und Zeitautonomie. Eine empirische Analyse der Zeitverwendung und Zeitstruktur der Werktags- und Wochenendfreizeit, Wiesbaden

Berking, H. (1989), Kultur-Soziologie: Mode oder Methode? in: ders./Faber, R. (Hg.), Kultursoziologie – Symptom des Zeitgeistes? Würzburg, S. 15-34

Berger, P. A. (1994), »Lebensstile« – strukturelle oder personenbezogene Kategorie? Zum Zusammenhang von Lebensstilen und sozialer Ungleichheit, in: Dangschat, J. S./J. Blasius (Hg.), Lebensstile in den Städten. Konzepte und Methoden, Opladen, S. 137-149

Berger, P. A. (1995), Life Politics. Zur Politisierung der Lebensführung in nachtraditionalen Gesellschaften, in: Leviathan 23, S. 445-458

Berger, P. A./S. Hradil (1990), Die Modernisierung sozialer Ungleichheit und die neuen Konturen ihrer Erforschung, in: dies. (Hg.), Lebenslagen, Lebensläufe, Lebensstile, Soziale Welt, Sobd. 7, Göttingen, S. 3-24

Bergmann, J. (1985), Flüchtigkeit und methodische Fixierung sozialer Wirklichkeit, in: Bonß, W./H. Hartmann (Hg.), Entzauberte Wissenschaft, Soziale Welt, Sobd. 3, Göttingen, S. 299-320

Bergmann, W. (1983), Das Problem der Zeit in der Soziologie, in: Kölner Zeitschrift für Soziologie und Sozialpsychologie 35, S. 462-504

Biervert, B./K. Monse (1988), Technik und Alltag als Interferenzproblem, in: Joerges, B. (Hg.), Technik im Alltag, Frankfurt am Main, S. 95-119

Böhm, W./J. Wehner (1990), Computer als Experten. Die ersten Gehäuse der Hörigkeit? in: Weingarten, R. (Hg.), Information ohne Kommunikation? Die Loslösung der Sprache vom Sprecher, Frankfurt am Main, S. 150-165

Böttger, B./B. Mettler-Meibom (1990), Das Private und die Technik. Fragen zu den neuen Informations- und Kommunikationstechniken, Opladen

Bohn, C. (1991), Habitus und Kontext. Ein kritischer Beitrag zur Sozial-
theorie Bourdieus, Opladen

Bolz, N. (1993), Am Ende der Gutenberg-Galaxis: Die neuen Kommunikationsverhältnisse, München

Bourdieu, P. (1982), Die feinen Unterschiede. Kritik der gesellschaftlichen
Urteilskraft, Frankfurt am Main

Bourdieu, P. (1983), Ökonomisches Kapital, kulturelles Kapital, soziales
Kapital, in: Kreckel, R. (Hg.), Soziale Ungleichheiten, Soziale Welt,
Sobd. 2, Göttingen, S. 183-198

Bourdieu, P. (1987), What Makes a Social Class? On the Theoretical and
Practical Existence of Groups, in: Berkeley Journal of Sociology 32,
S. 1-17

Braun, I. (1993), Technik-Spiralen. Vergleichende Studien zur Technik im
Alltag, Berlin

Breuer, S. (1988), Der Nihilismus der Geschwindigkeit. Zum Werk Paul
Virilios, in: Leviathan 16, S. 309-330

Brose, H.-G., (1994), Dimensionen einer reflexiven Ökonomie der Zeit,
in: Beckenbach, N./W. van Treeck (Hg.), Umbrüche gesellschaftlicher
Arbeit, Soziale Welt, Sobd. 9, Göttingen, S. 209-226

Coy, W. (1989), Après Gutenberg. Über Texte und Hypertexte, in: Ram-
mert, W./G. Bechmann (Hg.), Technik und Gesellschaft, Jahrbuch 5:
Computer, Medien und Gesellschaft, Frankfurt am Main/New York,
S. 53-65

Diewald, M. (1994), Strukturierung sozialer Ungleichheiten und Lebens-
stil-Forschung, in: Richter, R. (Hg.), Sinnbasteln. Beiträge zur Soziologie der Lebensstile, Wien/Köln/Weimar 1994, S. 12-35

Dollhausen, K./Hörning, K. H. (1996), Die kulturelle Produktion der
Technik, in: Zeitschrift für Soziologie 25, S. 37-57

Durkheim, E. (1980), Die elementaren Formen des religiösen Lebens,
Frankfurt am Main

Eckert, R. /W. Vogelgesang/T. A. Wetzstein/R. Winter (1991), Auf digitalen Pfaden. Die Kulturen von Hackern, Programmierern, Crackern und
Spielern, Opladen

Elias, N. (1984), Über die Zeit, Frankfurt am Main

Enzensberger H. (1980), Die Furie des Verschwindens, Frankfurt am Main

Esposito, E. (1993), Der Computer als Medium und Maschine, in: Zeitschrift für Soziologie 22, S. 338-354

Ferguson, M. (1990), Electronic Media and the Redefining of Time and
Space, in: dies. (Hg.), Public Communication: The New Imperatives.
Future Directions for Media Research, London, S. 152-172

Fiehler, R. (1990), Kommunikation, Information und Sprache. Alltagsweltliche und wissenschaftliche Konzeptualisierungen und der Kampf um die Begriffe, in: Weingarten, R. (Hg.), Information ohne Kommunikation? Die Loslösung der Sprache vom Sprecher, Frankfurt am Main, S. 99-129

Fischer, W. (1986), Soziale Konstitution von Zeit, in: Heinemann, G. (Hg.), Zeitbegriffe, Freiburg/München, S. 355-377

Flick, U. (1995), Qualitative Sozialforschung. Theorie, Methoden, Anwendung in Psychologie und Sozialwissenschaften, Reinbek bei Hamburg

Forschungsgruppe Telefonkommunikation (Hg.), (1989/1990), Telefon und Gesellschaft, Bd 1 u. 2, Berlin

Franck, G. (1989), Die neue Währung: Aufmerksamkeit. Zum Einfluß der Hochtechnik auf Zeit und Geld, in: Merkur 43, S. 688-701

Franck, G. (1991), Aufmerksamkeit, Zeit, Raum. Ein knapper Ausdruck für das Veränderungspotential der neuen Informationstechniken und Kommunikationsmedien, in: Bergelt, M./H. Völckers (Hg.), Zeit-Räume, München/Wien, S. 74-88

Friese, H. (1993), Die Konstruktionen von Zeit. Zum prekären Verhältnis von akademischer Theorie und lokaler Praxis, in: Zeitschrift für Soziologie 22, S. 323-337

Fuchs, P. (1991), Kommunikation mit Computern? Zur Korrektur einer Fragestellung, in: Sociologia Internationalis 29, S. 1-30

Fuchs, P. (1993), Moderne Kommunikation. Zur Theorie des operativen Displacements, Frankfurt am Main

Garhammer, M. (1993), Mehr Zeitsouveränität im Alltag durch neue Techniken? in: Meyer, S./E. Schulze (Hg.), Technisiertes Familienleben, Berlin, S. 177-201

Garhammer, M. (1994) Balanceakt Zeit. Auswirkungen flexibler Arbeitszeiten auf Alltag, Freizeit und Familie, Berlin

Gendolla, P. (1987), Auf dem Weg in die Punktzeit, in: Bammé, A./P. Baumgartner/W. Berger (Hg.), Technologische Zivilisation und die Transformation des Wissens, München, S. 121-131

Giddens, A. (1988), Die Konstitution der Gesellschaft, Frankfurt am Main/New York

Giddens, A. (1995), Konsequenzen der Moderne, Frankfurt am Main

Giesecke, M. (1992), Sinnenwandel, Sprachwandel, Kulturwandel. Studien zur Vorgeschichte der Informationsgesellschaft, Frankfurt am Main

Giesen, B. (1991), Die Entdinglichung des Sozialen. Eine evolutionstheoretische Perspektive auf die Postmoderne, Frankfurt am Main

Gilgenmann, K. (1994), Kommunikation mit neuen Medien. Der Medienumbruch als soziologisches Theorieproblem, in: Sociologia Internationalis 32, S. 1-37

Goodman, N. (1984), Weisen der Welterzeugung, Frankfurt am Main

Goody, J./J. Watt/K. Gough (Hg.), (1991), Entstehung und Folgen der Schriftkultur, Frankfurt am Main

Großklaus, G. (1995), Medien-Zeit, Medien-Raum. Zum Wandel der raumzeitlichen Wahrnehmung in der Moderne, Frankfurt am Main

Gumbrecht, H. U. (1991), nachMODERNE ZEITENräume, in: Weimann, R./H. U. Gumbrecht (Hg.), Postmoderne – globale Differenz, Frankfurt am Main, S. 54-73

Haefner, K./E. H. Eichmann /C. Hinze (1987), Denkzeuge. Was leistet der Computer? Was muß der Mensch selber tun? Basel

Hahn, A. (1986), Soziologische Relevanzen des Stilbegriffs, in: Gumbrecht, H. U./K. L. Pfeiffer (Hg.), Stil: Geschichten und Funktionen eines kulturwissenschaftlichen Diskurselements, Frankfurt am Main, S. 603-611

Hampel, J. /H. Mollenkopf/U. Weber/W. Zapf (1991), Alltagsmaschinen. Die Folgen der Technik in Haushalt und Familie, Berlin

Harvey, D. (1989), The Condition of Postmodernity. An Enquiry into the Origins of Cultural Change, Oxford/Cambridge, MA

Heidenescher, M. (1992), Zurechnung als soziologische Kategorie, in: Zeitschrift für Soziologie 21, S. 440-455

Heider, F. (1926), Ding und Medium, in: Symposion. Philosophische Zeitschrift für Forschung und Aussprache 8, S. 109-157

Henckel, D. (1994), Technik, Geschwindigkeit und Raumentwicklung, in: Noller, P./W. Prigge/K. Ronneberger (Hg.), Stadt-Welt. Über die Globalisierung städtischer Milieus. Frankfurt am Main/New York, S. 150-157

von Hentig, H. (1984), Das allmähliche Verschwinden der Wirklichkeit, München

Hinrichs, K. (1988), Motive und Interessen im Arbeitszeitkonflikt. Eine Analyse des Normalarbeitszeitstandards, Frankfurt am Main/New York

Hitzler, R. (1988), Sinnwelten, Opladen

Hitzler, R. (1994), Sinnbasteln. Zur subjektiven Aneignung von Lebensstilen, in: Mörth, I./G. Fröhlich (Hg.), Das symbolische Kapital der Lebensstile. Zur Kultursoziologie der Moderne nach Pierre Bourdieu, Frankfurt am Main/New York, S. 75-92

Hörning, K. H. (1985), Technik und Symbol. Ein Beitrag zur Soziologie alltäglichen Technikumgangs, in: Soziale Welt 36, S. 185-207

Hörning, K. H. (1988), Technik im Alltag und die Widersprüche des Alltäglichen, in: Joerges, B. (Hg.), Technik im Alltag, Frankfurt am Main, S. 51-94

Hörning, K. H. (1989), Vom Umgang mit den Dingen – Eine techniksoziologische Zuspitzung, in: Weingart, P. (Hg.), Technik als sozialer Prozeß, Frankfurt am Main, S. 90-128

Hörning, K. H. (1991), Die Zeit der Technik und der Alltag von Zeit, in: Joerges, B. (Hg.), Alltag und Technik. Beiträge zu einem deutsch-französischen Kolloquium, WZB, Berlin, S. 41-61

Hörning, K. H. (1995), Technik und Kultur. Ein verwickeltes Spiel der Praxis, in: Halfmann, J./G. Bechmann/W. Rammert (Hg.), Technik und Gesellschaft, Jahrbuch 8: Theoriebausteine der Techniksoziologie, Frankfurt am Main/New York, S. 131-151

Hörning, K. H./D. Ahrens/A. Gerhard (1996a), Die Autonomie des Lebensstils. Wege zu einer Neuorientierung der Lebensstilforschung in: O. G. Schwenk (Hg.), Lebensstile zwischen Sozialstrukturanalyse und Kulturwissenschaft, Opladen, S. 33-53

Hörning, K. H./D. Ahrens/A. Gerhard (1996b), Vom Wellenreiter zum Spieler. Neue Konturen im Wechselspiel von Technik und Zeit, in: Soziale Welt 47, S. 7-24

Hörning, K. H./K. Dollhausen (1997), Metamorphosen der Technik. Gestaltwandel des Computers in der organisatorischen Kommunikation, Opladen

Hörning, K. H./A. Gerhard/M. Michailow (1990), Zeitpioniere. Flexible Arbeitszeiten – neuer Lebensstil, Frankfurt am Main

Hörning, K. H./M. Michailow (1990), Lebensstil als Vergesellschaftungsform. Zum Wandel von Sozialstruktur und sozialer Integration, in: Berger, P. A./S. Hradil (Hg.), Lebenslagen, Lebensläufe, Lebensstile, Soziale Welt, Sobd. 7, Göttingen, S. 501-521

Honer, A., Lebensweltliche Ethnographie, Wiesbaden 1993

Hoffmann-Riem, C. (1980), Die Sozialforschung einer interpretativen Soziologie. Der Datengewinn, in: Kölner Zeitschrift für Soziologie und Sozialpsycholologie 32, S. 339-372

Hradil, S. (1992), Alte Begriffe und neue Strukturen. Die Milieu-, Subkultur- und Lebensstilforschung der 80er Jahre, in: ders. (Hg.), Zwischen Bewußtsein und Sein. Die Vermittlung »objektiver« Lebensbedingungen und »subjektiver« Lebensweisen, Opladen, S. 15-55

Janshen, D. (1980), Rationalisierung des Alltags in der Industriegesellschaft, Frankfurt am Main

Kamper D./C. Wulf (1983), Das Schwinden der Sinne, Frankfurt am Main

Kern, S. (1983), The Culture of Time and Space. 1880-1918, Cambridge, MA

Konietzka, D. (1995), Lebensstile im sozialstrukturellen Kontext. Ein theoretischer und empirischer Beitrag zur Analyse sozialstruktureller Ungleichheiten, Opladen

Krämer, S. (1990), Die Säkularisierung der Symbole: Ein Projekt der Neuzeit und seine (post)modernen Folgen, in: Joerges, B. (Hg.), Wissenschaft-Technik-Modernisierung. Verhandlungen der Sektion Wissenschaftsforschung der DGS beim 25. Deutschen Soziologentag in Frankfurt am Main, Oktober 1990, WZB, Berlin, S. 19-30

Kneer, G./Nassehi A. (1991), Verstehen des Verstehens. Eine systemtheoretische Revision der Hermeneutik, in: Zeitschrift für Soziologie 20, S. 341-356

Knorr Cetina, K. (1988), Das naturwissenschaftliche Labor als Ort der »Verdichtung« von Gesellschaft, in: Zeitschrift für Soziologie 17, S. 85-101

Knorr Cetina, K. (1989), Spielarten des Konstruktivismus, in: Soziale Welt 40, S. 86-96

Krohn, W. (1989), Die Verschiedenheit der Technik und die Einheit der Techniksoziologie, in: Weingart, P. (Hg.), Technik als sozialer Prozeß, Frankfurt am Main, S. 15-44

Kubicek, H./P. Seeger (Hg.) (1993), Verbund sozialwissenschaftliche Technikforschung, Bremen

Laermann, K. (1975), Alltags-Zeit. Bemerkungen über die unauffälligste Form sozialen Zwangs, in: Kursbuch 41, S. 87-105

Landenberger, M. (1985), Arbeitszeiten. Das Mißverhältnis zwischen Wunsch und Wirklichkeit, in: Schmid, T., (Hg.), Das Ende der starren Zeit. Vorschläge zur flexiblen Arbeitszeit, Berlin, S. 51-71

Lash, S./J. Urry (1994), Economies of Signs and Space, London

Luckmann, T. (1984), Das Gespräch, in: Stierle, K. H./R. Warning (Hg.), Das Gespräch. Poetik und Hermeneutik XI, München, S. 49-63

Lüdtke, H. (1989), Expressive Ungleichheit. Zur Soziologie der Lebensstile, Opladen

Luhmann, N. (1975), Weltzeit und Systemgeschichte, in: ders., Soziologische Aufklärung Bd. 2, Opladen, S. 103-133

Luhmann, N. (1981a), Die Unwahrscheinlichkeit der Kommunikation in: ders., Soziologische Aufklärung Bd. 3, Opladen, S. 25-34

Luhmann, N. (1981b): Veränderungen im System gesellschaftlicher Kommunikation und die Massenmedien, in: ders., Soziologische Aufklärung Bd. 3, Opladen, S. 309-320

Luhmann, N. (1986), Intersubjektivität oder Kommunikation: Unterschiedliche Ausgangspunkte soziologischer Theoriebildung, in: Archivo di Filosofia 54, S. 41-60

Luhmann, N. (1988), Was ist Kommunikation? in: Simon, F. B. (Hg.), Lebende Systeme. Wirklichkeitskonstruktionen in der systemischen Therapie, Berlin, S. 47-53

Luhmann, N. (1989a) Geheimnis, Zeit und Ewigkeit, In: ders./Fuchs, P. (Hg.), Reden und Schweigen, Frankfurt am Main, S. 101-137

Luhmann, N. (1989b) Reden und Schweigen, in: ders./Fuchs, P. (Hg.), Reden und Schweigen, Frankfurt am Main, S. 7-20

Luhmann, N. (1989c), Kommunikationsweisen und Gesellschaft, in:

Rammert, W./G. Bechmann (Hg.), Technik und Gesellschaft, Jahrbuch
5: Computer, Medien, Gesellschaft, Frankfurt am Main/New York,
S. 11-18
Luhmann, N. (1990a), Die Zukunft kann nicht beginnen. Temporalstruk-
turen der modernen Gesellschaft, in: Sloterdijk, P. (Hg.), Vor der Jahr-
tausendwende: Berichte zur Lage der Zukunft, Bd. 1, Frankfurt am
Main, S. 119-150
Luhmann, N. (1990b), Gleichzeitigkeit und Synchronisation, in: ders.,
Soziologische Aufklärung Bd. 5, Opladen, S. 95-130
Luhmann, N. (1992), Die Beschreibung der Zukunft, in: ders., Beobach-
tungen der Moderne, Opladen, S. 129-149
Luhmann, N. (1993), Zeichen als Form, in: Baecker, D. (Hg.), Probleme
der Form, Frankfurt am Main, S. 45-70
Luhmann, N. (1995), Medium und Form, in: ders., Die Kunst der Gesell-
schaft, Frankfurt am Main, S. 165-214
Lyotard, J. F. (1986), Das postmoderne Wissen, Graz/Wien

McLuhan, M. (1966), Understanding Media – The Extensions of Man,
New York
Manske, F. (1991), Kontrolle, Rationalisierung und Arbeit. Kontinuität
durch Wandel: Die Ersetzbarkeit des Taylorismus durch moderne Kon-
trolltechniken, Berlin
Markowitz, J. (1992), Ist Technik ein technisches Phänomen? in: Faßler,
M./W. R. Halbach (Hg.), Inszenierungen von Kommunikation. Motive
elektronischer Ordnung, Gießen, S. 69-80
Maurer, A. (1992), Alles eine Frage der Zeit? Die Zweckrationalisierung
von Arbeitszeit und Lebenszeit, Berlin
Mettler-Meibom, B. (1991), Plädoyer für eine kommunikationsökologi-
sche Sichtweise, in: Müller-Doohm S./K. Neumann-Braun (Hg.), Öf-
fentlichkeit, Kultur, Massenkommunikation. Beiträge zur Medien- und
Kommunikationssoziologie, Oldenburg, S. 199-213
Michailow, M. (1989), Umbrüche und Neuarrangements sozialer Zeitverhältnisse: Die neue Zeitsemantik im Lebensstil der Zeitpioniere, in:
Schweizerische Zeitschrift für Soziologie 15, S. 393-411
Michailow, M. (1990), Lebensstil – Konzeptionalisierung einer neuen so-
zialen Integrationsform, Diss. phil. RWTH Aachen
Michailow, M. (1994), Lebensstilsemantik. Soziale Ungleichheit und For-
mationsbildung in der Kulturgesellschaft, in: Mörth, I./G. Fröhlich
(Hg.), Das symbolische Kapital der Lebensstile: Zur Kultursoziologie
der Moderne nach Pierre Bourdieu, Frankfurt am Main/New York,
S. 107-129
Miller, M. (1989), Die kulturelle Dressur des Leviathans und ihre episte-
mologischen Reflexe, in: Soziologische Revue 16, S. 19-24
Moles, A. A. (1991), Design und Immaterialität, in: Rötzer, F. (Hg.), Di-

gitaler Schein. Ästhetik der elektronischen Medien, Frankfurt am Main, S. 160-171

Müller, H.-P. (1992a), Sozialstruktur und Lebensstile. Zur Neuorientierung der Sozialstrukturforschung, in: Hradil, S. (Hg.), Zwischen Bewußtsein und Sein. Die Vermittlung »objektiver« Lebensbedingungen und »subjektiver« Lebensweisen, Opladen, S. 57-66

Müller, H.-P. (1992b), Sozialstruktur und Lebensstile. Der neuere theoretische Diskurs über soziale Ungleichheit, Frankfurt am Main

Müller-Wichmann, C. (1984), Zeitnot. Untersuchungen zum »Freizeitproblem« und seiner pädagogischen Zugänglichkeit, Weinheim

Müller-Wichmann, C. (1987), Von wegen Freizeit, Frankfurt am Main

Münch, R. (1991), Dialektik der Kommunikationsgesellschaft, Frankfurt am Main

Musil, R. (1988),(1952), Der Mann ohne Eigenschaften, Bd. 1, Reinbek bei Hamburg

Nassehi, A. (1993), Die Zeit der Gesellschaft: Auf dem Weg zu einer soziologischen Theorie der Zeit, Opladen

Neverla, I. (1992), Fernseh-Zeit. Zuschauer zwischen Zeitkalkül und Zeitvertreib. Eine Untersuchung zur Fernsehnutzung, München

Neverla, I. (1993), Fernsehen als Medium einer Gesellschaft in Zeitnot. Über »Zeitgewinn« und »Zeitverlust« durch Fernsehnutzung, in: Mettler-Meibom, B./C. Bauhardt (Hg.), Nahe Ferne – fremde Nähe. Infrastrukturen und Alltag, Berlin, S. 121-131

Neverla, I. (1994), Zeitrationalität der Fernsehnutzung als Zwang zur Emanzipation, in: Sandbothe, M./W. Ch. Zimmerli (Hg.), Zeit – Medien – Wahrnehmung, Darmstadt, S. 79-88

Noller, P./G. Paul (1991), Jugendliche Computerfans. Selbstbilder und Lebensentwürfe, Frankfurt am Main/New York

Nowotny, H. (1989), Eigenzeit. Entstehung und Strukturierung eines Zeitgefühls, Frankfurt am Main

Ong, W. J. (1987), Oralität und Literalität. Die Technologisierung des Wortes, Opladen

Oppolzer, A. (1985), Flexibilisierung: Kennzeichen einer neuen Arbeitszeitpolitik, in: Afa-Informationen 35, S. 3-32

Ostner, I. (1991), Technologie, Quotidien, Lebenswelt, in: Joerges, B. (Hg.), Alltag und Technik. Beiträge zu einem deutsch-französischen Kolloquium, WZB, Berlin, S. 15-40

Postman, N. (1983), Das Verschwinden der Kindheit, Frankfurt am Main

Postman, N. (1985), Wir amüsieren uns zu Tode, Frankfurt am Main

Pütz, U. (1993), »Man sagt andere Dinge, wenn man auf Band spricht«. Der Anrufbeantworter im Alltag, in: Mettler-Meibom, B./C. Bauhardt

(Hg.), Nahe Ferne – fremde Nähe. Infrastrukturen und Alltag, Berlin, S. 91-101

Raehlmann, I./B. Meiners/A. Glanz/M. Funder (1993), Flexible Arbeitszeiten – Wechselwirkungen zwischen betrieblicher und außerbetrieblicher Lebenswelt, Opladen
Rammert, W. (1989), Technisierung und Medien in Sozialsystemen. Annäherungen an eine soziologische Theorie der Technik, in: Weingart, P. (Hg.), Technik als sozialer Prozeß, Frankfurt am Main, S. 128-174
Rammert, W. (1990a): Paradoxien der Informatisierung. Bedroht die Computertechnik die Kommunikation im Alltagsleben?, in: Weingarten, R. (Hg.), Information ohne Kommunikation? Die Loslösung der Sprache vom Sprecher, Frankfurt am Main, S. 18-41
Rammert, W. (1990b), Computerwelten-Alltagswelten. Von der Kontrastierung zur Variation eines Themas, in: ders. (Hg.), Computerwelten-Alltagswelten. Wie verändert der Computer die soziale Wirklichkeit? Opladen, S. 13-26
Rammert, W. (1991), Materiell – Immateriell – Medial: Die verschlungenen Bande zwischen Technik und Alltagsleben, in: Joerges, B. (Hg.), Alltag und Technik. Beiträge zu einem deutsch-französischen Kolloquium, WZB, Berlin, S. 80-100
Rammert, W. (1993), Technik aus soziologischer Perspektive: Forschungsstand, Theorieansätze, Fallbeispiele. Ein Überblick, Opladen
Rammert, W. (1994), Techniksoziologie, in: Kerber, H./A. Schmieder (Hg.), Spezielle Soziologien, Reinbek bei Hamburg, S. 75-97
Rammert, W./W. Böhm/C. Olscha/J. Wehner (1991), Vom Umgang mit dem Computer im Alltag. Fallstudien zur Kultivierung einer Technik, Opladen
Rammstedt, O. (1975), Alltagsbewußtsein von Zeit, in: Kölner Zeitschrift für Soziologie und Sozialpsychologie 27, S. 47-63
Raulet, G. (1988a): Die neue Utopie. Die soziologische und philosophische Bedeutung der neuen Kommunikationstechnologien, in: Frank, M./G. Raulet (Hg.): Die Frage nach dem Subjekt, Frankfurt am Main, S. 283-316
Raulet, G. (1988b), Leben wir im Jahrzehnt der Simulation? Neue Informationstechnologien und sozialer Wandel, in: Kemper, D. (Hg.), »Postmoderne« oder der Kampf um die Zukunft. Die Kontroverse in Wissenschaft, Kunst und Gesellschaft, Frankfurt am Main, S. 165-188
Rinderspacher, J. P. (1985), Gesellschaft ohne Zeit, Frankfurt am Main
Rinderspacher, J. P. (1988), Wege der Verzeitlichung, in: Henckel, D. (Hg.), Arbeitszeit, Betriebszeit, Freizeit. Auswirkungen auf die Raumentwicklung, Stuttgart, S. 23-66
Rötzer, F. (1991), Mediales und Digitales. Zerstreute Bemerkungen und Hinweise eines irritierten informationsverarbeitenden Systems, in:

ders. (Hg.), Digitaler Schein. Ästhetik der elektronischen Medien, Frankfurt am Main, S. 9-81

Schneider, W. L. (1992), Hermeneutik sozialer Systeme. Konvergenzen zwischen Systemtheorie und philosophischer Hermeneutik, in: Zeitschrift für Soziologie 21, S. 420-439

Schütze, F. (1977), Die Technik des narrativen Interviews in Interaktionsfeldstudien – dargestellt an einem Projekt zur Erforschung von kommunalen Machtstrukturen, Manuskript, Bielefeld

Schulze, G. (1992), Die Erlebnisgesellschaft. Kultursoziologie der Gegenwart, Frankfurt am Main/New York

Sichtermann, B. (1988), »Wechselfälle« – Perspektiven im Zusammenhang der Arbeitszeitverkürzung, in: Zoll, R. (Hg.), Zerstörung und Wiederaneignung von Zeit, Frankfurt am Main, S. 641-655

Soeffner, H. G. (1986), Emblematische und symbolische Formen der Orientierung, in: ders. (Hg.), Soziale Typik und Sozialstruktur, Frankfurt am Main/New York, S. 103-127

Soeffner, H. G. (1992), Stil und Stilisierung. Punk oder die Überhöhung des Alltags, in: ders., Die Ordnung der Rituale. Die Auslegung des Alltags Bd. 2, Frankfurt am Main, S. 76-102

Spangenberg, P. M. (1991), Mediale Kopplungen und die Konstruktivität des Bewußtseins, in: Gumbrecht, H. U./K. L. Pfeiffer (Hg.), Paradoxien, Dissonanzen, Zusammenbrüche. Situationen offener Epistemologie, Frankfurt am Main, S. 791-809

Sorokin, P./R. K. Merton (1937), Social Time: A Methodological and Functional Analysis, in: American Journal of Sociology 42, S. 615-629

Strauss A. L./J. Corbin (1995), Grounded Theory. Grundlagen qualitativer Sozialforschung, Weinheim

Teriet, B. (1983), Arbeitszeitflexibilisierung – Perspektive ohne Alternative, in: Aus Politik und Zeitgeschichte, Beilage zur Wochenzeitung Das Parlament, B6/83, S. 28-38

Thompson, E. P. (1973), Zeit, Arbeitsdisziplin und Industriekapitalismus, in: Braun, R./W. Fischer/H. Großkreutz/ H. Volkmann (Hg.), Gesellschaft in der industriellen Revolution, Köln/Berlin, S. 81-112

Tokarski, W./R. Schmitz-Scherzer (1985), Freizeit, Stuttgart

Virilio, P. (1986), Ästhetik des Verschwindens, Berlin

Virilio, P. (1989), Der negative Horizont. Bewegung – Geschwindigkeit – Beschleunigung, München/Wien

Virilio, P. (1992), Der rasende Stillstand, München/Wien

Vogelgesang, W. (1994), Jugend und Medienkulturen. Ein Beitrag zur Ethnographie medienvermittelter Jugendwelten, in: Kölner Zeitschrift für Soziologie und Sozialpsychologie 46, S. 464-491

Wagner, G. (1994), Vertrauen in Technik, in: Zeitschrift für Soziologie 23, S. 145-157

Wagner, I. (1994), Zur sozialen Verhandlung von Zeit. Das Beispiel computergestützten Zeitmanagements, in: Beckenbach, N./W. van Treeck (Hg.), Umbrüche gesellschaftlicher Arbeit, Soziale Welt, Sobd. 9, Göttingen, S. 241-255

Waldenfels, B. (1991²), Alltag als Schmelztiegel der Rationalität, in: ders., Der Stachel des Fremden, Frankfurt am Main, S. 189-204

Watzlawick, P. (1986), Lebensstile und ›Wirklichkeit‹, in: Gumbrecht, H. U./K. L. Pfeiffer (Hg.), Stil. Geschichten und Funktionen eines kulturwissenschaftlichen Diskurselements, Frankfurt am Main, S. 673-685

Weingarten, R. (1990), Information ohne Kommunikation, in: ders. (Hg.), Information ohne Kommunikation. Die Loslösung der Sprache vom Sprecher, Frankfurt am Main, S. 7-17

Welsch, W. (1992), Topoi der Postmoderne, in: Fischer, H. R./A. Retzer/J. Schweitzer (Hg.), Das Ende der großen Entwürfe, Frankfurt am Main, S. 35-56

Wetzstein, T./H. Dahm/L. Steinmetz/R. Eckert (1995), Datenreisende. Eine empirische Untersuchung zu den Nutzern von Computernetzwerken, Opladen

Winograd, T./F. Flores (1989), Erkenntnis Maschinen Verstehen. Zur Neugestaltung von Computersystemen, Berlin

Winter, R./ R. Eckert (1990), Mediengeschichte und kulturelle Ausdifferenzierung. Zur Entstehung und Funktion von Wahlnachbarschaften, Opladen

Zapf, W./S. Breuer/J. Hampel/P. Krause/H.-M. Mohr/E. Wiegand (1987), Individualisierung und Sicherheit. Untersuchungen zur Lebensqualität in Deutschland, München

suhrkamp taschenbücher wissenschaft
Soziologie, Theorie der Gesellschaft

suhrkamp taschenbücher wissenschaft
Soziologie, Theorie der Gesellschaft

suhrkamp taschenbücher wissenschaft
Soziologie, Theorie der Gesellschaft

Über sämtliche bis Mai 1992 erschienenen suhrkamp taschenbücher
wissenschaft (stw) informiert Sie das Verzeichnis der Bände 1 – 1000
(stw 1000) ausführlich. Sie erhalten es in Ihrer Buchhandlung.

205/6/8.92